LANGENSCHEIDTS

Grundwortschatz Spanisch

Ein nach Sachgebieten geordnetes
Lernwörterbuch mit Satzbeispielen

Erarbeitet von der
LANGENSCHEIDT-REDAKTION

LANGENSCHEIDT

BERLIN · MÜNCHEN · WIEN · ZÜRICH · NEW YORK

Erarbeitung der Beispielsätze: Marina Dueñas de Haensch
Zusammenstellung des spanischen Wortschatzes:
Cristina Redondo Romero

Auflage: 5. 4. 3. 2. 1. | Letzte Zahlen
Jahr: 1993 92 91 90 89 | maßgeblich

Druck: Druckhaus Langenscheidt, Berlin-Schöneberg
Printed in Germany · ISBN 3-468-20340-3

Inhalt

Warum Grundwortschatz?

Jede Stufe der Sprachbeherrschung setzt die Kenntnis eines gewissen Wortschatzes voraus. Der gesamte Wortbestand der spanischen Sprache geht – wenn man nur die wichtigsten Fachsprachen mit einbezieht – schon in die Hunderttausende. Es ist daher verständlich, daß viele Spanisch-Lernende danach fragen, wie viele Wörter man eigentlich benötigt, um eine normale Alltagsunterhaltung zu führen oder um einen allgemeinsprachlichen Text zu verstehen.

Überraschenderweise lehrt uns die Sprachstatistik, daß folgende 10 Wörter bereits rund 30% jeder spanischen Sprachäußerung ausmachen: el (bzw. la), de, a, y, en, él, que, no sowie ser und haber mit ihren verschiedenen Formen. Mit 100 Wörtern deckt man über 50% eines Normaltextes ab.

Dies darf allerdings nicht zu der Annahme verleiten, daß man mit einigen hundert Wörtern die Sprache im Griff hat. Tatsächlich hängt das Verstehen eines Textes von den restlichen 50% der Vokabeln ab, die aus Inhaltswörtern, also den sinngebenden Elementen einer Konversation oder eines Lesetextes, bestehen. Mit Strukturwörtern, wie den oben zitierten, allein ist keine Kommunikation möglich.

Ein Grundwortschatz hat deshalb den Zweck, mit einer überschaubaren Zahl von sorgfältig ausgewählten Wörtern das Verständnis eines allgemeinsprachlichen Textes zu ermöglichen. Außerdem sollte ein Grundwortschatz für eine Alltagsunterhaltung genügen. Je nach Adressaten und Lernzielen wird im Spanisch-Unterricht versucht, dieses Ziel mit 1500 bis 3000 Wörtern zu erreichen.

Der vorliegende Grundwortschatz enthält etwa 3000 Wörter. Die rund 4000 Wortgleichungen kommen dadurch zustande, daß ein Wort mit mehreren Bedeutungen verschiedenen Sachgebieten zugeordnet wird. Das Wort „dirección“ ergibt beispielsweise folgende drei Wortgleichungen:

dirección = Leitung	im Sachgebiet „Wirtschaftsleben“
dirección = Adresse, Anschrift	im Sachgebiet „Post, Telefon“
dirección = Richtung	im Sachgebiet „Räumliche Begriffe“

Wer diesen Grundwortschatz beherrscht, kann über 80% eines allgemeinsprachlichen Textes wortschatzmäßig verstehen, und natürlich reicht dieser Wortschatz auch für eine normale Alltagsunterhaltung.

„Langenscheidts Grundwortschatz Spanisch“ ist somit ein minimaler Wortschatz, dessen Kenntnis ein wichtiger erster Schritt zur Sprachbeherrschung und eine hervorragende Grundlage für jedes weitergehende Lernen ist.

Warum ein „zweisprachiger“ Grundwortschatz?

Im Fremdsprachenunterricht ist die weitgehende Verwendung der fremden Sprache sehr verbreitet. Die Vokabeleinführung erfolgt daher durch den Lehrer in Spanisch (das neue Wort wird mit einfachen spanischen Wörtern definiert) und durch Demonstration.

Die unterrichtspraktische Realität erzwingt jedoch häufig den flexiblen Einsatz der deutschen Sprache – vor allem, wenn Unklarheiten zu beseitigen sind. Auch die meisten Lehrbücher, ansonsten streng nach dem Prinzip der Einsprachigkeit gestaltet, weisen zweisprachige Wörterverzeichnisse auf.

Ein Lernwörterbuch, das ein systematisches Wörterlernen, Wiederholen oder Nachholen außerhalb des Unterrichts ermöglichen soll, muß gleichfalls zweisprachig Spanisch-Deutsch angeordnet sein, denn es soll ja unabhängig vom Lehrer benutzt werden.

Welche Wörter?

Ein Grundwortschatz trennt Wichtiges vom Unwichtigen. Die richtige Auswahl der zu lernenden Wörter ist die Voraussetzung für eine rationelle und sinnvolle Wortschatzarbeit mit einem Lernwörterbuch. Dem vorliegenden Grundwortschatz für Schule und Erwachsenenbildung liegt eine große Anzahl von Quellen zugrunde. Die im In- und Ausland erstellten Grundwortschätze und Worthäufigkeitsuntersuchungen der spanischen Sprache wurden ausgewertet. Wichtige spanische Lehrwerke für die Erwachsenenbildung wurden ebenfalls herangezogen.

Ein genaues Verzeichnis aller Quellen würde den Rahmen dieser einleitenden Bemerkungen sprengen. Exemplarisch erwähnt seien lediglich das „Vocabulario del español hablado“, das „Frequency dictionary of Spanish words“ von Juilland, die Wortlisten zum Zertifikat und Grundbaustein des „Deutschen Volkshochschul-Verbandes“ und die Materialien des Europarates zum „Nivel umbral“, die alle den spanischen Grundwortschatz unter jeweils neuen Aspekten zu erfassen suchen.

Entsprechend der didaktischen Zielsetzung dieses Werkes, dem Lerner den erstmaligen Erwerb eines Grundwortschatzes zu ermöglichen oder seine Basiskenntnisse im Spanischen auszubauen und zu festigen, wurde davon abgesehen, den z. T. äußerst differenzierten lateinamerikanischen Sprachgebrauch einzubeziehen.

Die absolute Häufigkeit eines Wortes war auch bei der Auswahl dieses Grundwortschatzes selbstverständlich nicht allein entscheidend; Vertrautheitsgrad und Nützlichkeit mußten gleichfalls berücksichtigt werden. Bei der endgültigen Zusammenstellung und Aufbereitung des Wortschatzes kam uns unsere langjährige Erfahrung im Wörterbuchmachen sehr zustatten. Die Satzbeispiele wurden von einem spanischen Muttersprachler verfaßt, dessen Arbeit von weiteren spanisch- und deutschsprachigen Mitarbeitern begleitet wurde.

Anordnung nach Sachgebieten und Wichtigkeitsstufen! Stichwort mit Satzbeispiel!

„Langenscheidts Grundwortschatz Spanisch“ ist nicht alphabetisch aufgebaut, da ein Lernen von Wörtern nach dem Alphabet – wie die Kritik aufgezeigt hat – wenig sinnvoll ist. Die Ähnlichkeit in der Schreibung bei der alphabetischen Reihenfolge führt zu Verwechslungen, das Wort bleibt mangels Assoziationen nur schwer im Gedächtnis; ein alphabetischer Aufbau steht der später in einer bestimmten Situation *thematisch* richtigen Anwendung entgegen. Das Lernen von Grundwörtern in Sachgebieten ist leichter und didaktisch effektiver. Die inhaltliche Nähe und Verwandtschaft der Grundwörter stiftet Assoziationen. Es entspricht auch einer alten Lehrerfahrung, daß die Einbettung des Einzelwortes in den sinnvollen Zusammenhang eines Sachgebiets besser im Gedächtnis haftet.

Wir geben deshalb dem Lernen nach Sachgebieten den Vorzug. „Langenscheidts Grundwortschatz Spanisch" ist nach Sachkategorien und Themenkreisen eingeteilt. Die Systematik und Gliederung dieser Sachgebiete wird im Inhaltsverzeichnis dargestellt (vgl. S. III ff.).

Der Aufbau des vorliegenden Grundwortschatzes ist auch noch durch seine Unterteilung in Wichtigkeitsstufen bemerkenswert. Jedes Sachgebiet ist in zwei Wichtigkeitsstufen unterteilt (1–2000; 2001–4000). Der Lernende kann sich auf diese Weise zuerst den 2000 wichtigsten Wortgleichungen widmen und danach die nächsten 2000 in Angriff nehmen.

Auch in anderer Hinsicht ist das Material dieses Grundwortschatzes gut aufbereitet. Es bietet nicht nur die „nackte" Gleichung von spanischem Grundwort und deutscher Übersetzung. Nach dem spanischen Grundwort – immer mit Lautschrift – folgen vielmehr Satzbeispiele mit deutscher Übersetzung.

Diese Darbietung eines Grundworts im Satzzusammenhang ist wichtig, denn der Lernende sieht so die Anwendung „seines" Grundworts in der „Praxis". Die Gefahr der späteren Anwendung des Grundworts im falschen Zusammenhang wird damit minimalisiert. Die Beispielsätze eignen sich in der Regel sogar zur wortwörtlichen Einprägung, da sie der geläufigen Alltagssprache entnommen sind. Die deutsche Übersetzung der Satzbeispiele dient der Konzentration auf das Stichwort und trägt dadurch zu dessen leichterer Erlernung bei.

Nach Möglichkeit bewegen sich die Satzbeispiele im Rahmen des Grundwortschatzes, enthalten jedoch gelegentlich auch zusätzliches Anschlußvokabular. Sie aktivieren somit jederzeit den übrigen Grundwortschatz und weisen die Richtung zum weiteren Wortschatzerwerb.

Für wen?

Es gibt im Fremdsprachenunterricht eine starke Tendenz, bei der Erarbeitung von Sprachinventaren Grundwortschätze zu fixieren und deren Aneignung zu fordern. Im allgemeinen sind Grundwortschätze auch beim Lernenden beliebt, weil in ihnen der Lernaufwand überschaubar ist und weil sie ein individuelles häusliches Arbeiten ermöglichen.

„Langenscheidts Grundwortschatz Spanisch" ist geeignet:

1. Zum erstmaligen Erwerb eines Grundwortschatzes.
2. Zur Wissenskontrolle für alle Spanisch-Lernenden, also zum Testen, Wiederholen und Festigen eines Grundwortschatzes.
3. Zur Vorbereitung auf einen Auslandsaufenthalt. Mit einem inhaltlich verstandenen und richtig angewandten Grundwortschatz wird man sich im Ausland in allen Situationen des Alltags behaupten können.
4. Für Lernende mit nicht gesichertem Kenntnisstand. Ohne einen gewissen Grundwortschatz ist keine Stufe der Sprachbeherrschung zu erreichen.
5. Zur Prüfungsvorbereitung. Er gibt dem Prüfling Sicherheit. Für das Nachschlagen in einsprachigen Wörterbüchern bei der Prüfung benötigt er beispielsweise einen Grundwortschatz, um die einsprachigen Erklärungen zu verstehen.

Wie arbeitet man mit diesem Grundwortschatz?

Eine angemessene Lerntechnik ist die Voraussetzung für den Lernerfolg. Wir möchten Ihnen dazu einige Anregungen geben:

1. Nutzen Sie den Vorteil der Gliederung nach Sachgebieten! Arbeiten Sie nicht Seiten, sondern Sachgebiete durch (z. B. 1.2.6.2 „Geschäfte, Einkauf")! Zwischen den Wörtern eines Sachgebiets bestehen Assoziationen. Die Sachgebiete spiegeln inhaltliche Zusammenhänge wider. Auch die Sachgebietsbezeichnungen sind bereits Merkhilfen. Es ist experimentell erwiesen, daß die Behaltensleistung dadurch erhöht wird.

2. Sie können sich in jedem Sachgebiet zuerst die Wörter der Wichtigkeitsstufe 1–2000 aneignen. Zu einem späteren Zeitpunkt nehmen Sie dann die der Wichtigkeitsstufe 2001–4000 durch.

3. Arbeiten Sie *einzelne* Sachgebiete durch. Vielleicht zuerst die Ihnen „sympathischen", dann die anderen. Vergessen Sie aber nicht, sich nach und nach *alle* Sachgebiete anzueignen.

4. Systematisieren Sie den Ablauf des Lernvorgangs! Lernen Sie portionsweise!

Lesen Sie ein Kästchen (fettgedrucktes Stichwort und Anwendungsbeispiel) und prägen Sie sich die Wortgleichung ein. Gehen Sie acht bis zehn Kästchen in dieser Art durch und decken Sie dann von diesem „Block“ die linke Spalte ab. Sprechen Sie sich nun das verdeckte Stichwort laut vor – wenn Sie wollen, auch das Anwendungsbeispiel. Kontrollieren Sie sich durch Aufdecken der linken Spalte. Arbeiten Sie so den „Block“ durch. Nicht beherrschte Wörter werden am Rand gekennzeichnet – vielleicht durch ein Kreuzchen – und nochmals gesondert gelernt. Abschließend nochmalige Kontrolle (Sprechen und Schreiben) des ganzen „Blocks“.

5. Lernvarianten: Rechte (statt linke) Spalte abdecken und analog wie unter 4 beschrieben arbeiten. Nur Anwendungsbeispiele lernen, um vom Zusammenhang her die Bedeutung eines Wortes im Gedächtnis zu fixieren oder den Grundwortschatz „umzuwälzen“.

6. Sie können auch über ein einzelnes Wort, das Sie im alphabetischen Register nachschlagen, zum Sachgebiet kommen und so in einem sinnvollen Zusammenhang lernen.

7. Lernen Sie täglich (mit Pausen!) ein bestimmtes Pensum. In einigen Wochen beherrschen Sie dann einen systematisch aufgebauten Grundwortschatz – den Wortschatz, auf den es ankommt. Vergessen Sie nicht, diesen in gewissen zeitlichen Abständen zu wiederholen und zu überprüfen.

8. „Langenscheidts Grundwortschatz Spanisch“ ist lehrbuchunabhängig. Trotzdem eignet er sich auch zur Aktivierung, Wiederholung und Systematisierung des Wortschatzes im Unterricht, z. B.

zur Bereitstellung des entsprechenden Wortschatzes vor kommunikativen Übungen oder der Durchnahme bestimmter Texte;

zur Wortfeldarbeit nach der Durcharbeitung eines bestimmten Textes, der wesentliche Teile dieses Wortfeldes enthielt;

zur Erschließung und zum Aufbau eines Sachgebiets vom Einzelwort aus (über das Register).

1 THEMENBEZOGENE BEGRIFFE

1.1 Der Mensch

1.1.1 KÖRPER UND WESEN

1.1.1.1 KÖRPER

«1–2000»

boca ['boka] *f*
Juanito, ¡límpiate la boca con la servilleta!
El ladrón no abrió la boca cuando le interrogaron.

Mund *m*
Juanito, wisch dir den Mund mit der Serviette ab!
Der Dieb sagte kein Wort, als er verhört wurde.

---

brazo ['braθo] *m*
El jardinero no puede trabajar; se ha roto un brazo.

Arm *m*
Der Gärtner kann nicht arbeiten, er hat sich einen Arm gebrochen.

---

cabeza [ka'ƀeθa] *f*
El paciente se quejó de fuertes dolores de cabeza.
En situaciones difíciles no hay que perder la cabeza.

Kopf *m*
Der Patient klagte über starke Kopfschmerzen.
In schwierigen Situationen darf man nicht den Kopf verlieren.

---

cara ['kara] *f*
Esta niña tiene una cara bonita.
Tienes mala cara hoy, ¿qué te pasa?

Gesicht *n*
Dieses Mädchen hat ein hübsches Gesicht.
Du siehst heute schlecht aus. Was ist mit dir los?

---

corazón [kora'θon] *m*
No debo fumar porque estoy enfermo del corazón.

Herz *n*
Ich darf nicht rauchen, weil ich herzkrank bin.

---

cuerpo ['kŭerpo] *m*
Después de la caída, a Pepe le dolía todo el cuerpo.

Körper *m*
Nach dem Sturz hatte Pepe Schmerzen am ganzen Körper.

---

diente ['dĭente] *m*
Este hombre a sus 50 años conserva todos sus dientes.

Zahn *m*
Mit 50 Jahren hat dieser Mann noch alle Zähne.

---

estómago [es'tomago] *m*
Ayer me hicieron una radiografía del estómago.

Magen *m*
Gestern wurde eine Röntgenaufnahme von meinem Magen gemacht.

frente ['frente] *f*	**Stirn** *f*
Estás sudando, ¡sécate la frente!	Du schwitzt ja, trockne dir die Stirn ab.
lengua ['leŋgŭa] *f*	**Zunge** *f*
Con la sopa caliente me he quemado la lengua.	An der heißen Suppe habe ich mir die Zunge verbrannt.
mano ['mano] *f*	**Hand** *f*
Hace mucho frío, tengo las manos heladas.	Es ist sehr kalt, ich habe eisige Hände.
muela ['mŭela] *f*	**(Backen)Zahn** *m*
Esta muela me duele, me la tienen que sacar.	Dieser Zahn tut mir weh, ich muß ihn mir ziehen lassen.
ojo ['oxo] *m*	**Auge** *n*
Carmen tiene unos ojos muy expresivos.	Carmen hat sehr ausdrucksvolle Augen.
pelo ['pelo] *m*	**Haar** *n*
No te sienta bien el pelo largo.	Langes Haar steht dir nicht gut.
pie ['pĭe] *m*	**Fuß** *m*
He caminado cuatro horas, ahora tengo los pies hinchados.	Ich bin vier Stunden gewandert, jetzt habe ich geschwollene Füße.
piel ['pĭel] *f*	**Haut** *f*
Los bebés tienen la piel muy sensible.	Babys haben eine sehr empfindliche Haut.
pierna ['pĭerna] *f*	**Bein** *n*
Este hombre perdió una pierna en la guerra.	Dieser Mann hat im Krieg ein Bein verloren.
sangre ['saŋgre] *f*	**Blut** *n*
El enfermo está muy pálido, ha perdido mucha sangre.	Der Kranke ist sehr blaß, er hat viel Blut verloren.

«2001–4000»

barbilla [bar'biʎa] *f*	**Kinn** *n*
Don Quijote tenía la barbilla alargada.	Don Quijote hatte ein spitzes Kinn.
cerebro [θe'rebro] *m*	**Gehirn** *n*, **Hirn** *n*
El cerebro es el centro del sistema nervioso.	Das Gehirn ist der Sitz des zentralen Nervensystems.

codo ['kođo] *m* ¡No te apoyes en los codos durante la comida!	**Ellbogen** *m* Stütz dich beim Essen nicht auf die Ellbogen.
cuello ['kŭeʎo] *m* Esta camisa no me queda bien, tengo un cuello muy grueso.	**Hals** *m (genau: äußerer Hals, vgl.* garganta) Dieses Hemd paßt mir nicht, ich habe einen sehr dicken Hals.
dedo ['deđo] *m* ¿Qué te pasa en el dedo? – Me he cortado.	**Finger** *m* Was ist mit deinem Finger los? – Ich habe mich geschnitten.
dedo (del pie) ['deđo (đel pĭe)] *m* Estos zapatos me aprietan en los dedos.	**Zeh(e)** *m(f)* Diese Schuhe drücken mich an den Zehen.
espalda [es'palda] *f* ¿Me puede Vd. dar un masaje en la espalda?	**Rücken** *m* Können Sie mir den Rücken massieren?
garganta [gar'ganta] *f* El muchacho está resfriado, le duele mucho la garganta.	**Kehle** *f*; *(innerer)* **Hals** *m* Der Junge ist erkältet. Er hat starke Halsschmerzen.
hombro ['ombro] *m* El boxeador tiene unos hombros muy anchos.	**Schulter** *f* Der Boxer hat breite Schultern.
hueso ['ŭeso] *m* El accidentado sufrió varias fracturas de huesos.	**Knochen** *m* Der Verunglückte erlitt mehrere Knochenbrüche.
labio ['labĭo] *m* Tengo una pequeña herida en el labio inferior.	**Lippe** *f* Ich habe eine kleine Wunde an der Unterlippe.
músculo ['muskulo] *m* José Luis tiene los músculos muy desarrollados.	**Muskel** *m* José Luis hat starke Muskeln.
nariz [na'riθ] *f* Tráeme un pañuelo, me está sangrando la nariz.	**Nase** *f* Bring mir ein Taschentuch, ich habe Nasenbluten.
nervio ['nerbĭo] *m* El pobre hombre sufrió un ataque de nervios.	**Nerv** *m* Der arme Kerl erlitt einen Nervenschock.
oído [o'iđo] *m* ¿Tiene Vd. dolor de oídos?	(inneres) **Ohr** *n* Haben Sie Ohrenschmerzen?

oreja [o'rexa] *f* Lástima que Luisa tenga las orejas tan grandes.	(äußeres) **Ohr** *n* Schade, daß Luisa so große Ohren hat.
pecho ['petʃo] *m* El toro hirió al torero en el pecho. Hoy en día pocas madres dan el pecho a sus hijos.	**Brust** *f* Der Stier verletzte den Stierkämpfer an der Brust. Heute stillen nur wenige Mütter ihre Kinder.
puño ['puɲo] *m* El maestro dio un golpe con el puño en la mesa.	**Faust** *f* Der Lehrer schlug mit der Faust auf den Tisch.
rodilla [ro'điʎa] *f* Son corrientes entre los futbolistas los problemas de rodilla.	**Knie** *n* Fußballer haben häufig Probleme mit ihren Knien.
vientre ['bĭentre] *m* El delincuente dio a su víctima un puñetazo en el vientre.	**Bauch** *m* Der Täter versetzte seinem Opfer einen Fausthieb in den Bauch.

1.1.1.2 AUSSEHEN

«1–2000»

alto ['alto], **-a** *adj.* Este chico ya es más alto que su padre.	**groß, hochgewachsen** Der Junge ist schon größer als sein Vater.
aspecto [as'pekto] *m* El vagabundo borracho tenía un aspecto horrible.	**Aussehen** *n* Der betrunkene Landstreicher sah schrecklich aus.
bajo ['baxo], **-a** *adj.* Mi hermana es baja y rechoncha.	**klein** *(Körpergröße)* Meine Schwester ist klein und pummelig.
belleza [be'ʎeza] *f* Ava Gardner era de una belleza singular.	**Schönheit** *f* Ava Gardner war von einzigartiger Schönheit.
bonito [bo'nito], **-a** *adj.* ¡Qué bonitos ojos tienes!	**hübsch, schön** Was hast du für schöne Augen!
delgado [del'gađo], **-a** *adj.* Ahora que estás más delgado tienes mejor aspecto.	**dünn, schlank** Jetzt, wo du schlanker bist, siehst du besser aus.

feo ['feo], **fea** *adj.* — **häßlich**
Ana tiene un bonito cuerpo, pero de cara es fea. — Ana hat einen schönen Körper, aber ein häßliches Gesicht.

gordo ['gorđo], **-a** *adj.* — **dick**
En 10 años, Pepita será tan gorda como su madre. — In 10 Jahren wird Pepita so dick sein wie ihre Mutter.

guapo ['gŭapo], **-a** *adj.* — **hübsch, gutaussehend**
Siempre que te veo, vas con una chica muy guapa. — Immer wenn ich dich sehe, bist du mit einem hübschen Mädchen zusammen.

hermoso [er'moso], **-a** *adj.* — **schön**
A juzgar por la foto, tu novia es muy hermosa. — Dem Foto nach zu urteilen, ist deine Braut sehr schön.

precioso [pre'θĭoso], **-a** *adj.* — **wunderschön, bildhübsch**
Tu hija está preciosa con su traje de noche. — Deine Tocher sieht wunderschön aus in ihrem Abendkleid.

«2001–4000»

adelgazar [ađelga'θar] *v.* (-c-) — **abnehmen**
Estás muy gordo. Tienes que adelgazar. — Du bist sehr dick. Du mußt abnehmen.

atractivo [atrak'tiƀo], **-a** *adj.* — **hübsch, attraktiv**
Carmen sigue siendo una mujer atractiva. — Carmen ist immer noch eine attraktive Frau.

barba ['barƀa] *f* — **Bart** *m*
Muchos jóvenes de hoy llevan barba. — Viele junge Leute von heute tragen einen Bart.

bigote [bi'gote] *m* — **Schnurrbart** *m*
Deberías recortarte el bigote un poco. — Du solltest dir den Schnurrbart etwas stutzen (lassen).

delicado [deli'kađo], **-a** *adj.* — **zart**
Mi sobrina es una niña delicada y tímida. — Meine Nichte ist ein zartes, schüchternes Mädchen.

engordar [eŋgor'đar] *v.* — **zunehmen**
¡Qué horror! He engordado otra vez. — Wie schrecklich! Ich habe schon wieder zugenommen.

figura [fi'gura] *f* — **Figur** *f*, **Gestalt** *f*
¡Qué figura más bonita tiene esta bailarina! — Was für eine schöne Figur hat diese Tänzerin!

gracia ['graθĭa] *f* Esta bailarina se mueve con gracia.	**Grazie** *f*, **Anmut** *f* Diese Tänzerin bewegt sich mit Anmut.
gracioso [gra'θĭoso], **-a** *adj.* Lo que más me gusta de Tere, es su sonrisa graciosa.	**graziös, anmutig** Am meisten gefällt mir an Tere ihr anmutiges Lächeln.
mono ['mono], **-a** *adj.* ¡Mira, qué mono es este niño!	**hübsch, niedlich** Sieh mal, wie niedlich der kleine Junge ist.
parecerse (a) [pare'θerse] *v.* (*irr.* 5) Este chico se parece mucho a su padre.	**ähnlich sehen, sein, ähneln** Der Junge sieht seinem Vater sehr ähnlich.
peinado [peĭ'nađo] *m* El peinado de Carmen es el último grito.	**Frisur** *f* Carmens Frisur ist der letzte Schrei.

1.1.1.3 GEIST UND VERSTAND

«1–2000»

acordarse (de) [akor'đarse] *v.* (*irr.* 7) ¿Te acuerdas de Julio?	**sich erinnern** (an) Erinnerst du dich an Julio?
atención [aten'θĭon] *f* Tienes que dedicar más atención a tus estudios.	**Aufmerksamkeit** *f* Du mußt deinem Studium mehr Aufmerksamkeit widmen.
comprender [kompren'der] *v.* No comprendo lo que Vd. acaba de explicarme.	**verstehen, begreifen** Ich verstehe nicht, was Sie mir soeben erklärt haben.
darse cuenta (de) ['darse 'kŭenta] Julia se dio cuenta de que hablábamos de ella.	**sich klar werden** (über), **(be)merken** Julia merkte, daß wir über sie sprachen.
entender [enten'der] *v.* (*irr.* 23) Nadie entiende la actitud de nuestro jefe.	**verstehen, begreifen** Niemand versteht das Verhalten unseres Chefs.
equivocarse [ekibo'karse] *v.* (-qu-) Tienes razón, me he equivocado.	**sich irren, sich täuschen** Du hast recht, ich habe mich geirrt.

error [e'rror] *m*
¡Por fin se ha dado cuenta de su error!

Irrtum *m*
Endlich hat er seinen Irrtum bemerkt.

---

idea [i'đea] *f*
¿Quién ha tenido la excelente idea de invitar a los García?

Idee *f*, **Gedanke** *m*
Wer hatte die ausgezeichnete Idee, Garcías einzuladen?

---

impresión [impre'sĭon] *f*
Tengo la impresión de que Pepe se burla de nosotros.

Eindruck *m*
Ich habe den Eindruck, daß Pepe sich über uns lustig macht.

---

inteligente [inteli'xente] *adj.*
¡Qué inteligente es tu hijo!

intelligent, klug
Wie klug dein Sohn ist!

---

interés [inte'res] *m*
Tengo mucho interés en conocer a este pintor.

Interesse *n*
Ich habe großes Interesse, diesen Maler kennenzulernen.

---

interesante [intere'sante] *adj.*
Estoy leyendo un libro interesante sobre el SIDA.

interessant
Ich lese gerade ein interessantes Buch über AIDS.

---

interesar [intere'sar] *v.*
Dile al Sr. Roca que su propuesta no me interesa.

interessieren
Sag Herrn Roca, daß mich sein Vorschlag nicht interessiert.

---

juicio ['xŭiθĭo] *m*
Tu profesor tiene un juicio muy claro.

Verstand *m*, **Urteilskraft** *f*
Dein Lehrer hat ein sehr klares Urteilsvermögen.

---

listo ['listo], **-a** *adj.*
No sabe ni leer ni escribir, pero es muy listo.

klug, clever, aufgeweckt
Er kann weder lesen noch schreiben, aber er ist sehr aufgeweckt.

---

memoria [me'morĭa] *f*
¡Qué mala memoria tienes!

Gedächtnis *n*, **Erinnerung** *f*
Was für ein schlechtes Gedächtnis du hast!

---

olvidar [olbi'đar] *v.*
Nunca olvidaré lo que hiciste por mí.

vergessen
Ich werde nie vergessen, was du für mich getan hast.

---

olvidarse (de) [olbi'đarse] *v.*
Me he olvidado de apagar la tele.

vergessen (etw.)
Ich habe vergessen, den Fernseher abzuschalten.

---

pensar (en) [pen'sar] *v.* (*irr.* 22)
¿En qué piensa Vd. en este momento?

denken (an)
Woran denken Sie gerade?

---

razón [rra'θon] *f*
La razón distingue al hombre de los animales.

Vernunft *f*
Die Vernunft unterscheidet den Menschen von den Tieren.

recordar [rrekor'đar] *v.* (*irr.* 7)	**(sich) erinnern** (an)
¿Recuerdas nuestra hermosa excursión a Toledo?	Erinnerst du dich an unseren schönen Ausflug nach Toledo?
¡Recuérdame que tengo que llamar a Luis!	Erinnere mich daran, daß ich Luis anrufen muß.
tonto ['tonto], **-a** *adj.*	**dumm**
Este tipo es tonto de remate.	Dieser Kerl ist strohdumm.
Cuando viene una visita, los niños siempre están tontos.	Wenn Besuch kommt, benehmen sich die Kinder stets dumm.

«2001–4000»

confundirse [komfun'dirse] *v.*	**sich irren**
Se confunde Vd. Este no es el despacho del Sr. Pérez.	Sie irren sich, das ist nicht das Büro von Herrn Pérez.
fantasía [fanta'sia] *f*	**Phantasie** *f*
Esta novela está llena de colorido y fantasía.	Dieser Roman ist voll Farbe und Phantasie.
fijarse (en) [fi'xarse] *v.*	**achten** (auf)
Fíjate en el parte meteorológico de la tele.	Achte auf den Wetterbericht im Fernsehen.
genial [xe'nĭal] *adj.*	**genial, geistreich**
Este director (de cine) tiene ideas geniales.	Dieser Regisseur hat geniale Einfälle.
genio ['xenĭo] *m*	**Geist** *m*, **Genie** *n*
Tu profesor de matemáticas es un verdadero genio.	Dein Mathematiklehrer ist ein wahres Genie.
ideal [iđe'al] *adj.*	**ideal**
Juanita sería la secretaria ideal para ti.	Juanita wäre die ideale Sekretärin für dich.
imaginación [imaxina'θĭon] *f*	**Phantasie** *f*, **Vorstellungskraft** *f*
Este autor no tiene la más mínima imaginación.	Dieser Autor hat nicht die geringste Phantasie.
imaginarse [imaxi'narse] *v.*	**sich** (etw.) **vorstellen**
No te imaginas lo que me ha costado localizarte.	Du kannst dir nicht vorstellen, was es mich gekostet hat, dich ausfindig zu machen.
interesarse (por) [intere'sarse] *v.*	**sich interessieren** (für)
Ese joven se interesa por tu hermana.	Der junge Mann interessiert sich für deine Schwester.

loco ['loko], **-a** *adj.* Nuestro vecino está loco.	**verrückt** Unser Nachbar ist verrückt.
locura [lo'kura] *f* La locura de este hombre es inaguantable.	**Verrücktheit** *f* Die Verrücktheit dieses Menschen ist unerträglich.
malentendido [malenten'diðo] *m* Debe haber un malentendido: yo soy Juan Pérez.	**Mißverständnis** *n* Hier muß ein Mißverständnis vorliegen. Ich bin Juan Pérez.
notar [no'tar] *v.* ¿No has notado algo raro en la conducta de Juan?	**bemerken** Hast du nicht etwas Eigenartiges an Juans Verhalten bemerkt?
pensamiento [pensa'mĭento] *m* Nuestro pensamiento es libre.	**Gedanke** *m*, **Denken** *n* Unsere Gedanken sind frei.
reflexionar (sobre, en) [rreflegsĭo'nar] *v.* Sobre la teología de la liberación aún hay mucho que reflexionar.	**überlegen, nachdenken** (über) Über die Befreiungstheologie muß man noch viel nachdenken.
tontería [tonte'ria] *f* Creo que hemos hecho una tontería enorme.	**Dummheit** *f* Ich glaube, wir haben eine Riesendummheit begangen.

1.1.1.4 CHARAKTER, WESEN

«1–2000»

alegre [a'legre] *adj.* ¿Por qué estás tan alegre hoy?	**fröhlich, lustig** Warum bist du heute so fröhlich?
amable [a'mable] *adj.* El camarero es muy amable con los clientes.	**freundlich, liebenswürdig** Der Kellner ist sehr liebenswürdig zu den Gästen.
bueno ['bŭeno], **-a** *adj.* El viejo tiene sus caprichos, pero es buena persona.	**gut** Der Alte hat seine Launen, aber er ist ein guter Mensch.

carácter [ka'rakter] *m* (*pl.* caracteres) — **Charakter** *m*
No te fíes de este hombre, tiene mal carácter. — Trau diesem Menschen nicht, er hat einen schlechten Charakter.

curiosidad [kurĭosi'đađ] *f* — **Neugier** *f*
¡Ten un poco de paciencia y domina tu curiosidad! — Hab ein bißchen Geduld und zügle deine Neugier!

curioso [ku'rĭoso], **-a** *adj.* — **neugierig**
¿Sabes que tu secretaria es muy curiosa? — Weißt du, daß deine Sekretärin sehr neugierig ist?

defecto [de'fekto] *m* — **Fehler** *m*, **Mangel** *m*
Todos tenemos virtudes y defectos. — Wir alle haben Tugenden und Fehler.

enérgico [e'nerxiko], **-a** *adj.* — **energisch**
Con estos alumnos deberías ser mucho más enérgico. — Mit diesen Schülern müßtest du viel energischer sein.

malo ['malo], **-a** *adj.* — **schlecht, böse**
¡Qué malos son los niños del vecino! — Wie böse die Nachbarskinder sind!

orgulloso [orgu'ʎoso], **-a** *adj.* — **stolz, hochmütig**
Se dice que los españoles son orgullosos. — Es heißt, die Spanier seien stolz.

serio ['serĭo], **-a** *adj.* — **ernst, ernsthaft; seriös**
Paco es muy serio, nunca lo he visto reír. — Paco ist sehr ernst, ich habe ihn nie lachen sehen.
Este abogado es serio, puede Vd. confiar en él. — Dieser Anwalt ist seriös, Sie können ihm vertrauen.

sinceridad [sinθeri'đađ] *f* — **Ehrlichkeit** *f*, **Aufrichtigkeit** *f*
No dudo de la sinceridad de tus palabras. — Ich zweifle nicht an der Aufrichtigkeit deiner Worte.

sincero [sin'θero], **-a** *adj.* — **ehrlich, aufrichtig**
Si he de ser sincero, no me gusta tu casa. — Wenn ich ehrlich sein soll, dein Haus gefällt mir nicht.

tímido ['timiđo], **-a** *adj.* — **schüchtern, ängstlich**
Pedro no tiene nada de tímido. — Pedro ist überhaupt nicht schüchtern.

tranquilo [traŋ'kilo], **-a** *adj.* — **ruhig**
Dad gracias a Dios que vuestros hijos son tranquilos. — Dankt Gott dafür, daß eure Kinder von ruhiger Art sind.

vago ['bago], **-a** *adj.*	**faul**
Si no fueras tan vago, tendrías mejores notas.	Wenn du nicht so faul wärst, hättest du bessere Noten.
vivo ['bibo], **-a** *adj.*	**lebendig, lebhaft; clever, aufgeweckt, gerissen**
Juanito es muy vivo, Pepito, en cambio, tranquilo.	Juanito ist sehr lebhaft, Pepito dagegen ist ruhig.
¡Cuidado! Este tipo es muy vivo.	Paß auf! Dieser Bursche ist sehr gerissen.
voluntad [bolun'tađ] *f*	**Wille** *m*
Se necesita mucha voluntad para dejar de fumar.	Man braucht einen starken Willen, um das Rauchen aufzugeben.

«2001–4000»

bruto ['bruto], **-a** *adj.*	**brutal, roh, grob**
Vámonos de aquí, estos tipos brutos sólo buscan pelea.	Gehen wir weg, diese brutalen Kerle suchen nur Streit.
cariñoso [kari'ɲoso], **-a** *adj.*	**zärtlich, lieb**
La niñera es muy cariñosa con los peques.	Das Kindermädchen ist sehr lieb zu den Kleinen.
cobarde [ko'barđe] *adj.*	**feige**
¡Qué cobarde eres, hombre!	Mensch, bist du aber feige!
cruel ['krŭel] *adj.*	**grausam**
Quien es cruel con los animales, no puede ser buena persona.	Wer zu Tieren grausam ist, kann kein guter Mensch sein.
egoísta [ego'ista] *m, f*	**Egoist(in)** *m(f)*
Nunca piensas en los demás, eres un egoísta.	Nie denkst du an die anderen, du bist ein Egoist.
fiel ['fĭel] *adj.*	**zuverlässig, treu**
¿Tú crees que tu mujer te es fiel?	Glaubst du, daß deine Frau dir treu ist?
formal [for'mal] *adj.*	**solid, anständig; zuverlässig**
Juan es muy formal: cumple lo que promete.	Juan ist sehr zuverlässig, er hält, was er verspricht.
Desde que se casó, Pepe se ha vuelto formal.	Seit Pepe geheiratet hat, ist er solide geworden.
generoso [xene'roso], **-a** *adj.*	**großzügig**
Carlos tiene mucho dinero, pero no es generoso.	Carlos hat viel Geld, aber er ist nicht großzügig.

gracioso [gra'θĭoso], **-a** *adj.*
Tu amigo es muy gracioso, siempre le hace reír a uno.

witzig
Dein Freund ist sehr witzig, er bringt einen immer zum Lachen.

---

grosero [gro'sero], **-a** *adj.*
Este camarero es muy grosero.

grob, flegelhaft, unhöflich
Dieser Kellner ist sehr unhöflich.

---

mentalidad [mentali'đađ] *f*
¿Hay verdaderamente algo como una «mentalidad» española?

Mentalität *f*
Gibt es wirklich so etwas wie eine spanische „Mentalität"?

---

orgullo [or'guʎo] *m*
El orgullo de tu marido es verdaderamente exagerado.

Stolz *m,* **Hochmut** *m*
Der Stolz deines Mannes ist wirklich übertrieben.

---

paciencia [pa'θĭenθĭa] *f*
Con este anciano tenemos que armarnos de paciencia.

Geduld *f*
Bei diesem alten Mann müssen wir uns mit Geduld wappnen.

---

perezoso [pere'θoso], **-a** *adj.*
Niños, sois muy perezosos.

faul
Kinder, ihr seid sehr faul.

---

personalidad [personali'đađ] *f*
Deja que el niño desarrolle su personalidad.

Persönlichkeit *f*
Laß das Kind seine Persönlichkeit entwickeln.

---

prudente (pru'đente] *adj.*
¡Descuida!, mi marido es un conductor prudente.

vorsichtig, klug, umsichtig
Sei unbesorgt! Mein Mann ist ein vorsichtiger Fahrer.

---

trabajador [traƀaxa'đor], **-a** *adj.*
La mujer de la limpieza que tenemos ahora es muy trabajadora.

fleißig
Die Putzfrau, die wir jetzt haben, ist sehr fleißig.

---

valiente [ba'lĭente] *adj.*
Los conquistadores españoles fueron hombres valientes.

mutig, tapfer
Die Konquistadoren waren mutige Männer.

---

vicio ['biθĭo] *m*
El único vicio de Juan es el tabaco.

Laster *n*
Juans einziges Laster ist das Rauchen.

---

violento [bĭo'lento], **-a** *adj.*
Este policía ha sido sancionado por ser violento.
Ayer tuve una violenta discusión con el jefe.

heftig; gewalttätig
Der Polizist wurde bestraft, weil er gewalttätig ist.
Gestern hatte ich eine heftige Diskussion mit dem Chef.

virtud [bir'tuđ] *f*	**Tugend** *f*
La principal virtud de este hombre es su modestia.	Die Haupttugend dieses Mannes ist seine Bescheidenheit.

1.1.1.5 POSITIVE UND NEUTRALE GEFÜHLE

«1–2000»

alegrarse (de) [ale'grarse] *v.*	**sich freuen** (über)
Me alegro de que por fin hayas llegado.	Ich freue mich, daß du endlich angekommen bist.
alegría [ale'gria] *f*	**Freude** *f*, **Fröhlichkeit** *f*
Me has dado una gran alegría con tu regalo.	Du hast mir mit deinem Geschenk große Freude gemacht.
amor [a'mor] *m*	**Liebe** *f*
El amor de una madre por sus hijos es el más sincero.	Die Liebe einer Mutter zu ihren Kindern ist die aufrichtigste.
contento [kon'tento], **-a** (con, de) *adj.*	**froh** (über); **zufrieden** (mit)
Estoy contento con el resultado de los exámenes.	Ich bin mit dem Ergebnis der Prüfungen zufrieden.
Estamos contentos de haber podido ayudaros.	Wir freuen uns, daß wir euch helfen konnten.
esperar [espe'rar] *v.*	**hoffen**
El entrenador esperaba que su equipo ganara.	Der Trainer hoffte, daß seine Mannschaft gewinnen würde.
feliz [fe'liθ] *adj.*	**glücklich**
Felipe no parece ser feliz en su matrimonio.	Felipe scheint in seiner Ehe nicht glücklich zu sein.
ganas ['ganas] *fpl.*	**Lust** *f*
No tengo ganas de salir.	Ich habe keine Lust auszugehen.
gustar [gus'tar] *v.*	**gefallen, mögen**
Esta pequeña playa solitaria me gusta.	Dieser kleine, einsame Strand gefällt mir.
No me gusta el vino blanco.	Ich trinke nicht gern Weißwein.
humor [u'mor] *m*	**Laune** *f*
Estás de mal humor. ¿Qué te pasa?	Du bist schlechter Laune. Was ist mit dir los?

ilusión [ilu'sĭon] *f* — **Illusion** *f;* **Vorfreude** *f*

Esperamos las fiestas de Navidad con mucha ilusión. — Wir freuen uns sehr auf das Weihnachtsfest.

No te hagas ilusiones, Pepe no te devolverá el dinero. — Mach dir keine Illusionen, Pepe wird dir das Geld nicht zurückzahlen.

---

lástima ['lastima] *f* — **Mitleid** *n*

Esta pobre vieja me da lástima. — Ich habe Mitleid mit der armen alten Frau.

---

querer [ke'rer] *v.* (*irr.* 26) — **lieben**

Carlos y Ana se quieren mucho; se van a casar pronto. — Carlos und Ana lieben sich sehr; sie werden bald heiraten.

---

reír(se) [rre'ir(se)] *v.* (*irr.* 27) — **lachen**

¿De qué te ríes, Luisito? — Worüber lachst du, Luisito?

---

sensación [sensa'θĭon] *f* — **Gefühl** *n*, **Empfindung** *f*

Tengo la sensación de que esa mujer nos quiere engañar. — Ich habe das Gefühl, daß diese Frau uns hereinlegen will.

---

sentir [sen'tir] *v.* (*irr.* 30) — **fühlen, empfinden**

No me preguntes lo que siento en este momento. — Frag mich nicht, was ich in diesem Augenblick empfinde.

---

sorprender [sorpren'der] *v.* — **überraschen**

La noticia de la muerte de Rosa me ha sorprendido mucho. — Die Nachricht von Rosas Tod hat mich sehr überrascht.

---

sorpresa [sor'presa] *f* — **Überraschung** *f*

Me llevé una sorpresa agradable cuando llegué al despacho: ... — Ich erlebte eine angenehme Überraschung, als ich ins Büro kam: ...

«2001–4000»

alegrar [ale'grar] *v.* — **freuen, erfreuen**

La victoria de nuestro equipo nos ha alegrado mucho. — Der Sieg unserer Mannschaft hat uns sehr gefreut.

---

amabilidad [amaƀili'đađ] *f* — **Liebenswürdigkeit** *f*, **Freundlichkeit** *f*

El conserje del hotel es de una gran amabilidad. — Der Portier des Hotels ist sehr liebenswürdig.

---

amar [a'mar] *v.* — **lieben, liebhaben**

En realidad Julio no ama a Marta. — In Wirklichkeit liebt Julio Marta nicht.

asombrar [asom'brar] *v.* Me asombra tu indiferencia ante semejante fraude.	**in Staunen versetzen, erstaunen** Mich erstaunt deine Gleichgültigkeit angesichts eines solchen Betrugs.
cariño [ka'riɲo] *m* Los niños sienten mucho cariño por su tío Alberto. Este niño necesita mucho cariño.	**Zuneigung** *f*, **Zärtlichkeit** *f* Die Kinder mögen ihren Onkel Albert sehr gern. Dieses Kind braucht viel Zärtlichkeit.
disfrutar (de algo) [disfru'tar] *v.* Vamos a disfrutar de unas vacaciones maravillosas.	**genießen** (etw.) Wir werden herrliche Ferien genießen.
enamorado [enamo'rađo], **-a** *adj.* ¿Sabía Vd. que su hijo está enamorado de una inglesa?	**verliebt** Wußten Sie, daß Ihr Sohn in eine Engländerin verliebt ist?
entusiasmo [entu'sĭazmo] *m* En Barcelona hay gran entusiasmo por los Juegos Olímpicos.	**Begeisterung** *f* In Barcelona herrscht große Begeisterung wegen der Olympiade.
esperanza [espe'ranθa] *f* Tengo poca esperanza de verte pronto.	**Hoffnung** *f* Ich habe wenig Hoffnung, dich bald wiederzusehen.
optimismo [opti'mizmo] *m* Tu optimismo es envidiable.	**Optimismus** *m* Dein Optimismus ist beneidenswert.
optimista [opti'mista] *adj.* Las previsiones del tiempo no son muy optimistas.	**optimistisch** Die Wettervorhersage ist nicht sehr optimistisch.
pasión [pa'sĭon] *f* Parece que tu hermano quiere a esta mujer con pasión.	**Leidenschaft** *f* Dein Bruder scheint diese Frau leidenschaftlich zu lieben.
risa ['rrisa] *f* Cuando le recordé sus obligaciones, soltó la risa.	**Lachen** *n*, **Gelächter** *n* Als ich ihn an seine Verpflichtungen erinnerte, lachte er heraus.
satisfacer [satisfa'θer] *v.* (*irr.* 15) Tus notas no me satisfacen.	**zufriedenstellen, befriedigen** Mit deinen Noten bin ich nicht zufrieden.
sentimiento [senti'mĭento] *m* Es difícil conocer los verdaderos sentimientos de Julián.	**Gefühl** *n* Es ist schwierig, Julians wahre Gefühle zu kennen.

sonreír [sonrre'ir] *v.* (*irr.* 27)	**lächeln; anlächeln**
¿Conoces al chico que te sonríe?	Kennst du den Jungen, der dir zulächelt?

1.1.1.6 NEGATIVE EMPFINDUNGEN

«1–2000»

aburrirse [abu'rrirse] *v.*	**sich langweilen**
¿Por qué no nos vamos? Aquí sólo nos aburrimos.	Warum gehen wir nicht? Hier langweilen wir uns nur.
estar cansado (de) [es'tar kan'sađo]	**es satt haben** (zu)
Estoy cansado de escuchar estas historias tontas.	Ich habe es satt, diese blöden Geschichten anzuhören.
descontento [deskon'tento], **-a** *adj.*	**unzufrieden**
Todos los clientes están descontentos con la comida.	Alle Gäste sind mit dem Essen unzufrieden.
desilusionado [desilusĭo'nađo], **-a** *adj.*	**enttäuscht**
Estoy desilusionado con el resultado de las elecciones.	Ich bin über das Ergebnis der Wahlen enttäuscht.
echar de menos [e'tʃar đe 'menos]	**vermissen**
Te hemos echado de menos, ¿has estado enfermo?	Wir haben dich vermißt, bist du krank gewesen?
enfadado [emfa'đađo], **-a** *adj.*	**böse; verärgert**
¿Por qué estás enfadado conmigo?	Warum bist du auf mich böse?
enfadarse [emfa'đarse] *v.*	**sich ärgern, böse werden**
El profesor se enfadó porque llegaste tarde.	Der Lehrer wurde böse, weil du zu spät kamst.
llorar [ʎo'rar] *v.*	**weinen**
¡No lloréis! Todo se arreglará.	Weint nicht! Es wird alles wieder gut.
miedo ['mĭeđo] *m*	**Angst** *f*, **Furcht** *f*
Me da miedo salir sola por la noche.	Ich habe Angst, abends allein auszugehen.

molestar [moles'tar] *v.*
El ruido de la calle me molesta mucho.

belästigen, stören
Der Straßenlärm stört mich sehr.

---

nervioso [ner'ƀioso], **-a** *adj.*
¿Qué te pasa? Estás muy nervioso.

nervös
Was ist mit dir los? Du bist sehr nervös.

---

pena ['pena] *f*
Me da mucha pena que no puedas venir.

Kummer *m*, **Schmerz** *m*
Es betrübt mich sehr, daß du nicht kommen kannst.

---

preocupar [preoku'par] *v.*
La enfermedad de mi madre me preocupa mucho.

Sorgen machen
Die Krankheit meiner Mutter macht mir große Sorgen.

---

preocuparse (por) [preoku'parse] *v.*
Carlos vive al día; no se preocupa por su porvenir.

sich Sorgen machen, sich kümmern (um)
Carlos lebt in den Tag hinein, seine Zukunft kümmert ihn nicht.

---

sentir [sen'tir] *v.* (*irr.* 30)
Sentimos mucho no poder ayudaros.

bedauern
Wir bedauern es sehr, daß wir euch nicht helfen können.

---

susto ['susto] *m*
Me llevé un susto al no encontrar mi reloj.

Schrecken *m*
Ich bekam einen Schrecken, als ich meine Uhr nicht fand.

---

temer [te'mer] *v.*
Me temo que esta tarde va a llover.

fürchten
Ich fürchte, heute nachmittag wird es regnen.

---

triste ['triste] *adj.*
Andrés está muy triste porque lo han suspendido.

traurig
Andrés ist sehr traurig, weil er durchgefallen ist.

«2001–4000»

aburrido [aƀu'rriđo], **-a** *adj.*
Parece que estás aburrido, ¿por qué no haces algo?

gelangweilt
Du scheinst gelangweilt zu sein, warum tust du nichts?

---

asco ['asko] *m*
Este cuarto está tan sucio que da asco.

Ekel *m*, **Widerwille** *m*
Dies Zimmer ist so schmutzig, daß es einen ekelt.

---

desesperado [desespe'rađo], **-a** *adj.*
El pobre chico está desesperado, ha perdido su pasaporte.

verzweifelt
Der arme Junge ist verzweifelt, er hat seinen Paß verloren.

disgusto [diz'gusto] *m* ¿Te imaginas el disgusto de mi padre cuando le robaron el coche?	**Ärger** *m*, **Verdruß** *m* Du kannst dir den Ärger meines Vaters vorstellen, als ihm sein Auto gestohlen wurde.
envidia [em'biđĭa] *f* Vas a ir a Roma, ¡qué envidia!	**Neid** *m* Du fährst nach Rom. Da beneide ich dich aber!
furioso [fu'rĭoso], **-a** *adj.* Tu padre se puso furioso por tu frescura.	**zornig, wütend** Dein Vater wurde wütend wegen deiner Frechheit.
infeliz [imfe'liθ] *adj.* Soy el más infeliz de todos los hombres.	**unglücklich** Ich bin der unglücklichste aller Menschen.
lágrima ['lagrima] *f* Vamos, Pedrito, ¡sécate esas lágrimas!	**Träne** *f* Also, Pedrito, trockne deine Tränen.
odio ['ođĭo] *m* No me explico el odio de este negro contra los blancos.	**Haß** *m* Ich kann mir den Haß dieses Schwarzen gegen die Weißen nicht erklären.
pesimismo [pesi'mizmo] *m* Olvida tu pesimismo y ten un poco de confianza.	**Pessimismus** *m* Vergiß deinen Pessimismus und hab ein bißchen Vertrauen.
pesimista [pesi'mista] *adj.* En cuanto a mis posibilidades de éxito, soy pesimista.	**pessimistisch** Bezüglich meiner Erfolgschancen bin ich pessimistisch.
preocupación [preokupa'θĭon] *f* Los hijos siempre dan muchas preocupaciones.	**Sorge** *f* Die Kinder machen einem immer große Sorgen.
terror [te'rror] *m* Por fin se acabó este régimen de terror.	**Schrecken** *m* Endlich ist die Schreckensherrschaft zu Ende gegangen.
tristeza [tris'teθa] *f* La muerte de tu padre me dio una gran tristeza.	**Traurigkeit** *f* Ich war sehr traurig über den Tod deines Vaters.

1.1.1.7 GESUNDHEIT UND KRANKHEIT
(Siehe auch ARZT UND KRANKENHAUS 1.2.8)

«1–2000»

accidente [agθi'đente] *m* En el accidente aéreo resultaron cuatro personas heridas.	**Unfall** *m* Beim Flugzeugunglück wurden vier Personen verletzt.
estoy bien [es'toĭ ƀĭen] ¿Cómo te encuentras? – Estoy bien, mejor que nunca.	**es geht mir gut** Wie geht es dir? – Mir geht es gut, besser als je.
cansado [kan'sađo], **-a** *adj.* ¿Qué te pasa? – Simplemente estoy cansado.	**müde** Was ist mit dir los? – Ich bin einfach müde.
coger [ko'xer] *v.* (-j-) ¡Ojalá no cojáis la gripe!	(eine Krankheit) **bekommen** Hoffentlich bekommt ihr keine Grippe.
hacer daño [a'θer 'đaɲo] Los zapatos nuevos me hacen daño.	**weh tun** Die neuen Schuhe tun mir weh.
hacerse daño [a'θerse 'đaɲo] La abuela se cayó y se hizo daño.	**sich weh tun, sich verletzen** Großmutter stürzte und verletzte sich.
débil ['deƀil] *adj.* Es natural que te sientas débil después de la operación.	**schwach** Es ist natürlich, daß du dich nach der Operation schwach fühlst.
doler [do'ler] *v.* (*irr.* 37) Hoy tengo la tensión muy alta, por eso me duele la cabeza.	**weh tun, schmerzen** Heute habe ich sehr hohen Blutdruck, deshalb habe ich Kopfweh.
dolor [do'lor] *m* Este analgésico es muy bueno para el dolor de muelas.	**Schmerz** *m* Dieses Schmerzmittel ist sehr gut gegen Zahnschmerzen.
enfermedad [emferme'đađ] *f* El SIDA es una enfermedad incurable hasta el momento.	**Krankheit** *f* AIDS ist eine bis heute unheilbare Krankheit.
enfermo [em'fermo], **-a** *adj.* Los niños están enfermos, no podremos ir de excursión.	**krank** Die Kinder sind krank. Wir können keinen Ausflug machen.

ponerse enfermo [po'nerse em'fermo]
Por la noche, Juan se puso enfermo de repente.

krank werden
In der Nacht wurde Juan plötzlich krank.

---

fiebre ['fĭeƀre] *f*
No puedes salir, tienes mucha fiebre.

Fieber *n*
Du kannst nicht ausgehen, du hast hohes Fieber.

---

fuerte ['fŭerte] *adj.*
Este hombre es fuerte como un toro.

stark, kräftig
Dieser Mann ist bärenstark.

---

fuerza ['fŭerθa] *f*
Pepe ha perdido mucha sangre, por eso tiene pocas fuerzas.

Stärke *f*, **Kraft** *f*
Pepe hat viel Blut verloren, darum hat er wenig Kraft.

---

estoy mal [es'toĭ mal]
Estoy realmente mal: me duele todo el cuerpo.

es geht mir schlecht
Es geht mir wirklich schlecht; alles tut mir weh.

---

mejorarse [mexo'rarse] *v.*
Espero que con esta medicina te mejores pronto.

besser werden (es geht ... besser)
Ich hoffe, daß es dir mit dieser Medizin bald besser geht.

---

resfriado [rresfri'ađo], **-a** *adj.*
Pili no vino a la escuela porque estaba muy resfriada.

erkältet
Pili kam nicht in die Schule, weil sie stark erkältet war.

---

resfriado [rresfri'ađo] *m*
Con este tiempo fácilmente se coge un resfriado.

Erkältung *f*, **Schnupfen** *m*
Bei diesem Wetter holt man sich leicht einen Schnupfen.

---

salud [sa'luđ] *f*
El abuelo goza de una magnífica salud.

Gesundheit *f*
Großvater erfreut sich ausgezeichneter Gesundheit.

---

sano ['sano], **-a** *adj.*
La gente de la montaña es muy sana.

gesund
Die Gebirgler sind sehr gesund.

---

temperatura [tempera'tura] *f*
A Juan le volvió a subir la temperatura.

Temperatur *f*
Juans Temperatur ist wieder gestiegen.

«2001–4000»

agotado [ago'tađo], **-a** *adj.*
Con tantos exámenes el paciente está agotado.

erschöpft
Nach so vielen Untersuchungen ist der Patient erschöpft.

cáncer ['kanθer] *m* Pablo murió de un cáncer de pulmón.	**Krebs** *m* Pablo starb an Lungenkrebs.
catarro [ka'tarro] *m* Este catarro me tiene fastidiado.	**Katarrh** *m* Dieser Katarrh macht mir schwer zu schaffen.
ciego ['θĭego], **-a** *adj.* Debido a la explosión, muchos trabajadores quedaron ciegos.	**blind** Durch die Explosion wurden viele Arbeiter blind.
conocimiento [konoθi'mĭento] *m* El enfermo aún no ha recobrado el conocimiento.	**Bewußtsein** *n* Der Kranke hat das Bewußtsein noch nicht wiedererlangt.
desmayarse [dezma'jarse] *v.* Debido a una baja de tensión, la paciente se desmayó.	**ohnmächtig werden** Wegen eines Blutdruckabfalls wurde die Patientin ohnmächtig.
diarrea [dia'rrea] *f* Con una diarrea tan fuerte deberías cuidarte más.	**Durchfall** *m* Bei so starkem Durchfall solltest du dich mehr schonen.
gripe ['gripe] *f* Hay una epidemia de gripe.	**Grippe** *f* Es herrscht eine Grippeepidemie.
herida [e'riđa] *f* Tenemos que desinfectar la herida.	**Wunde** *f*, **Verletzung** *f* Wir müssen die Wunde desinfizieren.
herirse [e'rirse] *v.* (*irr.* 30) Me herí el pie al pisar un clavo.	**sich verletzen** Ich verletzte mich am Fuß, weil ich auf einen Nagel trat.
infección [imfeg'θĭon] *f* Las infecciones renales afectan la presión arterial.	**Infektion** *f* Niereninfektionen wirken sich auf den Blutdruck aus.
mal [mal] *m* Para mi mal de estómago tomo infusiones de hierbas.	**Leiden** *n* Gegen mein Magenleiden trinke ich Kräutertees.
mudo ['muđo], **-a** *adj.* Este joven es mudo de nacimiento.	**stumm** Dieser junge Mann ist von Geburt an stumm.
sordo ['sorđo], **-a** *adj.* El pobre hombre está sordo, necesita un audífono.	**taub; schwerhörig** Der arme Kerl ist schwerhörig, er braucht ein Hörgerät.

sufrir [su'frir] *v.* La anciana sufre mucho por causa de su neuralgia.	**(er)leiden** Die alte Frau muß wegen ihrer Neuralgie sehr leiden.
tos [tos] *f* El chico tiene una tos muy fuerte.	**Husten** *m* Der Junge hat starken Husten.

1.1.1.8 LEBEN UND TOD

«1–2000»

cumpleaños [kumple'aɲos] *m* (*pl. inv.*) Celebramos mi cumpleaños con una fiesta.	**Geburtstag** *m* Wir feiern meinen Geburtstag mit einem Fest.
edad [e'đađ] *f* Los ancianatos se llaman hoy residencias de la tercera edad.	**Alter** *n* Die Altersheime heißen jetzt Seniorenheime.
joven ['xoƀen] *adj.* Con este vestido pareces muy joven.	**jung** In diesem Kleid siehst du sehr jung aus.
juventud [xuƀen'tuđ] *f* En su juventud, Luis hizo muchas locuras. La juventud de hoy es mejor de lo que piensan los mayores.	**Jugend** *f* In seiner Jugend machte Luis viele Dummheiten. Die heutige Jugend ist besser, als die Erwachsenen denken.
morir [mo'rir] *v.* (*irr.* 11) Este verano han muerto muchos niños en accidentes de tráfico.	**sterben, umkommen** In diesem Sommer starben viele Kinder bei Verkehrsunfällen.
muerto ['mŭerto], **-a** *adj.* Cuando el médico llegó, las dos víctimas estaban ya muertas. ¿Vamos a comer? Estoy muerta de hambre.	**tot** Als der Arzt eintraf, waren die beiden Unfallopfer schon tot. Gehen wir essen? Ich falle um vor Hunger.
nacer [na'θer] *v.* (*irr.* 5) Mi hijo nació después de 8 meses de embarazo.	**geboren werden, zur Welt kommen** Mein Sohn wurde nach 8 Monaten Schwangerschaft geboren.

tener ... años [te'ner ... 'aɲos] Tu madre parece muy joven. ¿Cuántos años tiene?	... **(Jahre) alt sein** Deine Mutter sieht sehr jung aus. Wie alt ist sie?
vida ['biđa] *f* Juan pasó toda su vida en este pueblo. La penicilina ha salvado muchas vidas.	**Leben** *n* Juan hat sein ganzes Leben in diesem Dorf verbracht. Das Penizillin hat viele Menschenleben gerettet.
viejo ['bĭexo], **-a** *adj.* Para sus 50 años, Catalina parece muy vieja.	**alt** Für ihre 50 Jahre sieht Catalina recht alt aus.
vivir [bi'bir] *v.* De sus cuatro hermanos, tres viven todavía. Me gustaría vivir en las afueras de la ciudad.	**leben** Von seinen vier Geschwistern leben noch drei. Ich möchte gern in der Umgebung der Stadt leben.
vivo ['biƀo], **-a** *adj.* Las víctimas del accidente aún están vivas.	**lebend** Die Unfallopfer sind noch am Leben.

«2001–4000»

adulto [a'đulto], **-a** *adj.* Todos mis hijos ya son adultos.	**erwachsen** Alle meine Kinder sind schon erwachsen.
crecer [kre'θer] *v.* (*irr.* 5) Este niño crece mucho.	**wachsen, größer werden** Dieses Kind wächst schnell.
enterrar [ente'rrar] *v.* (*irr.* 22) Las víctimas de la catástrofe fueron enterradas en una fosa común.	**begraben, beerdigen** Die Opfer der Katastrophe wurden in einem Massengrab beerdigt.
entierro [en'tĭerro] *m* Al entierro del catedrático asistieron muchos estudiantes.	**Beerdigung** *f* An der Beerdigung des Professors nahmen viele Studenten teil.
matar [ma'tar] *v.* Mataron a un policía en plena calle.	**töten, umbringen** Ein Polizist wurde mitten auf der Straße umgebracht.
matarse [ma'tarse] *v.* El hermano de Roberto se mató en un accidente de tráfico.	**umkommen** Robertos Bruder kam bei einem Verkehrsunfall um.

muerte ['mŭerte] *f* Lo más seguro en esta vida es la muerte.	**Tod** *m* Das Sicherste in diesem Leben ist der Tod.
muerto ['mŭerto] *m* Por voluntad del muerto no se enviaron flores a su entierro.	**Toter** *m* Nach dem Willen des Verstorbenen wurden keine Blumen zu seiner Beerdigung geschickt.
nacimiento [naθi'mĭento] *m* El nacimiento del niño tuvo lugar a las tres.	**Geburt** *f* Die Geburt des Kindes erfolgte um drei Uhr.
vejez [be'xeθ] *f* Los caprichos del abuelo son propios de la vejez.	*(hohes)* **Alter** *n* Großvaters Launen sind altersbedingt.

1.1.2 AKTIVITÄTEN

1.1.2.1 SINNESWAHRNEHMUNGEN UND KÖRPERFUNKTIONEN

«1–2000»

cansarse [kan'sarse] *v.* Al abuelo le gusta caminar, pero se cansa muy rápido.	**ermüden, müde werden** Großvater geht gern zu Fuß, aber er ermüdet rasch.
dormir [dor'mir] *v.* (*irr.* 11) Si tomas café por la noche, no dormirás.	**schlafen** Wenn du am Abend Kaffee trinkst, wirst du nicht schlafen können.
escuchar [esku'tʃar] *v.* Pablo solía escuchar música después de la cena.	**hören, zuhören** Nach dem Abendessen hörte Pablo gewöhnlich Musik.
mirar [mi'rar] *v.* Mira si ya llegan los invitados.	**(an)sehen, (an)schauen** Schau, ob die Gäste schon kommen.
oír [o'ir] *v.* (*irr.* 19) Cuando suenan las campanas, se oyen en todo el pueblo.	**hören** Wenn die Glocken läuten, hört man sie im ganzen Dorf.
ruido ['rrŭiđo] *m* Chicos, ¡no hagáis ruido!	**Lärm** *m* Kinder, macht keinen Lärm!

sentir [sen'tir] *v.* (*irr.* 30)	**fühlen, spüren**
Siento que mis fuerzas flaquean.	Ich spüre, daß meine Kräfte nachlassen.
sueño ['sŭeɲo] *m*	**Traum** *m*
Mi marido ha tenido un mal sueño.	Mein Mann hat einen bösen Traum gehabt.
Conocer el Japón es mi sueño dorado.	Mein Traum ist es, Japan kennenzulernen.
sueño ['sŭeɲo] *m*	**Schlaf** *m*
Entrad sin hacer ruido, el niño tiene el sueño ligero.	Geht leise hinein, das Kind hat einen leichten Schlaf.
tener sueño [te'ner 'sŭeɲo]	**schläfrig sein**
Si tienes mucho sueño, ¡vete a la cama!	Wenn du sehr schläfrig bist, geh ins Bett!
tengo calor ['teŋgo ka'lor]	**mir ist heiß**
Vamos a la sombra, tengo mucho calor.	Gehen wir in den Schatten, mir ist sehr heiß.
tengo frío ['teŋgo 'frio]	**ich friere, mir ist kalt**
El bebé tiene frío, ¡abrígalo!	Der Kleine friert, zieh ihn warm an.
ver [ber] *v.* (*irr.* 36)	**sehen**
Desde el hotel se ve el mar.	Vom Hotel (aus) kann man das Meer sehen.
vista ['bista] *f*	**Sehvermögen** *n*, **Sehen** *n*
Juan perdió la vista en un accidente.	Juan verlor das Sehvermögen bei einem Unfall.

«2001–4000»

despertarse [desper'tarse] *v.* (*irr.* 22)	**aufwachen**
Ayer me desperté a las cinco.	Gestern bin ich um 5 Uhr aufgewacht.
dormirse [dor'mirse] *v.* (*irr.* 11)	**einschlafen**
El niño se acostó e inmediatamente se durmió.	Das Kind ging ins Bett und schlief sofort ein.
gusto ['gusto] *m*	**Geschmack** *m*
Este consomé tiene buen gusto.	Diese Fleischbrühe schmeckt gut.
He perdido el gusto a causa del catarro.	Ich habe wegen meiner Erkältung den Geschmack verloren.

mirada [mi'rađa] *f* Echémosles una mirada a estos libros.	**Blick** *m* Werfen wir einen Blick auf diese Bücher.
oído [o'iđo] *m* Mi hijo tiene el oído muy fino.	**Gehör** *n* Mein Sohn hat ein sehr feines Gehör.
oler (a) [o'ler] *v. (irr. 20)* Huele a quemado. ¿Tienes algo en el fuego?	**riechen** (nach) Es riecht verbrannt. Hast du etwas auf dem Feuer?
oler (algo) [o'ler] *v.* (*irr.* 20) ¡Huele estas rosas!, tienen una fragancia exquisita.	(an etw.) **riechen** Riech an diesen Rosen, sie haben einen herrlichen Duft.
olor [o'lor] *m* En los pinares hay un fuerte olor a resina.	**Geruch** *m* In den Kiefernwäldern riecht es stark nach Harz.
respirar [rrespi'rar] *v.* Aquí se respira aire puro.	**atmen** Hier kann man frische Luft atmen.
sentido [sen'tiđo] *m* Los cinco sentidos son: la vista, el oído, el olfato, el gusto y el tacto.	**Sinn** *m* Die fünf Sinne sind: das Sehvermögen, das Gehör, der Geruchs-, der Geschmacks- und der Tastsinn.
soñar (con) [so'ɲar] *v.* (*irr.* 7) Sueño con comprarme un Porsche.	**träumen** (von) Ich träume davon, mir einen Porsche zu kaufen.
sudar [su'đar] *v.* Hace bochorno. Estoy sudando a mares.	**schwitzen** Das Wetter ist schwül. Ich schwitze schrecklich.

1.1.2.2 KÖRPERPFLEGE UND SAUBERKEIT

«1–2000»

afeitarse [afeĭ'tarse] *v.* Hay hombres que tienen que afeitarse dos veces al día.	**sich rasieren** Manche Männer müssen sich zweimal am Tag rasieren.
arreglarse [arre'glarse] *v.* Algunas mujeres tardan mucho en arreglarse.	**sich zurechtmachen** Manche Frauen brauchen viel Zeit, um sich herzurichten.

bañarse [ba'ɲarse] *v.*	**baden**
Lo mejor del verano es que nos podremos bañar en el mar.	Das Beste am Sommer ist, daß wir im Meer baden können.
baño ['baɲo] *m*	**Bad** *n*
Un baño de espuma cansa, pero relaja los músculos.	Ein Schaumbad macht müde, aber es lockert die Muskeln.
cepillo de dientes [θe'piʎo đe 'đĭentes] *m*	**Zahnbürste** *f*
Necesito un cepillo de dientes.	Ich brauche eine Zahnbürste.
crema ['krema] *f*	**Creme** *f*
Esta crema es muy buena.	Diese Creme ist sehr gut.
ducha ['dutʃa] *f*	**Dusche** *f*
La ducha alterna estimula la circulación.	Eine Wechseldusche regt den Kreislauf an.
ducharse [du'tʃarse] *v.*	(sich) **duschen**
Después del partido, todos los jugadores se ducharon.	Nach dem Spiel duschten alle Spieler.
jabón [xa'ƀon] *m*	**Seife** *f*
Este jabón de tocador huele bien.	Diese Toilettenseife riecht gut.
lavar [la'ƀar] *v.*	**waschen**
Es necesario lavar esta ropa hoy mismo.	Diese Wäsche muß noch heute gewaschen werden.
Juanito, lávate las manos, que vamos a comer.	Juanito, wasch dir die Hände, wir essen gleich.
limpiar [lim'pĭar] *v.*	**reinigen, saubermachen, putzen**
Oye, tienes que limpiarte las uñas.	Hör mal! Du mußt dir die Nägel saubermachen.
limpio ['limpĭo], **-a** *adj.*	**sauber**
¡No te toques la herida! No tienes las manos limpias.	Rühr die Wunde nicht an! Du hast keine sauberen Hände.
peinar(se) [peĭ'nar(se)] *v.*	**(sich) kämmen; (sich) frisieren**
Este niño no ha aprendido a peinarse.	Dieses Kind kann sich noch nicht kämmen.
Mi señora no está; ha ido a peinarse.	Meine Frau ist nicht da; sie läßt sich frisieren.
sucio ['suθĭo], **-a** *adj.*	**schmutzig**
Este mantel está sucio, hay que cambiarlo.	Die Tischdecke ist schmutzig, wir müssen sie wechseln.
toalla [to'aʎa] *f*	**Handtuch** *n*
La camarera se ha olvidado de traer las toallas.	Das Zimmermädchen hat vergessen, die Handtücher zu bringen.

«2001–4000»

aspiradora [aspira'đora] *f* La alfombra está llena de migas, ¡trae la aspiradora!	**Staubsauger** *m* Der Teppich ist voller Krümel, bring den Staubsauger.
bañera [ba'ɲera] *f* La semana que viene nos van a poner una nueva bañera.	**Badewanne** *f* Nächste Woche kriegen wir eine neue Badewanne.
barrer [ba'rrer] *v.* Hay que barrer la escalera, está llena de hojas.	**kehren, fegen** Die Treppe muß gefegt werden, sie ist voller Blätter.
basura [ba'sura] *f* ¡Saca la basura!; ya huele mal.	**Müll** *m* Bring den Müll raus, er stinkt schon!
brillante [bri'ʎante] Limpiamos la plata y quedó brillante.	**glänzend** Wir haben das Silber geputzt, jetzt glänzt es.
cortarse el pelo [kor'tarse el 'pelo] Pepe debería cortarse el pelo.	**sich die Haare schneiden (lassen)** Pepe sollte sich die Haare schneiden lassen.
escoba [es'koƀa] *f* Para barrer se necesita una escoba.	**Besen** *m* Zum Kehren braucht man einen Besen.
laca ['laka] *f* Esta laca es muy suave.	**Haarspray** *m, n* Dieser Haarspray ist sehr mild.
lavadora [laƀa'đora] *f* Se nos ha estropeado la lavadora.	**Waschmaschine** *f* Unsere Waschmaschine ist kaputt.
lavandería [laƀande'ria] *f* Esta ropa está sucia, ¡llévala a la lavandería!	**Wäscherei** *f* Diese Wäsche ist schmutzig, bring sie zur Wäscherei!
maquinilla (de afeitar) [maki'niʎa (đe afeĭ'tar)] *f* Las maquinillas desechables son muy prácticas.	**Rasierapparat** *m* Die Rasierapparate zum Wegwerfen sind sehr praktisch.
peluquería [peluke'ria] *f* En este barrio hay cuatro peluquerías.	**Frisiersalon** *m* In diesem Viertel sind vier Frisiersalons.
polvo ['polƀo] *m* Los libros están llenos de polvo.	**Staub** *m* Die Bücher sind voller Staub.

secar [se'kar] *v.* (-qu-) Con esta humedad la ropa no se va a secar nunca.	**trocknen** Bei diesem feuchten Wetter wird die Wäsche nie trocken.

1.1.2.3 TUN (ALLGEMEIN)

«1–2000»

acostumbrarse (a) [akostum'brarse] *v.* No estoy acostumbrado a viajar solo.	**sich gewöhnen** (an); **sich daran gewöhnen** (zu) Ich bin nicht daran gewöhnt, allein zu reisen.
actividad [aktiƀi'đađ] *f* Para los refugiados está prohibida toda actividad política.	**Tätigkeit** *f*, **Betätigung** *f* Flüchtlingen ist jede politische Betätigung untersagt.
activo [ak'tiƀo], **-a** *adj.* Este grupo juvenil es muy activo.	**aktiv, tätig** Diese Jugendgruppe ist sehr aktiv.
arreglárselas [arre'ǥlarselas] *v.* ¿Cómo se las arregla para viajar tanto?	**es einzurichten wissen, es fertigbringen** Wie bringt er es fertig, soviel zu reisen?
conseguir [konse'ǥir] *v.* (*irr.* 21; -g-) ¿Cómo conseguiste aprobar el examen?	**es fertigbringen, es erreichen** Wie hast du es fertiggebracht, die Prüfung zu bestehen?
costumbre [kos'tumbre] *f* Mi madre tiene la costumbre de levantarse temprano.	**Gewohnheit** *f* Meine Mutter hat die Gewohnheit, früh aufzustehen.
decidirse (a) [deθi'đirse] *v.* Al fin, Carlos se decidió a casarse.	**sich entschließen** (zu), **sich entscheiden** (für) Endlich hat sich Carlos entschlossen zu heiraten.
difícil [di'fiθil] *adj.* Es difícil solucionar el problema del desempleo.	**schwierig, schwer** Das Problem der Arbeitslosigkeit ist schwer zu lösen.
fácil ['faθil] *adj.* En esta ciudad no es fácil encontrar alojamiento.	**leicht** In dieser Stadt findet man nicht leicht eine Unterkunft.
hacer [a'θer] *v.* (*irr.* 15) ¿Qué hacemos mañana?	**tun, machen** Was machen wir morgen?

intención [inten'θĭon] *f* Tengo la intención de viajar a España.	**Absicht** *f* Ich habe die Absicht, nach Spanien zu fahren.
intentar [inten'tar] *v.* Dos hombres intentaron forzar la puerta de la casa.	**versuchen** Zwei Männer versuchten, die Haustür aufzubrechen.
lograr [lo'ɣrar] *v.* ¿Cómo has logrado que el banco te dé un crédito?	**erreichen, es schaffen, es fertigbringen** Wie hast du es geschafft, von der Bank einen Kredit zu bekommen?
molestarse [moles'tarse] *v.* ¡No se moleste, por favor!	**sich bemühen** Bitte bemühen sie sich nicht!
obra ['obra] *f* Esta es la tercera obra que publica.	**Werk** *n* Dies ist das dritte Werk, das er veröffentlicht.
poder [po'đer] *v.* (*irr.* 24) No puedo ayudarte.	**können** Ich kann dir nicht helfen.
preparar [prepa'rar] *v.* Este profesor no prepara sus clases.	**vorbereiten; zubereiten** Dieser Lehrer bereitet seinen Unterricht nicht vor.
realizar [rreali'θar] *v.* (-c-) No sé si podré realizar mis proyectos.	**verwirklichen, durchführen** Ich weiß nicht, ob ich meine Pläne verwirklichen kann.
resolver [rresol'ƀer] *v.* (*irr.* 37) Es difícil resolver el problema del paro.	**lösen** Es ist schwierig, das Arbeitslosenproblem zu lösen.
soler [so'ler] *v.* (*irr.* 37) La familia Gómez suele ir de vacaciones al campo.	**pflegen zu, normalerweise, gewöhnlich** (tun) Familie Gómez macht gewöhnlich auf dem Land Urlaub.
tratar (de) [tra'tar] *v.* ¡Trate de calmar a su madre!	**versuchen** (zu) Versuchen Sie, Ihre Mutter zu beruhigen.

«2001–4000»

acción [aɣ'θĭon] *f* Ayudar a los pobres es una buena acción.	**Handlung** *f*, **Tat** *f*, **Aktion** *f* Den Armen helfen ist eine gute Tat.

atreverse (a) [atre'ƀerse] *v.* ¿Cómo te atreves a hablarme en ese tono?	**(es) wagen** (zu) Wie kannst du es wagen, in diesem Ton mit mir zu sprechen!
decidir [deθi'đir] *v.* El decano decidió aplazar la reunión.	**entscheiden, beschließen** Der Dekan beschloß, die Sitzung zu verschieben.
decisión [deθi'sĭon] *f* Hoy mismo tendremos que tomar una decisión.	**Entscheidung** *f*, **Entschluß** *m* Wir müssen heute noch eine Entscheidung treffen.
defenderse [defen'derse] *v.* (*irr. 23*) ¡No te preocupes! Ya me defenderé.	**durchkommen, sich zu helfen wissen, zurechtkommen** Mach dir keine Sorgen, ich komme schon zurecht.
esforzarse [esfor'θarse] *v.* (*irr.* 7; -c-) Tenemos que esforzarnos mucho en este trabajo.	**sich anstrengen, sich bemühen** Wir müssen uns bei dieser Arbeit sehr anstrengen.
esfuerzo [es'fŭerθo] *m* No has hecho ningún esfuerzo en tus estudios.	**Anstrengung** *f* Du hast bei deinem Studium keinerlei Anstrengung unternommen.
exagerar [egsaxe'rar] *v.* ¡No exageres! No hemos gastado tanto dinero.	**übertreiben** Übertreibe nicht! Wir haben nicht soviel Geld ausgegeben.
ocupación [okupa'θĭon] *f* Lo peor es que Rafa no tenga ninguna ocupación.	**Beschäftigung** *f* Das schlimmste ist, daß Rafa keine Beschäftigung hat.
ocuparse (de) [oku'parse] *v.* ¡Pierde cuidado! Yo me ocuparé de nuestros invitados.	**sich beschäftigen** (mit), **sich befassen** (mit) Sei unbesorgt, ich werde mich um unsere Gäste kümmern.
plan [plan] *m* Aún no tenemos planes para este verano.	**Plan** *m* Wir haben noch keine Pläne für diesen Sommer.
práctica ['praktika] *f* Mi hijo sabe conducir, pero no tiene mucha práctica.	**Praxis** *f*, **Übung** *f* Mein Sohn kann Auto fahren, aber er hat nicht viel Übung.
practicar [prakti'kar] *v.* (-qu-) ¿Practica Vd. algún deporte?	**üben, praktisch anwenden, praktizieren** Treiben Sie Sport?

proponerse [propo'nerse] *v.* (*irr.* 25) — **beabsichtigen, vorhaben**

La esposa de Javier se propone pedir el divorcio. — Javiers Frau beabsichtigt, die Scheidung einzureichen.

proyecto [pro'jekto] *m* — **Plan** *m*, **Vorhaben** *n*

Este proyecto me parece muy difícil. — Dieses Vorhaben scheint mir sehr schwierig zu sein.

estar a punto de [es'tar a 'punto đe] — **im Begriff sein, zu; gerade dabei sein, zu**

¡Date prisa! El tren está a punto de salir. — Beeil dich! Der Zug fährt gleich ab.

1.1.2.4 SICHBEWEGEN UND VERWEILEN

«1–2000»

bajar [ba'xar] *v.* — **hinuntergehen, -fahren, -steigen**

Tengo que bajar al sótano a apagar la luz. — Ich muß in den Keller hinuntergehen, um das Licht auszuschalten.

bajar(se) [ba'xar(se)] *v.* — **aussteigen**

¡Bájese (Baje) en la segunda parada! — Steigen Sie an der zweiten Haltestelle aus!

caer(se) [ka'er(se)] *v.* (*irr.* 3) — **fallen, stürzen**

Al bajar de la escalera, el niño (se) cayó de cabeza. — Als der Junge von der Leiter stieg, fiel er kopfüber hinunter.

entrar [en'trar] *v.* — **eintreten**

¿Se puede entrar? – Sí, ¡pase por favor! — Darf man eintreten? – Ja, kommen Sie bitte herein.

esperar [espe'rar] *v.* — **warten** (auf), **erwarten**

Mañana esperamos visita. — Morgen erwarten wir Besuch.

ir [ir] *v.* (*irr.* 17) — **gehen; fahren**

¿A dónde vas tan de prisa? — Wohin gehst du so eilig?

Esta tarde iremos a Madrid. — Heute nachmittag fahren wir nach Madrid.

Fuimos a Málaga en coche. — Wir fuhren mit dem Auto nach Málaga.

¿Podemos ir a pie? — Können wir zu Fuß (hin)gehen?

irse ['irse] *v.* (*irr.* 17) — **weg-, fortgehen**

Manuel se fue sin decirnos nada. — Manuel ging weg, ohne uns etwas zu sagen.

levantarse [leƀan'tarse] *v.* Cuando los niños tienen colegio, se levantan a las seis.	**aufstehen** Wenn die Kinder Schule haben, stehen sie um sechs auf.
llegar [ʎe'ɡar] *v.* (-gu-) ¿A qué hora llega el tren de Murcia?	**ankommen** Um wieviel Uhr kommt der Zug aus Murcia an?
marcharse [mar'tʃarse] *v.* El fin de semana nos marcharemos al campo.	**(weg)gehen; abreisen** Am Wochenende gehen wir aufs Land.
pasar [pa'sar] *v.* El portero pasó sin saludarnos.	**vorbeigehen, -kommen** Der Hausmeister ging vorbei, ohne uns zu grüßen.
quedarse [ke'đarse] *v.* Con este tiempo prefiero quedarme en casa.	**bleiben** Bei diesem Wetter bleibe ich lieber zu Hause.
salir [sa'lir] *v.* (*irr.* 29) Hace un tiempo estupendo. ¿Salimos un poco? Mañana tenemos que salir temprano.	**(hin)ausgehen; ab-, wegfahren** Es ist herrliches Wetter. Gehen wir ein bißchen hinaus? Morgen müssen wir früh abfahren.
seguir [se'ɡir] *v.* (*irr.* 21; -g-) ¡Por favor, señores, sigan al guía!	**folgen** Bitte folgen Sie dem Führer!
seguir [se'ɡir] *v.* (*irr.* 21; -g-) Seguiremos unos días más en este pueblo.	**weiter sein, bleiben** Wir bleiben noch einige Tage in diesem Dorf.
sentarse [sen'tarse] *v.* (*irr.* 22) ¡Siéntese, por favor!	**sich setzen, Platz nehmen** Setzen Sie sich bitte!
subir [su'bir] *v.* A mis hijos les gusta subirse a los árboles. ¡Subamos ya! El tren va a partir.	**hinaufgehen; einsteigen** Meine Söhne klettern gern auf Bäume. Steigen wir ein, der Zug fährt gleich ab.
venir [be'nir] *v.* (*irr.* 35) ¿Qué haces? Vengo a verte y nunca te encuentro.	**kommen** Was machst du? Ich komme dich besuchen und treffe dich nie an.
volver [bol'ber] *v.* (*irr.* 37) ¿Cuándo vuelve tu jefe? Llueve, ¡volvamos al hotel!	**zurückkommen, -gehen** Wann kommt dein Chef zurück? Es regnet, gehen wir ins Hotel zurück!

«2001–4000»

acercarse [aθer'karse] *v.* (-qu-) Creo que ya nos estamos acercando a tu casa.	**sich nähern, herankommen** Ich glaube, wir nähern uns schon deiner Wohnung.
acostarse [akos'tarse] *v.* (*irr.* 7) Estás muy cansada, Luisita, ¡acuéstate temprano!	**schlafen gehen, ins Bett gehen** Du bist sehr müde, Luisita, geh früh schlafen!
alejarse [ale'xarse] *v.* Es mejor que no se aleje del hotel.	**sich entfernen** Es ist besser, wenn Sie sich nicht vom Hotel entfernen.
andar [an'dar] *v.* (*irr.* 1) A veces me gusta andar sin rumbo fijo.	**gehen** Manchmal gehe ich gern ohne festes Ziel spazieren.
avanzar [aƀan'θar] *v.* (-c-) A esta velocidad no avanzaremos mucho.	**vorwärtsgehen, vorankommen** Bei diesem Tempo kommen wir nicht gut vorwärts.
caminar [kami'nar] *v.* A mis chicos les encanta caminar por la playa.	**gehen, wandern** Meine Jungen gehen gern am Strand entlang.
correr [ko'rrer] *v.* A mis chicos les gusta correr.	**laufen, rennen** Meine Jungen laufen gern.
dirigirse (a, hacia) [diri'xirse] *v.* (-j-) Después de haber visitado la catedral, los turistas se dirigieron al ayuntamiento.	**zugehen** (auf), **sich wenden** (nach) Nach dem Besuch der Kathedrale gingen die Touristen zum Rathaus.
estar de pie [es'tar đe pĭe] Cuando voy en tranvía no me gusta estar de pie.	**stehen** Wenn ich mit der Straßenbahn fahre, stehe ich nur ungern.
estar echado [es'tar e'tʃađo] Ayer Julio estuvo echado todo el día.	**liegen** Gestern lag Julio den ganzen Tag im Bett.
estar sentado [es'tar sen'tađo] Necesitas dar un paseo, has estado sentado todo el día.	**sitzen** Du mußt spazierengehen, du hast den ganzen Tag gesessen.
moverse [mo'ƀerse] *v.* (*irr.* 37) Este niño se mueve a cada instante.	**sich bewegen** Dieses Kind ist ständig in Bewegung.

pararse [pa'rarse] *v.* Me paré delante de tu casa para ver si estabas.	**stehenbleiben** Ich blieb vor deinem Haus stehen, um zu sehen, ob du zu Hause warst.
pasear(se) [pase'ar(se)] *v.* En verano nos gusta pasear por la noche.	**spazierengehen** Im Sommer gehen wir gern abends spazieren.
paso ['paso] *m* Ayer Juanito dio sus primeros pasos.	**Schritt** *m* Gestern machte Juanito seine ersten Schritte.
recorrer [rreko'rrer] *v.* Recorrimos Andalucía de punta a punta.	**durchlaufen, -fahren, bereisen** Wir bereisten Andalusien von einem Ende zum anderen.
regresar [rreg̱re'sar] *v.* Regresamos de nuestro viaje sin novedad.	**zurückkehren** Wir sind von unserer Reise gut zurückgekehrt.
resbalar(se) [rrezƀa'lar(se)] *v.* ¡Cuidado! ¡No vaya Vd. a resbalar!	**(aus)gleiten, (aus)rutschen** Vorsicht! Rutschen Sie nicht aus!
temblar [tem'blar] *v.* (*irr.* 22) Estás temblando de frío.	**zittern** Du zitterst ja vor Kälte.
trasladarse [trazla'đarse] *v.* El martes nos trasladamos a Jaén.	**übersiedeln; umziehen** Am Dienstag ziehen wir nach Jaén um.
tropezar [trope'θar] *v.* (*irr.* 22; -c-) Tropecé y caí al suelo.	**stolpern** Ich stolperte und fiel hin.

1.1.2.5 BEWEGEN VON DINGEN UND LEBEWESEN

«1–2000»

bajar [ba'xar] *v.* Por favor, baja los periódicos viejos al sótano.	**hinunterbringen; herunterholen** Bitte, bring die alten Zeitungen in den Keller.
echar [e'tʃar] *v.* Cuando el tipo se puso fresco, lo eché de la oficina.	**hinauswerfen** Als der Kerl frech wurde, warf ich ihn aus dem Büro.
echar [e'tʃar] *v.* Voy al buzón a echar estas cartas.	**werfen, einwerfen** Ich gehe zum Briefkasten, um diese Briefe einzuwerfen.

enviar [embi'ar] *v.* (*irr.* 12)	**schicken, senden; abschicken**
Les enviamos las muestras por correo aparte.	Wir schicken Ihnen die Muster mit getrennter Post.
ir a buscar [ir a ƀus'kar]	**(ab)holen**
A las 4 voy a buscar a Rafael al parvulario.	Um 4 Uhr hole ich Rafael vom Kindergarten ab.
ir por [ir por] *v.* (*irr.* 17)	**holen (gehen)**
Voy por cigarrillos al estanco.	Ich gehe zum Tabakladen Zigaretten holen.
levantar [leƀan'tar] *v.*	**(hoch-, auf)heben**
No hay quien levante tus maletas.	Deine Koffer kann kein Mensch heben.
llevar [ʎe'ƀar] *v.*	**tragen; (hin)bringen**
¿Llevamos todos estos libros a tu oficina?	Sollen wir alle diese Bücher in dein Büro bringen?
Lo siento, no llevo dinero encima.	Es tut mir leid, ich habe kein Geld bei mir.
mandar [man'dar] *v.*	**(ver)schicken, senden**
Cada Navidad mandamos más de 100 tarjetas.	Jedes Jahr an Weihnachten verschicken wir mehr als 100 Karten.
meter [me'ter] *v.*	**(hinein)stellen, (-)legen**
¡Mete al niño en la cuna!	Leg das Kind in die Wiege!
poner [po'ner] *v.* (*irr.* 25)	**setzen, stellen, legen**
¡Ponga el florero sobre la mesa!	Stellen Sie die Blumenvase auf den Tisch.
quitar [ki'tar] *v.*	**wegstellen, -nehmen, -tun**
¡Quita esos vasos de ahí!	Nimm diese Gläser von hier weg.
sacar [sa'kar] *v.* (-qu-)	**herausnehmen, -ziehen, -stellen**
Sacaremos un par de sillas al jardín y tomaremos el sol.	Wir stellen ein paar Stühle in den Garten und sonnen uns.
subir [su'ƀir] *v.*	**hinauftragen, -bringen**
¡Deja!, yo te subiré la maleta a tu cuarto.	Laß nur, ich bringe dir den Koffer auf dein Zimmer.
traer [tra'er] *v.* (*irr.* 33)	**(her)bringen**
¡No te vayas, espera que nos traigan café!	Geh nicht weg, warte, bis man uns Kaffee bringt.
venir a buscar [be'nir a ƀus'kar]	**abholen**
¿A qué hora venís a buscarnos para ir al concierto?	Wann holt ihr uns zum Konzert ab?

volver [bol'ƀer] *v.* (*irr.* 37) — **(um)drehen**
¡Vuelve el colchón para que se seque! — Dreh die Matratze um, damit sie trocknet.

«2001–4000»

acercar [aθer'kar] *v.* (-qu-) — **heranbringen, nähern**
Acerca la lámpara para que pueda leer mejor. — Rück die Lampe näher heran, damit ich besser lesen kann.

---

agitar [axi'tar] *v.* — **schütteln**
Este jarabe hay que agitarlo antes de usarlo. — Diesen (Husten-)Sirup muß man vor Gebrauch schütteln.

---

arrancar [arraŋ'kar] *v.* (-qu-) — **aus-, abreißen**
¿Quién arrancaría estas hermosas flores? — Wer würde denn diese schönen Blumen ausreißen?

---

cargar (con) [kar'gar] *v.* (-gu-) — **tragen**
No nos gusta cargar con muchas maletas. — Wir tragen nicht gern viele Koffer.

---

empujar [empu'xar] *v.* — **schieben; stoßen, schubsen** (F)
La batería no funciona, hay que empujar el coche. — Die Batterie funktioniert nicht. Wir müssen das Auto schieben.
Pepito me ha empujado y me he caído. — Pepito hat mich geschubst, und ich bin hingefallen.

---

empujar [empu'xar] *v.* — **drücken** *(an Türen)*
El letrero de la puerta dice «Empujar». — Auf dem Schild an der Tür steht „Drücken".

---

lanzar [lan'θar] *v.* (-c-) — **werfen, schleudern**
¿Has visto qué lejos he lanzado la pelota? — Hast du gesehen, wie weit ich den Ball geworfen habe?

---

llevarse [ʎe'barse] *v.* — **mitnehmen**
Los ladrones se llevaron todas mis joyas. — Die Diebe haben all meinen Schmuck mitgenommen.

---

mover [mo'ƀer] *v.* (*irr.* 37) — **bewegen**
Yo solo no puedo mover este armario. — Allein kann ich diesen Schrank nicht bewegen.

---

ordenar [orđe'nar] *v.* — **ordnen**
Ayer ordenamos todo el archivo. — Gestern haben wir die ganze Ablage geordnet.

---

quitarse [ki'tarse] *v.* — **sich** (etw.) **ausziehen**
¡Quítate los zapatos mojados! — Zieh dir die nassen Schuhe aus!

recoger [rreko'xer] *v.* (-j-) ¡Niños, recoged los papeles del suelo!	**aufheben** Kinder, hebt die Papiere auf!
recoger [rreko'xer] *v.* (-j-) ¿Cuándo puedo recoger la ropa en la lavandería?	**abholen** Wann kann ich die Wäsche in der Wäscherei abholen?
soltar [sol'tar] *v.* (*irr.* 7) ¿Cómo pudiste soltar la botella?	**loslassen** Wie konntest du bloß die Flasche loslassen?
tirar [ti'rar] *v.* Este yogur está estropeado, tengo que tirarlo. Los manifestantes tiraron piedras a la policía.	**wegwerfen; werfen** Dieser Joghurt ist verdorben, ich muß ihn wegwerfen. Die Demonstranten warfen mit Steinen auf die Polizei.
tirar [ti'rar] *v.* ¡Tire de esta cuerda, por favor!	**ziehen** Ziehen Sie bitte an dieser Schnur!
tirar [ti'rar] *v.* ¿No ves que en la puerta dicen «Tirar»?	**ziehen** *(an Türen)* Siehst du nicht, daß an der Tür „Ziehen" steht?

1.1.2.6 GEBEN UND NEHMEN

«1–2000»

aceptar [aθep'tar] *v.* Aceptamos vuestra invitación con mucho gusto.	**annehmen, akzeptieren** Wir nehmen eure Einladung gern an.
cambiar [kam'bĭar] *v.* Desde que cambié las bujías, mi coche va mejor.	**(aus-, um)tauschen, (aus)wechseln** Seit ich die Zündkerzen ausgewechselt habe, fährt mein Auto besser.
cambio ['kambĭo] *m* Creo que he salido ganando en el cambio.	**Tausch** *m* Ich glaube, daß ich bei dem Tausch gewonnen habe.
coger [ko'xer] *v.* (-j-) ¡Coge el libro de latín y estudia la lección!	**nehmen** Nimm das Lateinbuch und lern die Lektion!

conseguir [konse'ɡir] *v.* (*irr.* 21; -g-) Es muy difícil conseguir entradas para la ópera.	**bekommen, erhalten** Es ist sehr schwierig, Opernkarten zu bekommen.
dar [dar] *v.* (*irr.* 9) No doy ni un céntimo más para esta institución.	**geben** Ich gebe keinen Pfennig mehr für diese Institution.
dejar [de'xar] *v.* Por favor, ¡déjame 1.000 pesetas para la gasolina!	**lassen, überlassen** Leih mir bitte 1000 Peseten für Benzin.
devolver [deƀol'ƀer] *v.* (*irr.* 37) No hemos devuelto estos libros a Paco.	**zurückgeben** Wir haben Paco diese Bücher nicht zurückgegeben.
entregar [entre'ɡar] *v.* (-gu-) Por favor, ¡entregue Vd. esta carta a su jefe!	**übergeben** Bitte übergeben Sie diesen Brief Ihrem Chef.
llevar [ʎe'ƀar] *v.* Para tu cumpleaños te llevaré un disco.	**(hin)bringen** Zu deinem Geburtstag bringe ich dir eine Schallplatte (mit).
ofrecer [ofre'θer] *v.* (*irr.* 5) El ministerio ofreció a José un puesto de traductor.	**anbieten** Das Ministerium bot José eine Stelle als Übersetzer an.
parte ['parte] *f* Doña Rosa legó una parte de sus bienes a la iglesia.	**Anteil** *m*, **Teil** *m* Doña Rosa hat einen Teil ihres Vermögens der Kirche vermacht.
quedarse (con) [ke'đarse] *v.* Este traje me gusta mucho, me quedo con él.	**behalten; nehmen** *(als Käufer)* Dieser Anzug gefällt mir gut, ich nehme ihn.
recibir [rreθi'ƀir] *v.* Me extraña que aún no hayas recibido mi carta.	**erhalten, bekommen** Es wundert mich, daß du meinen Brief noch nicht erhalten hast.
tener [te'ner] *v.* (*irr.* 32) ¿Sabía Vd. que mi prima tuvo un hijo el mes pasado?	**(bekommen) haben** Wußten Sie, daß meine Kusine letzten Monat ein Kind bekam?
tomar [to'mar] *v.* ¿Te quieres tomar una taza de té?	**nehmen; trinken** Möchtest du eine Tasse Tee trinken?

«2001–4000»

conceder [konθe'đer] *v.*
El director me concedió el permiso solicitado.

bewilligen, gewähren
Der Direktor bewilligte mir den beantragten Urlaub.

guardar [gŭar'đar] *v.*
Es un egoísta, guarda toda la información para sí mismo.

behalten
Er ist ein Egoist, er behält alle Informationen für sich.

intercambio [inter'kambĭo] *m*
Las dos universidades acordaron un intercambio de publicaciones.

Austausch *m*
Die beiden Universitäten beschlossen einen Austausch von Publikationen.

obtener [obte'ner] *v.* (*irr.* 32)
Ayer obtuve los datos que me faltaban.

erhalten, erlangen
Gestern erhielt ich die Angaben, die mir fehlten.

pasar [pa'sar] *v.*
¿Me quiere Vd. pasar el azucarero, por favor?

reichen
Würden Sie mir bitte die Zuckerdose reichen?

prestar [pres'tar] *v.*
Llueve. ¿Me prestas tu paraguas?

(ver)leihen
Es regnet. Kannst du mir deinen Schirm leihen?

regalar [rrega'lar] *v.*
Me regalaron muchas cosas en mi cumpleaños.

schenken
Ich bekam zu meinem Geburtstag viel geschenkt.

regalo [rre'galo] *m*
Tu regalo ha sido el mejor de todos.

Geschenk *n*
Dein Geschenk war das schönste von allen.

repartir [rrepar'tir] *v.*
La herencia fue repartida entre los hijos.

(ver-, aus)teilen; (auf)teilen
Das Erbe wurde unter den Söhnen aufgeteilt.

tomar prestado [to'mar pres'tađo]
No me gusta tomar prestado dinero de los familiares.

sich ausleihen
Ich leihe mir nicht gern Geld von Verwandten aus.

1.1.2.7 UMGANG MIT DINGEN

«1–2000»

abrir [a'brir] *v.* (*p.* abierto)	**öffnen, aufmachen**
¡No abras la puerta de la nevera sin necesidad!	Öffne nicht unnötig die Tür des Kühlschranks.
apagar [apa'gar] *v.* (-gu-)	**auslöschen, -machen, -schalten**
¡Apaga el cigarrillo! Aquí está prohibido fumar.	Drück die Zigarette aus! Hier ist Rauchen verboten.
Voy a apagar la luz del sótano.	Ich mache das Licht im Keller aus.
aprovechar [aprobe'tʃar] *v.*	**nutzen, ausnützen**
¡Aprovechen el domingo para ir a la playa!	Nützen Sie den Sonntag, um an den Strand zu gehen.
arreglar [arre'glar] *v.*	**in Ordnung bringen, reparieren, richten**
Niños, tenéis que arreglar vuestro cuarto.	Kinder, ihr müßt euer Zimmer in Ordnung bringen.
Voy a llevar estos zapatos a arreglar.	Ich werde diese Schuhe reparieren lassen.
cerrar [θe'rrar] *v.* (*irr.* 22)	**schließen, zumachen**
Corre mucho aire, por favor, ¡cierra la puerta!	Es zieht stark, schließ bitte die Tür.
comprobar [kompro'bar] *v.* (*irr.* 7)	**(über)prüfen**
Por favor, ¿puede Vd. comprobar la presión de los neumáticos?	Können Sie bitte den Reifendruck überprüfen?
conservar [konser'bar] *v.*	**erhalten; aufbewahren**
¡Ojalá se conserve intacto el paisaje de los Alpes!	Hoffentlich bleibt die Landschaft der Alpen erhalten.
¡Consérvese esta medicina en un lugar fresco!	Diese Medizin muß kühl gelagert werden.
cortar [kor'tar] *v.*	**(ab)schneiden**
Voy a cortar unas rebanadas de pan para el desayuno.	Ich schneide ein paar Scheiben Brot fürs Frühstück.
emplear [emple'ar] *v.*	**ver-, anwenden, gebrauchen**
¿Por qué no empleas otro detergente?	Warum gebrauchst du kein anderes Waschmittel?
empleo [em'pleo] *m*	**Gebrauch** *m*, **Ver-, Anwendung** *f*
El empleo de esta batidora es muy complicado.	Der Gebrauch dieses Mixers ist sehr kompliziert.

encender [enθen'der] *v.* (*irr.* 23)	**anzünden; einschalten, anmachen**
¡Prohibido encender fuego aquí!	Es ist verboten, hier Feuer anzumachen.
¿Quién ha dejado encendida la radio?	Wer hat das Radio eingeschaltet gelassen?
envolver [embol'ƀer] *v.* (*irr.* 37)	**einwickeln, -packen**
Por favor, ¿puede Vd. envolverme estos libros?	Können Sie mir bitte diese Bücher einpacken?
gastar [gas'tar] *v.*	**abnützen, verbrauchen**
Estas suelas están muy gastadas.	Diese Sohlen sind stark abgelaufen.
Mi coche gasta 12 litros de gasolina por 100 kilómetros.	Mein Auto verbraucht 12 Liter Benzin auf 100 Kilometer.
guardar [gŭar'đar] *v.*	**aufbewahren, aufheben**
No me gusta guardar mucho dinero en casa.	Ich bewahre nicht gern viel Geld zu Hause auf.
llenar [ʎe'nar] *v.*	**füllen, auf-, nachfüllen**
El salero está vacío, voy a llenarlo en seguida.	Der Salzstreuer ist leer, ich fülle ihn gleich nach.
mantener [mante'ner] *v.* (*irr.* 32)	**er-, unterhalten**
¡Mantenga limpia la playa!	Halten Sie den Strand sauber!
reparar [rrepa'rar] *v.*	**reparieren**
No vale la pena reparar este reloj.	Es lohnt sich nicht, diese Uhr zu reparieren.
romper [rrom'per] *v.* (*p.* roto)	**zerbrechen, zerreißen, kaputtmachen** (F)
¿Se te han roto las gafas?	Ist deine Brille zerbrochen?
secar [se'kar] *v.* (-qu-)	**trocknen**
Le ayudaremos a secar los platos, Doña Pepita.	Wir helfen Ihnen die Teller abtrocknen, Doña Pepita.
usar [u'sar] *v.*	**benützen**
No puedo usar mi máquina fotográfica, está estropeada.	Ich kann meinen Fotoapparat nicht benützen, er ist kaputt.

«2001–4000»

aplicar [apli'kar] *v.* (-qu-)	**anwenden**
No sé cómo tengo que aplicar este remedio.	Ich weiß nicht, wie ich dieses Mittel anwenden soll.

apoyar [apo'jar] *v.* ¡No apoyes los esquís contra el cristal de la puerta!	**stützen, anlehnen** Lehn die Skier nicht an die Glasscheibe der Tür!
cargar [kar'gar] *v.* (-gu-) Hay que cargar el camión en una hora.	**(be)laden** Der Lastwagen muß in einer Stunde beladen werden.
colgar [kol'gar] *v.* (*irr.* 7; -gu-) ¿Te parece bien que colguemos este cuadro aquí?	**(auf)hängen** Ist es dir recht, daß wir das Bild hier aufhängen?
colocar [kolo'kar] *v.* (-qu-) ¡Coloca los libros en la estantería!	**(auf-, hin)stellen, legen** Stell die Bücher in das Regal!
descargar [deskar'gar] *v.* (-gu-) Estas cajas pesan mucho, ¡ayúdame a descargarlas!	**entladen, ausladen, abladen** Diese Kisten sind sehr schwer. Hilf mir beim Abladen.
destruir [des'trŭir] *v.* (*irr.* 6) Un incendio destruyó gran parte del edificio.	**zerstören, vernichten** Ein Brand zerstörte einen großen Teil des Gebäudes.
fijar [fi'xar] *v.* Prohibido fijar carteles.	**festmachen, befestigen; ankleben** Plakate ankleben verboten.
mojar [mo'xar] *v.* ¡No me mojes con la manguera!	**befeuchten, naßmachen** Spritz mich nicht mit dem Schlauch an!
pegar [pe'gar] *v.* (-gu-) Vamos a pegar todas estas fotos en el álbum de familia.	**kleben, an-, aufkleben** Wir kleben alle diese Fotos ins Familienalbum ein.
pintar [pin'tar] *v.* He mandado pintar la cocina.	**(an)malen, streichen** Ich habe die Küche streichen lassen.
quemar [ke'mar] *v.* Tenemos que quemar la basura.	**verbrennen** Wir müssen die Abfälle verbrennen.
uso ['uso] *m* ¡Agítese antes de su uso!	**Gebrauch** *m*, **Verwendung** *f* Vor Gebrauch schütteln!

1.1.2.8 UMGANG MIT DINGEN UND LEBEWESEN

«1–2000»

apretar [apre'tar] *v.* (*irr.* 22) En caso de incendio apriete este botón.	**drücken** Bei Feuer auf diesen Knopf drücken!
aprovecharse (de) [aproƀe'tʃarse] *v.* Juan se aprovecha de la generosidad de su tío.	**ausnützen** Juan nutzt die Großzügigkeit seines Onkels aus.
buscar [bus'kar] *v.* (-qu-) Estoy buscando mi reloj, pero no lo encuentro.	**suchen** Ich suche meine Uhr, aber ich finde sie nicht.
cambiar [kam'bĭar] *v.* Hay que cambiar la disposición de los asientos.	**wechseln, ändern** Die Sitzordnung muß geändert werden.
coger [ko'xer] *v.* (-j-) ¡No cojas la plancha! Está aún caliente.	**nehmen, packen, ergreifen, anfassen** Faß das Bügeleisen nicht an! Es ist noch heiß.
cuidado [kŭi'đađo] *m* ¡Pon las copas con mucho cuidado en el mueble-bar!	**Vorsicht** *f*, **Sorgfalt** *f* Stell die Gläser sehr vorsichtig in die Hausbar.
encontrar [eŋkon'trar] *v.* (*irr.* 7) Por fin he encontrado piso.	**finden** Endlich habe ich eine Wohnung gefunden.
evitar [ebi'tar] *v.* Este producto evita la oxidación de las herramientas.	**vermeiden** Dieses Mittel verhindert das Rosten des Werkzeugs.
examinar [egsami'nar] *v.* ¡Examinemos esta propuesta!	**prüfen** Laßt uns diesen Vorschlag prüfen!
golpe ['golpe] *m* Un borracho me dio un golpe.	**Schlag** *m*, **Stoß** *m* Ein Betrunkener versetzte mir einen Stoß.
hallar [a'ʎar] *v.* Al volver del viaje, hallé la casa vacía.	**(vor)finden** Als ich von der Reise zurückkam, fand ich das Haus leer vor.
impedir [impe'đir] *v.* (*irr.* 21) Hay que impedir que corten este árbol.	**(ver)hindern, behindern** Das Fällen dieses Baumes muß verhindert werden.

parar [pa'rar] *v.*	**anhalten, stoppen, abstellen**
¡Para la máquina! Quiero llamar por teléfono.	Stell die Maschine ab! Ich möchte telefonieren.
proteger [prote'xer] *v.* (-j-)	**beschützen, schützen**
Esta crema protege bien del sol.	Diese Creme ist ein guter Sonnenschutz.
tocar [to'kar] *v.* (-qu-)	**berühren, anfassen**
¡No toques ese sapo! Es venenoso.	Rühr die Kröte nicht an! Sie ist giftig.
tratar [tra'tar] *v.*	**behandeln**
Tienes que tratar al pobre huérfano con mucho cariño.	Du mußt das arme Waisenkind mit viel Liebe behandeln.

«2001–4000»

abandonar [abando'nar] *v.*	**verlassen**
Todos los amigos han abandonado a Juan.	Alle Freunde haben Juan verlassen.
atar [a'tar] *v.*	**(an-, fest)binden**
Voy a atar al perro.	Ich werde den Hund anbinden.
cubrir [ku'ƀrir] *v.* (*p.* cubierto)	**be-, zudecken**
Cubre los muebles del jardín con un plástico.	Deck die Gartenmöbel mit einer Plastikhülle zu.
encerrar [enθe'rrar] *v.* (*irr.* 22)	**einschließen, einsperren**
Voy a encerrar estos documentos en la caja fuerte.	Ich werde diese Dokumente in den Safe einschließen.
esconder [eskon'der] *v.*	**verstecken**
¿Dónde se habrá escondido Pili?	Wo mag Pili sich versteckt haben?
imitar [imi'tar] *v.*	**nachahmen, nachmachen**
Luis imita muy bien la voz de su maestro.	Luis ahmt sehr gut die Stimme seines Lehrers nach.
pelea [pe'lea] *f*	**Kampf** *m*, **Streit** *m*; **Rauferei** *f*
Ayer hubo una pelea en esta tasca.	Gestern gab es eine Rauferei in dieser Kneipe.
soportar [sopor'tar] *v.*	**erdulden, ertragen**
No hay quien soporte a tu suegra.	Niemand kann deine Schwiegermutter ertragen.

sustituir [sustitu'ir] *v.* (*irr.* 6) Nuestro contable será difícil de sustituir.	**ersetzen** Unser Buchhalter wird schwer zu ersetzen sein.
tapar [ta'par] *v.* Hace frío. ¡Tapa al niño!	**zudecken** Es ist kalt. Deck das Kind zu!

1.1.2.9 LERNEN UND WISSEN

(Siehe auch SCHULE UND AUSBILDUNG 1.2.4)

«1–2000»

aprender [apren'der] *v.* Mi hermano quiere aprender español.	**lernen** Mein Bruder möchte Spanisch lernen.
capaz (de) [ka'paθ] *adj.* Este chico es capaz de correr una hora sin descansar.	**fähig** (zu), **imstande** (zu) Der Junge ist imstande, eine Stunde ohne Pause zu laufen.
ciencia ['θĭenθĭa] *f* Pasteur dedicó su vida a la ciencia.	**Wissenschaft** *f* Pasteur widmete sein Leben der Wissenschaft.
clásico ['klasiko], **-a** *adj.* A mi hermano le gusta mucho la música clásica.	**klassisch** Meinem Bruder gefällt klassische Musik sehr gut.
complicado [kompli'kaðo], **-a** *adj.* El manejo de esta máquina es muy complicado.	**kompliziert** Die Handhabung dieser Maschine ist sehr kompliziert.
confundir [komfun'dir] *v.* Me parece que Vd. confunde a Lope de Vega con Lope de Rueda.	**verwechseln** Mir scheint, Sie verwechseln Lope de Vega mit Lope de Rueda.
conocer [kono'θer] *v.* (*irr.* 5) ¿Conoces la última obra de Vargas Llosa?	**kennen** Kennst du das neueste Werk von Vargas Llosa?
conocido [kono'θiðo], **-a** *adj.* Jaime Balmes es poco conocido fuera de España.	**bekannt** Jaime Balmes ist außerhalb von Spanien wenig bekannt.
contar [kon'tar] *v.* (*irr.* 7) Estoy aprendiendo vasco, ya sé contar hasta 100.	**zählen** Ich lerne Baskisch, ich kann schon bis 100 zählen.

cultura [kul'tura] *f* La cultura griega es fascinante.	**Kultur** *f* Die griechische Kultur ist faszinierend.
descubrir [desku'ƀrir] *v.* (*p.* descubierto) Robert Koch descubrió el bacilo de la tuberculosis.	**entdecken** Robert Koch entdeckte den Tuberkelbazillus.
por ejemplo [por e'xemplo] España tiene grandes músicos, por ej. Albéniz y Falla.	**zum Beispiel** Spanien hat große Musiker, z.B. Albéniz und Falla.
enseñar (algo a alg.) [ense'ɲar] *v.* Mi hermano me enseñará inglés.	(j-n etw.) **lehren,** (j-m etw.) **beibringen** Mein Bruder wird mich Englisch lehren.
estudiar [estu'đĭar] *v.* Tienes que estudiar mucho más.	**lernen** Du mußt viel mehr lernen.
experiencia [espe'rĭenθĭa] *f* Este hombre tiene experiencia en la pesca del atún.	**Erfahrung** *f* Dieser Mann hat Erfahrung im Thunfischfang.
fácil ['faθil] *adj.* Esta traducción es muy fácil.	**leicht, einfach** Diese Übersetzung ist sehr leicht.
problema [pro'ƀlema] *m* El problema que se nos plantea me parece irresoluble.	**Problem** *n* Das Problem, das sich uns stellt, scheint mir unlösbar.
saber [sa'ƀer] *v.* (*irr.* 28) ¿No sabes quién es el autor del «Quijote»?	**wissen** Du weißt nicht, wer der Verfasser des „Don Quijote" ist?
saber [sa'ƀer] *v.* (*irr.* 28) Ayer supe que Pepe había sufrido un accidente.	**erfahren** Gestern erfuhr ich, daß Pepe einen Unfall hatte.
saber [sa'ƀer] *v.* (*irr.* 28) Mi mujer sabe tocar muy bien el piano.	**können** (= *gelernt haben)* Meine Frau kann sehr gut Klavier spielen.
sencillo [sen'θiʎo], **-a** *adj.* Las primeras lecciones de latín aún son sencillas.	**einfach** Die ersten Lateinstunden sind noch einfach.

simple ['simple] *adj.* La solución de este problema es simple.	**einfach** Die Lösung dieses Problems ist einfach.
solución [solu'θĭon] *f* Por fin he encontrado la solución de este problema.	**Lösung** *f* Endlich habe ich die Lösung für dieses Problem gefunden.

«2001–4000»

biblioteca [biƀlĭo'teka] *f* La biblioteca de nuestra universidad es muy moderna.	**Bibliothek** *f;* **Bücherei** *f* Die Bibliothek unserer Universität ist sehr modern.
ciencias ['θĭenθĭas] *fpl.* Mi hijo estudia ciencias.	**Naturwissenschaften** *fpl.* Mein Sohn studiert Naturwissenschaften.
científico [θĭen'tifiko], **-a** *adj.* Las investigaciones científicas requieren mucho dinero.	**wissenschaftlich** Wissenschaftliche Forschungen erfordern viel Geld.
civilización [θiƀiliθa'θĭon] *f* ¿Tienes un libro sobre la civilización ibérica?	**Zivilisation** *f;* **Kultur** *f* Hast du ein Buch über iberische Kultur?
conocimiento [konoθi'mĭento] *m* Los conocimientos de este chico son sorprendentes.	**Kenntnis** *f* Die Kenntnisse dieses Jungen sind überraschend.
cultural [kultu'ral] *adj.* Barcelona tiene mucha vida cultural.	**kulturell, Kultur...** Barcelona hat ein reiches Kulturleben.
desconocido [deskono'θiđo], **-a** *adj.* Esta novela es de un autor desconocido.	**unbekannt** Dieser Roman ist von einem unbekannten Autor.
ejercicio [exer'θiθĭo] *m* En este método de español hay pocos ejercicios.	**Übung** *f;* **Training** *n* Dieses Spanischlehrbuch enthält zu wenig Übungen.
enterarse (de) [ente'rarse] *v.* ¿Os habéis enterado de la muerte del cura?	**erfahren** Habt ihr schon vom Tod des Pfarrers gehört?
facilidad [faθili'đađ] *f* Este niño tiene mucha facilidad para los idiomas.	**Begabung** *f,* **Talent** *n* Dieses Kind ist sehr sprachbegabt.

familiar [fami'lĭar] *adj.* — **bekannt, geläufig; vertraut** (mit)
La historia de la Edad Media me es familiar. — Ich bin in der Geschichte des Mittelalters bewandert.

ignorar [igno'rar] *v.* — **nicht wissen**
Ignoraba que Goethe también fue traductor. — Ich wußte nicht, daß Goethe auch Übersetzer war.

incapaz (de) [iŋka'paθ] *adj.* — **unfähig** (zu)
Eres incapaz de hablar en público. — Du bist unfähig, in der Öffentlichkeit zu sprechen.

inventar [imben'tar] *v.* — **erfinden**
El reloj de bolsillo fue inventado por Peter Henlein. — Die Taschenuhr wurde von Peter Henlein erfunden.

lógico ['loxiko], **-a** *adj.* — **logisch**
Su argumentación no es muy lógica. — Seine Argumentation ist nicht sehr logisch.

de memoria [de me'morĭa] — **auswendig**
Tenemos que aprender esta poesía de memoria. — Wir müssen dieses Gedicht auswendig lernen.

observar [oƀser'ƀar] *v.* — **beobachten**
Se ha observado un cambio en tu conducta. — Es wurde eine Veränderung in deinem Verhalten beobachtet.

tratar (de) [tra'tar] *v.* — **handeln** (von)
Este libro trata de la conquista del Perú. — Dieses Buch handelt von der Eroberung Perus.

1.1.3 SPRACHE UND SPRECHABSICHTEN

1.1.3.1 ALLGEMEINES

«1–2000»

expresión [espre'sĭon] *f* — **Ausdruck** *m*
¿Cómo se traduce al español la expresión «Pfui Teufel»? — Wie übersetzt man den Ausdruck „Pfui Teufel" ins Spanische?

frase ['frase] *f* — **Satz** *m*
Por favor, repita esta frase: Hace bochorno. — Bitte wiederholen Sie diesen Satz: Es ist schwül.

idioma [i'đĭoma] *m* — **Sprache** *f*
Carlos es un fenómeno, habla bien seis idiomas. — Carlos ist ein Phänomen, er spricht sechs Sprachen gut.

lengua ['leŋgŭa] *f* En España se hablan cuatro lenguas: el español, el catalán, el vasco y el gallego.	**Sprache** *f* In Spanien werden vier Sprachen gesprochen: Spanisch, Katalanisch, Baskisch und Galicisch.
palabra [pa'laƀra] *f* No conozco esta palabra.	**Wort** *n* Ich kenne dieses Wort nicht.
significar [sig̡nifi'kar] *v.* (-qu-) No entiendo lo que significa esta expresión: ...	**bedeuten** Ich verstehe nicht, was dieser Ausdruck bedeutet: ...

«2001–4000»

adjetivo [ađxe'tibo] *m* La palabra «bueno» es un adjetivo.	**Adjektiv** *n* Das Wort „gut" ist ein Adjektiv.
adverbio [ađ'berbĭo] *m* «Ayer» es un adverbio de tiempo.	**Adverb** *n* „Gestern" ist ein Adverb der Zeit.
dominar [domi'nar] *v.* John domina el español.	**beherrschen** John beherrscht das Spanische.
femenino [feme'nino], **-a** *adj.* El sustantivo «esmeralda» es femenino en español.	**weiblich, feminin** Das Substantiv „esmeralda" ist im Spanischen weiblich.
gramática [gra'matika] *f* ¿Quieres aprender inglés sin gramática?	**Grammatik** *f* Möchtest du ohne Grammatik Englisch lernen?
masculino [masku'lino], **-a** *adj.* El sustantivo «problema» es masculino en español.	**männlich, maskulin** Das Substantiv „problema" ist im Spanischen männlich.
participio [parti'θipĭo] *m* Los verbos en «-er» forman el participio en «-ido».	**Partizip** *n* Die Verben auf „-er" bilden das Partizip auf „-ido".
plural [plu'ral] *m* El plural de la palabra «carácter» es «caracteres».	**Plural** *m* Der Plural des Wortes „carácter" ist „caracteres".
sentido [sen'tiđo] *m* Lo que me dices no tiene sentido. Las palabras de sentido contrario se llaman antónimos.	**Sinn** *m*, **Bedeutung** *f* Was du mir sagst, hat keinen Sinn. Die Wörter mit gegensätzlicher Bedeutung heißen Antonyme.

significado [sigɲifi'kaðo] *m* — **Bedeutung** *f*
¿Cuál es el significado de esta palabra? — Welches ist die Bedeutung dieses Wortes?

singular [siŋgu'lar] *m* — **Singular** *m*
Ciertos sustantivos se usan sólo en singular. — Gewisse Substantive werden nur im Singular gebraucht.

su(b)stantivo [su(ƀ)stan'tiƀo] *m* — **Substantiv** *n*
¡Subraya los sustantivos que hay en el texto! — Unterstreich die Substantive, die im Text stehen.

verbo ['berƀo] *m* — **Verb** *n*
«Hacer» es un verbo irregular. — „Hacer" ist ein unregelmäßiges Verb.

vocabulario [bokaƀu'larĭo] *m* — **Wortschatz** *m*
La finalidad de este libro es ampliar el vocabulario. — Der Zweck dieses Buches ist die Erweiterung des Wortschatzes.

1.1.3.2 SPRECHEN

«1–2000»

alto ['alto] *adv.* — **laut**
Por favor, ¡hable un poco más alto! — Sprechen Sie bitte etwas lauter!

bajo ['baxo] *adv.* — **leise**
¡Habla bajo para no despertar al niño! — Sprich leise, um das Kind nicht aufzuwecken!

contar [kon'tar] *v.* (*irr.* 7) — **erzählen**
Cuéntanos cómo te fue por España. — Erzähl uns, wie es dir in Spanien ergangen ist.

conversación [kombersa'θĭon] *f* — **Unterhaltung** *f*, **Gespräch** *n*
Ayer tuve una conversación interesante con Julio. — Gestern hatte ich ein interessantes Gespräch mit Julio.

charlar [tʃar'lar] *v.* — **plaudern, sich unterhalten**
¿Tienes tiempo para charlar un rato? — Hast du Zeit um ein bißchen zu plaudern?

decir [de'θir] *v.* (*irr.* 10) — **sagen**
Mi sobrino se fue de casa sin decir nada. — Mein Neffe ging weg, ohne etwas zu sagen.

discusión [disku'sĭon] *f*
Nuestra discusión sobre ecología fue muy interesante.

Diskussion *f*
Unsere Diskussion über Ökologie war sehr interessant.

discutir [disku'tir] *v.*
Ayer Pepe y yo discutimos muchas horas.

diskutieren
Gestern diskutierten Pepe und ich stundenlang.

hablar [a'ƀlar] *v.*
¡No hablemos más de este asunto desagradable!

sprechen
Sprechen wir nicht mehr von dieser unangenehmen Sache!

llamar [ʎa'mar] *v.*
¡Llama a los niños! La comida está lista.

rufen
Ruf die Kinder! Das Essen ist fertig.

palabra [pa'laƀra] *f*
Doy la palabra al delegado español.

Wort *n*
Ich erteile dem spanischen Delegierten das Wort.

pronunciar [pronun'θĭar] *v.*
La «z» española se pronuncia casi como la «th» inglesa.

aussprechen
Das spanische „z" wird fast wie das englische „th" ausgesprochen.

repetir [rrepe'tir] *v.* (*irr.* 21)
¿Quiere Vd. repetir lo que acaba de decir?

wiederholen
Wiederholen Sie bitte, was Sie soeben gesagt haben.

silencio [si'lenθĭo] *m*
A las once de la noche este pueblo está en silencio.

Stille *f*, **Schweigen** *n*
Um 11 Uhr nachts herrscht in diesem Dorf Ruhe.

voz [boθ] *f*
Este locutor tiene una voz agradable.

Stimme *f*
Dieser (Rundfunk)Sprecher hat eine angenehme Stimme.

«2001–4000»

callar(se) [ka'ʎar(se)] *v.*
Por fin esta mujer se ha callado.

schweigen
Endlich hat diese Frau geschwiegen.

chiste ['tʃiste] *m*
Al viejo coronel le gusta contar chistes verdes.

Witz *m*
Der alte Oberst erzählt gern unanständige Witze.

declarar [dekla'rar] *v.*
El testigo declaró que no conocía al inculpado.

erklären
Der Zeuge erklärte, er kenne den Beschuldigten nicht.

diálogo [di'alogo] *m* — **Dialog** *m*
En este drama los diálogos son muy cortos. — In diesem Drama sind die Dialoge sehr kurz.

discurso [dis'kurso] *m* — **Rede** *f*
El alcalde pronunció un discurso en la Plaza Mayor. — Der Bürgermeister hielt eine Rede auf der Plaza Mayor.

exclamar [eskla'mar] *v.* — **ausrufen**
Al ver el nuevo avión, el piloto exclamó: «¡Fabuloso!» — Als der Pilot das neue Flugzeug sah, rief er aus: „Fabelhaft!"

expresar [espre'sar] *v.* — **ausdrücken, äußern**
Me faltan las palabras para expresar mi agradecimiento. — Mir fehlen die Worte, um meine Dankbarkeit auszudrücken.

gritar [gri'tar] *v.* — **rufen, schreien**
El acusado gritó: «¡Soy inocente!» — Der Angeklagte schrie: „Ich bin unschuldig!"

grito ['grito] *m* — **Schrei** *m*, **Ruf** *m*
Al ver un ratón, mi madre lanzó un grito. — Als meine Mutter eine Maus sah, stieß sie einen Schrei aus.

mencionar [menθĭo'nar] *v.* — **erwähnen**
No puedo mencionar aquí a todos los que nos han ayudado. — Ich kann hier nicht alle erwähnen, die uns geholfen haben.

1.1.3.3 SCHREIBEN UND LESEN

«1–2000»

apuntar [apun'tar] *v.* — **notieren, aufschreiben**
Me voy a apuntar su dirección. — Ich will mir Ihre Adresse aufschreiben.

bolígrafo [bo'ligrafo] *m* — **Kugelschreiber** *m*
Este bolígrafo escribe muy bien. — Dieser Kugelschreiber schreibt sehr gut.

carta ['karta] *f* — **Brief** *m*
Hemos recibido su carta del 15 de mayo. — Wir haben Ihren Brief vom 15. Mai erhalten.

cuento ['kŭento] *m* — **Erzählung** *f*; **Märchen** *n*
Te voy a regalar los cuentos de los hermanos Grimm. — Ich werde dir die Grimmschen Märchen schenken.
¡No me vengas con cuentos! — Erzähl mir keine Märchen!

escribir [eskri'ƀir] *v.* (*p.* escrito) Voy a escribir una carta a Lola para su cumpleaños.	**schreiben** Ich will Lola zu ihrem Geburtstag einen Brief schreiben.
hoja ['oxa] *f* ¿Me puedes dar unas hojas de papel?	**Blatt** *n* Kannst du mir ein paar Blatt Papier geben?
lápiz ['lapiθ] *m* Pepito, ¡no escribas los deberes con lápiz!	**Bleistift** *m* Pepito, schreib deine Aufgaben nicht mit Bleistift!
leer [le'er] *v.* (-y-) ¿Quiere Vd. leer el periódico de hoy?	**lesen** Möchten Sie die heutige Zeitung lesen?
libro ['liƀro] *m* El último libro de Alberto Rondón es muy aburrido.	**Buch** *n* Das letzte Buch von Alberto Rondón ist sehr langweilig.
línea ['linea] *f* Cada página de este libro tiene 45 líneas. Voy a escribir cuatro líneas a mi madre.	**Zeile** *f;* **Linie** *f* Jede Seite dieses Buches hat 45 Zeilen. Ich werde meiner Mutter ein paar Zeilen schreiben.
literatura [litera'tura] *f* ¿Qué obras de la literatura española conoce Vd.?	**Literatur** *f* Welche Werke der spanischen Literatur kennen Sie?
nota ['nota] *f* La secretaria le dejó una nota.	**Notiz** *f* Die Sekretärin hat Ihnen eine Notiz hinterlassen.
página ['paxina] *f* La frase que acabo de citar se encuentra en la página 15.	**Seite** *f* Der Satz, den ich eben zitiert habe, steht auf Seite 15.
papel [pa'pel] *m* El precio del papel ha subido mucho.	**Papier** *n* Der Preis für Papier ist stark gestiegen.
punto ['punto] *m* Al final de cada frase hay que poner un punto.	**Punkt** *m* Am Ende eines jeden Satzes muß ein Punkt stehen.

«2001–4000»

acento [a'θento] *m* En la palabra «río», hay que poner un acento en la «i». Tom habla el español con un fuerte acento inglés.	**Akzent** *m* Bei dem Wort „río“ muß auf das „i“ ein Akzent gesetzt werden. Tom spricht Spanisch mit starkem englischen Akzent.
autor [aŭ'tor] *m*, **-a** *f* ¿Quién es el autor de «Don Quijote»?	**Autor(in)** *m(f)*, **Verfasser(in)** *m(f)* Wer ist der Verfasser des „Don Quijote“?
coma ['koma] *f* El uso correcto de la coma es importante.	**Komma** *n*, **Beistrich** *m* Die richtige Setzung des Kommas ist wichtig.
copia ['kopĭa] *f* Necesito una copia de este documento.	**Abschrift** *f*, **Kopie** *f* Ich brauche eine Abschrift dieser Urkunde.
copiar [ko'pĭar] *v.* Por favor, ¿puede Vd. copiarme este manuscrito?	**abschreiben, kopieren** Können Sie mir bitte dieses Manuskript abschreiben?
correspondencia [korrespon'denθĭa] *f* Mantengo correspondencia con colegas españoles.	**Korrespondez** *f*, **Briefwechsel** *m* Ich stehe mit spanischen Kollegen in Briefwechsel.
deletrear [deletre'ar] *v.* Por favor, ¿quiere deletrearme su nombre?	**buchstabieren** Würden Sie bitte Ihren Namen buchstabieren?
describir [deskri'ƀir] *v.* (*p.* descrito) ¿Puede Vd. describir al ladrón?	**beschreiben** Können Sie den Dieb beschreiben?
escritor [eskri'tor] *m*, **-a** *f* J. L. Borges es un gran escritor.	**Schriftsteller(in)** *m(f)* J. L. Borges ist ein großer Schriftsteller.
escritura [eskri'tura] *f* Carlitos, tienes muy mala escritura.	**Schrift** *f* Carlitos, du hast eine sehr schlechte Schrift.
lector [lek'tor] *m*, **-a** *f* Este periódico tiene más de un millón de lectores.	**Leser(in)** *m(f)* Diese Zeitung hat mehr als eine Million Leser.
lectura [lek'tura] *f* Me voy a llevar un poco de lectura para el viaje.	**Lektüre** *f*, **Lesestoff** *m* Ich werde mir etwas Reiselektüre mitnehmen.

letra ['letra] *f* El alfabeto español tiene 29 letras. Mi padre tiene muy buena letra.	**Buchstabe** *m;* **Schrift** *f* Das spanische Alphabet hat 29 Buchstaben. Mein Vater hat eine sehr schöne Schrift.
novela [no'ƀela] *f* He leído varias novelas de Thomas Mann.	**Roman** *m* Ich habe mehrere Romane von Thomas Mann gelesen.
poesía [poe'sia] *f* La poesía del romanticismo no me gusta.	**Dichtung** *f*; **Gedicht** *n* Die Dichtung der Romantik gefällt mir nicht.
poeta, poetisa [po'eta, poe'tisa] *m, f* ¿Qué poetas chilenos conoce Vd.?	**Dichter(in)** *m* (*f*), **Poet** *m* Welche chilenischen Dichter kennen Sie?
texto ['testo] *m* ¿Puede Vd. traducirme este texto al español, por favor?	**Text** *m* Können Sie mir bitte diesen Text ins Spanische übersetzen?
tinta ['tinta] *f* Siempre he escrito con tinta negra.	**Tinte** *f* Ich habe immer mit schwarzer Tinte geschrieben.
título ['titulo] *m* ¿Cuál es el título exacto de la gramática de Bello?	**Titel** *m*; **Überschrift** *f* Welches ist der genaue Titel der Grammatik von Bello?

1.1.3.4 SPRECHABSICHTEN

1.1.3.4.1 Auskunft

«1–2000»

aconsejar [akonse'xar] *v.* Mi padre me aconsejó que no comprara esta radio.	**(be)raten** Mein Vater riet mir, dieses Radio nicht zu kaufen.
añadir [aɲa'đir] *v.* Voy a añadir unas líneas a tu carta.	**hinzufügen** Ich möchte ein paar Zeilen in deinem Brief hinzufügen.

comunicar [komuni'kar] *v.* (-qu-)	**mitteilen**
Sentimos comunicarle la muerte de su hijo.	Wir bedauern, Ihnen den Tod Ihres Sohnes mitteilen zu müssen.
consejo [kon'sexo] *m*	**Rat** *m*, **Ratschlag** *m*
No necesito tus consejos.	Ich brauche deine Ratschläge nicht.
contestar [kontes'tar] *v.*	**antworten** (auf), **beantworten**
Te he preguntado algo. ¡Contéstame!	Ich habe dich etwas gefragt. So antworte doch!
Perdóname por no haber contestado todavía tu carta.	Entschuldige bitte, daß ich deinen Brief noch nicht beantwortet habe.
enseñar [ense'ɲar] *v.*	**zeigen**
¿Puede Vd. enseñarme el camino de la estación, por favor?	Können Sie mir bitte den Weg zum Bahnhof zeigen?
explicar [espli'kar] *v.* (-qu-)	**erklären**
¡Explíqueme Vd. por qué ha gastado tanto dinero!	Erklären Sie mir, warum Sie soviel Geld ausgegeben haben!
información [imforma'θĭon] *f*	**Information** *f*, **Auskunft** *f*; **Nachricht** *f*
¿Puede Vd. darme información sobre los vuelos a Sevilla?	Können Sie mir Auskunft über die Flüge nach Sevilla geben?
informar [imfor'mar] *v.*	**informieren, benachrichtigen**
Cuando lleguen sus pasajes, le informaremos.	Wenn Ihre Flugtickets da sind, benachrichtigen wir Sie.
noticia [no'tiθĭa] *f*	**Nachricht** *f*
¿Sabéis ya la última noticia?	Wißt Ihr schon die neueste Nachricht?
pregunta [pre'gunta] *f*	**Frage** *f*
Las preguntas del examen eran difíciles.	Die Prüfungsfragen waren schwierig.
preguntar (algo a alg.) [pregun'tar] *v.*	(j-n [nach] etw.) **fragen**
No me atreví a preguntarle a Lola su edad.	Ich wagte es nicht, Lola nach ihrem Alter zu fragen.
preguntar (por alg.) [pregun'tar] *v.*	(nach j-m) **fragen**
Una señorita pregunta por Vd., don Jaime.	Eine junge Dame fragt nach Ihnen, Don Jaime.

recado [rre'kađo] *m* ¿Quiere Vd. dejarle algún recado a don Jaime?	**Nachricht** *f*, **Bescheid** *m* Möchten Sie Don Jaime eine Nachricht hinterlassen?
responder [rrespon'der] *v.* He llamado varias veces a la puerta, pero nadie responde.	**antworten** Ich habe ein paarmal geklopft, aber niemand antwortet.

«2001–4000»

advertir (algo a alg.) [ađber'tir] *v.* (*irr.* 30) Le advierto que aquí no puede aparcar.	(j-n vor etw.) **warnen;** (j-n auf etw.) **aufmerksam machen** Ich mache Sie darauf aufmerksam, daß Sie hier nicht parken dürfen.
anunciar [anun'θĭar] *v.* El jefe de personal nos anunció que nos aumentarían el sueldo.	**ankündigen, bekanntgeben** Der Personalchef kündigte uns eine Gehaltserhöhung an.
avisar [aƀi'sar] *v.* Avísame cuando hayas terminado la traducción. Le aviso por última vez: ...	**Bescheid sagen, benachrichtigen, verständigen; warnen** Sag mir Bescheid, wenn du die Übersetzung fertig hast. Ich warne Sie zum letzten Mal: ...
aviso [a'ƀiso] *m* Ha llegado un aviso de Correos.	**Mitteilung** *f*, **Benachrichtigung** *f* Es ist eine Benachrichtigung von der Post gekommen.
cuestión [kŭes'tĭon] *f* La cuestión que Vd. plantea no es fácil de resolver.	**Frage** *f* Die Frage, die Sie aufwerfen, ist nicht leicht zu lösen.
es decir [ez đe'θir] He pasado todos los exámenes, es decir ya soy doctor.	**das heißt** Ich habe alle Prüfungen bestanden, d. h., ich bin jetzt Doktor.
explicación [esplika'θĭon] *f* No necesito tus explicaciones.	**Erklärung** *f*, **Erläuterung** *f* Ich brauche deine Erklärungen nicht.
indicar [indi'kar] *v.* (-qu-) El guía nos indicó que el museo se cerraba a las siete. Por favor, ¿puede indicármelo en el mapa?	**hinweisen** (auf), **angeben; zeigen** Der Führer wies uns darauf hin, daß das Museum um 7 Uhr schließt. Können Sie mir das bitte auf der Karte zeigen?

informarse [imfor'marse] *v.* — **sich erkundigen, sich informieren**

Voy a informarme sobre los vuelos a Málaga. — Ich werde mich nach den Flügen nach Málaga erkundigen.

mostrar [mos'trar] *v.* (*irr.* 7) — **zeigen**

El anfitrión nos mostró su colección de monedas. — Der Gastgeber zeigte uns seine Münzsammlung.

novedad [nobe'đađ] *f* — **Neuigkeit** *f*

¡Cuéntame qué novedades hay! — Erzähl mir, welche Neuigkeiten es gibt!

referirse (a) [rrefe'rirse] *v.* (*irr.* 30) — **sich beziehen** (auf), **eingehen** (auf)

El ministro se refirió al problema del desempleo. — Der Minister ging auf das Arbeitslosenproblem ein.

reportaje [rrepor'taxe] *m* — **Reportage** *f*

Anoche leí un reportaje sobre el SIDA. — Gestern abend las ich eine Reportage über AIDS.

respuesta [rres'pŭesta] *f* — **Antwort** *f*

Estoy esperando respuesta de mi padre. — Ich warte auf eine Antwort meines Vaters.

secreto [se'kreto], **-a** *adj.* — **geheim**

¡Mira! Aquí hay una salida secreta. — Sieh mal, hier ist ein geheimer Ausgang.

secreto [se'kreto] *m* — **Geheimnis** *n*

Este hombre no puede guardar un secreto. — Dieser Mann kann kein Geheimnis für sich behalten.

señal [se'ɲal] *f* — **Zeichen** *n*

Juan nos hace señal de que esperemos. — Juan macht uns ein Zeichen, wir sollen warten.

tratarse (de) [tra'tarse] *v.* — **sich handeln** (um)

¿Está el doctor? ¡Se trata de una urgencia! — Ist der Arzt da? Es handelt sich um einen Notfall!

1.1.3.4.2 Meinungsäußerung

«1–2000»

creer [kre'er] *v.* (-y-) — **glauben, meinen**

No creo que tengas razón. — Ich glaube nicht, daß du recht hast.

criticar [kriti'kar] *v.* (-qu-)	**kritisieren**
Los socialistas criticaron la política del gobierno.	Die Sozialisten kritisierten die Politik der Regierung.
deber (de) [de'ƀer] *v.*	**müssen** (*verneint:* **nicht dürfen**)
Deberías estudiar todos los días para aprobar el examen.	Du müßtest jeden Tag lernen, um die Prüfung zu bestehen.
No debemos olvidar que María ha sufrido mucho.	Wir dürfen nicht vergessen, daß Maria viel durchgemacht hat.
Deben de ser ya las seis. Tengo que marcharme.	Es muß schon 6 Uhr sein. Ich muß gehen.
encontrar [eŋkon'trar] *v.* (*irr.* 7)	**finden**
Yo encuentro esa película muy floja. ¿A ti qué te parece?	Ich finde diesen Film sehr schwach. Was hältst du davon?
juicio ['xŭiθĭo] *m*	**Meinung** *f*
A mi juicio, este hombre es un estafador.	Meiner Meinung nach ist dieser Mann ein Gauner.
juzgar [xuθ'gar] *v.* (-gu-)	**(be)urteilen**
¿Cómo juzga Vd. este cuadro?	Wie beurteilen Sie dieses Gemälde?
opinión [opi'nĭon] *f*	**Meinung** *f*
En este punto comparto su opinión.	In diesem Punkt teile ich Ihre Meinung.
parecer [pare'θer] *v.* (*irr.* 5)	**scheinen**
Esta traducción no parece ser muy difícil.	Diese Übersetzung scheint nicht sehr schwer zu sein.
Parece que Pepe no tiene ganas de acompañarnos.	Anscheinend hat Pepe keine Lust, uns zu begleiten.
¿Qué le parece nuestra situación política?	Was halten Sie von unserer politischen Lage?
pensar [pen'sar] *v.* (*irr.* 22)	**denken, meinen**
Pienso que será mejor quedarnos en casa.	Ich meine, es wäre besser, wir blieben zu Hause.
recomendar [rrekomen'dar] *v.* (*irr.* 22)	**empfehlen**
¿Puede Vd. recomendarme un buen hotel en Madrid?	Können Sie mir ein gutes Hotel in Madrid empfehlen?
suponer [supo'ner] *v.* (*irr.* 25)	**annehmen, vermuten**
Supongo que no volveremos a ver a este tipo.	Ich glaube, daß wir diesen Kerl nicht wiedersehen werden.

«2001–4000»

conclusión [koŋklu'sĭon] *f* He llegado a la conclusión de que este plan no vale nada.	**Schluß** *m*, **Schlußfolgerung** *f* Ich bin zu dem Schluß gekommen, daß dieser Plan nichts taugt.
considerar [konsiđe'rar] *v.* Considero a Wagner un verdadero genio.	**betrachten** (als), **halten** (für) Ich halte Wagner für ein wahres Genie.
crítica ['kritika] *f* La crítica que se ha hecho a este libro es injusta.	**Kritik** *f* Die Kritik, die diesem Buch zuteil wurde, ist ungerecht.
crítico ['kritiko], **-a** *adj.* La situación del enfermo es crítica.	**kritisch** Der Zustand des Patienten ist kritisch.
francamente [fraŋka'mente] *adv.* Francamente, no estoy de acuerdo con tu conducta.	**offen gesagt** Offen gesagt bin ich mit deinem Verhalten nicht einverstanden.
impresión [impre'sĭon] *f* Teníamos la impresión de que Julio quería engañarnos.	**Eindruck** *m* Wir hatten den Eindruck, daß Julio uns hereinlegen wollte.
manifestar [manifes'tar] *v.(irr.* 22) El boxeador manifestó su disgusto por su derrota.	**zu erkennen geben, bekunden** Der Boxer bekundete seinen Ärger über seine Niederlage.
parecer [pare'θer] *m* Me interesa tu parecer sobre la pintura moderna.	**Meinung** *f*, **Ansicht** *f* Deine Meinung über moderne Malerei interessiert mich.
punto de vista ['punto đe 'bista] *m* Vd. sabe muy bien cuál es mi punto de vista.	**Standpunkt** *m* Sie wissen sehr wohl, welches mein Standpunkt ist.
recomendación [rrekomenda'θĭon] *f* ¿Necesita Vd. una carta de recomendación?	**Empfehlung** *f* Brauchen Sie ein Empfehlungsschreiben?

1.1.3.4.3 Zustimmung und Ablehnung

«1–2000»

¡así es! [a'si es] El mayor defecto de Pepe es su tacañería. – ¡Así es!	**stimmt!, richtig!, so ist es!** Pepes schlimmster Fehler ist sein Geiz. – Das stimmt!
de acuerdo [de a'kŭerđo] *adv.* Tu jefe no está de acuerdo con tu conducta. ¿Quiere Vd. que cenemos juntos? – ¡De acuerdo!	**einverstanden** Dein Chef ist mit deinem Verhalten nicht einverstanden. Wollen wir zusammen zu Abend essen? – Einverstanden!
dejar [de'xar] *v.* Mi madre no nos deja salir hoy.	**lassen** Meine Mutter läßt uns heute nicht weggehen.
desde luego ['dezđe 'lŭego] *adv.* ¿Vamos a celebrar la Navidad en familia? – ¡Desde luego!	**natürlich, selbstverständlich** Wollen wir Weihnachten in der Familie feiern? – Natürlich!
eso es ['eso es] Nos han estafado. – Eso es.	**so ist es, genau, stimmt** Man hat uns hereingelegt. – Genau!
igual [i'gŭal] *adj.* ¿Prefiere Vd. que le pague con un cheque o en efectivo? – Me da igual.	**gleich(gültig)** Ist es Ihnen lieber, wenn ich mit Scheck oder bar zahle? – Das ist mir gleich.
lo mismo [lo 'mizmo] Este cuadro es horrible. – Yo pienso lo mismo.	**dasselbe** Dieses Bild ist scheußlich. – Das meine ich auch.
no [no] *adv.* ¿Es Vd. el señor Pedro Vázquez? – No, señor.	**nein** Sind Sie Herr Pedro Vázquez? – Nein (,mein Herr).
permiso [per'miso] *m* Con su permiso voy a leer el periódico. – ¡De acuerdo!	**Erlaubnis** *f* Mit Ihrer Erlaubnis werde ich die Zeitung lesen. – Gern!
permitir [permi'tir] *v.* ¡No permita Vd. que su hija salga con este tipo!	**erlauben, gestatten, zulassen** Erlauben Sie nicht, daß Ihre Tochter mit diesem Kerl ausgeht!

poder [po'đer] *v.* (*irr.* 24) — **können; dürfen**
¿Me puede Vd. reservar una habitación individual para mañana? — Können Sie mir für morgen ein Einzelzimmer reservieren?
Un médico no puede dar informes sobre sus pacientes. — Ein Arzt darf keine Auskunft über seine Patienten geben.

prohibir [proi'ƀir] *v.* — **verbieten**
El decano prohibió fumar en las aulas. — Der Dekan hat das Rauchen in den Hörsälen verboten.

protestar [protes'tar] *v.* — **protestieren**
Muchos jóvenes protestan contra el paro. — Viele junge Leute protestieren gegen die Arbeitslosigkeit.

sí [si] *adv.* — **ja; doch, schon**
¿Quieres ir con nosotros al cine? – Sí, encantado. — Möchtest du mit uns ins Kino gehen? – Ja, gern.
No creo que puedas hacer este trabajo. – Yo creo que sí. — Ich glaube nicht, daß du diese Arbeit schaffst. – Ich glaube doch.

tener razón [te'ner rra'θon] — **recht haben**
Vd. tenía razón: el autor de esta novela es Delibes. — Sie hatten recht, der Verfasser dieses Romans ist Delibes.

¿verdad? [ber'đađ] — **nicht wahr?**
Vd. no está enfadado conmigo, ¿verdad? — Sie sind doch nicht böse auf mich, nicht wahr?

«2001–4000»

acuerdo [a'kŭerđo] *m* — **Übereinstimmung** *f*, **Einverständnis** *n*, **Einigung** *f*
Después de una larga discusión, llegamos a un acuerdo. — Nach einer langen Diskussion erzielten wir eine Einigung.

admitir [ađmi'tir] *v.* — **zulassen, gestatten**
Mi padre no admite que se fume en su despacho. — Mein Vater gestattet nicht, daß in seinem Büro geraucht wird.

aprobar [apro'ƀar] *v.* (*irr.* 7) — **einverstanden sein** (mit), **billigen**
No apruebo la conducta de mi hijo. — Ich billige das Verhalten meines Sohnes nicht.

¡claro que sí! ['klaro ke si] — **natürlich!**
¿Quieres que invitemos a Carlos? – ¡Claro que sí! — Möchtest du, daß wir Carlos einladen? – Natürlich!

¡claro que no! ['klaro ke no] ¿Dejasteis la luz encendida? – ¡Claro que no!	**natürlich nicht!** Habt ihr das Licht eingeschaltet gelassen? – Natürlich nicht!
conceder [konθe'đer] *v.* Me han concedido el permiso.	**bewilligen, zugestehen** Man hat mir den Urlaub bewilligt.
conforme [kom'forme] *adj., adv.* Nuestro capitán está conforme con la propuesta. ¿Podemos cerrar el trato? – ¡Conforme!	**einverstanden** Unser Kapitän ist mit dem Vorschlag einverstanden. Können wir das Geschäft abschließen? – Einverstanden!
naturalmente [natural'mente] *adv.* ¿Podemos usar su ducha? – ¡Naturalmente!	**natürlich** Dürfen wir Ihre Dusche benützen? – Aber natürlich!
negarse (a) [ne'ǥarse] *v.* (*irr.* 22; -gu-) Pepa se negó a contestar esta pregunta.	**sich weigern** (zu) Pepa weigerte sich, diese Frage zu beantworten.
por supuesto [por su'pŭesto] *adv.* ¿Me puede Vd. recoger en el aeropuerto? – Por supuesto.	**selbstverständlich, natürlich** Können Sie mich am Flughafen abholen? – Natürlich.
¡qué va! [ke ƀa] Este traje es caro. – ¡Qué va! Es regalado.	**ach wo!, stimmt nicht!** Dieser Anzug ist teuer. – Ach wo! Er ist spottbillig.
rechazar [rretʃa'θar] *v.* (-c-) Luis ha rechazado nuestra oferta.	**ablehnen, ab-, zurückweisen** Luis hat unser Angebot abgelehnt.

1.1.3.4.4 Gewißheit und Zweifel

«1–2000»

afirmar [afir'mar] *v.* El ladrón afirmó que el policía le había pegado.	**behaupten** Der Dieb behauptete, der Polizist habe ihn geschlagen.
a lo mejor [a lo me'xor] *adv.* ¿Por qué escribes a este tipo?, a lo mejor ni te contesta.	**womöglich** Warum schreibst du diesem Kerl? Womöglich antwortet er nicht einmal.

cierto ['θïerto], **-a** *adj.* — **gewiß, sicher**

Te aseguro que es cierto cuanto te he dicho. — Ich versichere dir, daß alles, was ich dir gesagt habe, stimmt.

¿Que hoy empiezan las clases? – ¡Cierto! — Beginnt der Unterricht heute? – Gewiß!

claro ['klaro] *adv.* — **klar, sicher**

¿Es verdad que Pedro viene hoy a comer? – ¡Claro! — Stimmt es, daß Pedro heute zum Essen kommt? – Klar!

constar [kons'tar] *v.* — **feststehen**

Me consta que tu hijo no sabe nada de latín. — Für mich steht fest, daß dein Sohn keine Ahnung von Latein hat.

convencer [komben'θer] *v.* (-z-) — **überzeugen; überreden**

He convencido a Pepa de que salgamos al campo. — Ich habe Pepa dazu überredet, daß wir aufs Land fahren.

Olga está convencida de que Luis no la quiere. — Olga ist davon überzeugt, daß Luis sie nicht liebt.

demostrar [demos'trar] *v.* (*irr.* 7) — **beweisen, zeigen**

¿Quieres que te demuestre qué bien sé nadar? — Soll ich dir beweisen, wie gut ich schwimmen kann?

duda ['duđa] *f* — **Zweifel** *m*

No existe la menor duda de que Julio es un genio. — Es besteht nicht der geringste Zweifel, daß Julio ein Genie ist.

dudar [du'đar] *v.* — **zweifeln** (an), **bezweifeln**

Dudo que el jardinero trabaje con este calor. — Ich bezweifle, daß der Gärtner bei dieser Hitze arbeitet.

exacto [eg'sakto], **-a** *adj.* — **genau, richtig**

Si son exactas las previsiones del tiempo, mañana hará calor. — Wenn die Wettervorhersage stimmt, dann wird es morgen warm.

hecho ['etʃo] *m* — **Tatsache** *f*

Es un hecho que tú no sirves para trabajos manuales. — Es ist eine Tatsache, daß du für Handarbeiten nicht taugst.

imposible [impo'siƀle] *adj.* — **unmöglich**

Es imposible que sean las nueve de la noche y aún sea de día. — Es ist unmöglich, daß es schon 9 Uhr abends ist und noch hell.

poder [po'đer] *v.* (*irr.* 24) — **können**

Estoy resfriado, por eso no puedo salir. — Ich bin erkältet, deshalb kann ich nicht rausgehen.

posibilidad [posiƀili'đađ] *f*
Existe la posibilidad de que mi padre vaya a Cuba.

Möglichkeit *f*
Es besteht die Möglichkeit, daß mein Vater nach Kuba reist.

---

posible [po'sible] *adj.*
Es posible que asistamos a tu boda.

möglich
Es ist möglich, daß wir zu deiner Hochzeit kommen.

---

probable [pro'ƀaƀle] *adj.*
Es probable que nuestro equipo gane.

wahrscheinlich
Wahrscheinlich gewinnt unsere Mannschaft.

---

quizá(s) [ki'θa(s)] *adv.*
Quizás vayamos el próximo verano a España.

vielleicht
Vielleicht fahren wir nächsten Sommer nach Spanien.

---

seguro [se'ǥuro] *adv.*, **-a** *adj.*
Seguro que vendré a recogerte a las seis.
El equipo está seguro de que ganará.

sicher, gewiß
Ich komme sicher um 6 Uhr, um dich abzuholen.
Die Mannschaft ist sicher, daß sie gewinnen wird.

---

sin duda [sin 'duđa] *adv.*
Lo que le hizo daño al niño, sin duda fueron las uvas.

(höchst)wahrscheinlich
Was dem Kind geschadet hat, waren wahrscheinlich die Trauben.

---

verdad [ber'đađ] *f*
¿De verdad piensas irte a España?

Wahrheit *f*
Hast du wirklich die Absicht, nach Spanien zu fahren?

«2001–4000»

adivinar [ađiƀi'nar] *v.*
Adivina ¿quién ha llamado por teléfono esta tarde?

(er)raten
Rate (mal), wer heute nachmittag angerufen hat.

---

asegurar [aseǥu'rar] *v.*
El médico nos aseguró que vendría a verte hoy.

versichern
Der Arzt versicherte uns, er werde dich heute besuchen.

---

confirmar [komfir'mar] *v.*
Llamo para confirmarte que iremos al concierto.

bestätigen
Ich rufe dich an, um zu bestätigen, daß wir ins Konzert gehen.

---

determinado [determi'nađo], **-a** *adj.*
¿Desea Vd. una determinada marca de jabón?

bestimmt
Möchten Sie eine bestimmte Seifenmarke?

evidente [eƀi'đente] *adj.* Es evidente que la mujer del pintor es mayor que él.	**offensichtlich** Offensichtlich ist die Frau des Malers älter als er.
garantía [garan'tia] *f* La palabra del Sr. Campos es para mí una garantía.	**Garantie** *f*, **Sicherheit** *f* Das Wort von Herrn Campos ist für mich eine Garantie.
garantizar [garanti'θar] *v.* (-c-) Nos garantizaron que esta tela no encoge.	**garantieren, ver-, zusichern** Man versicherte uns, daß dieser Stoff nicht eingehen würde.
misterioso [miste'rĭoso], **-a** *adj.* La actitud de este policía es misteriosa.	**geheimnisvoll, mysteriös** Das Verhalten dieses Polizisten ist mysteriös.
precisamente [preθisa'mente] *adv.* Paco vino precisamente cuando cenábamos.	**ausgerechnet, gerade** Paco kam ausgerechnet, als wir zu Abend aßen.
prueba ['prŭeƀa] *f* Las malas notas son la prueba de tu pereza.	**Beweis** *m* Die schlechten Noten sind der Beweis für deine Faulheit.
real [rre'al] *adj.* Los hechos de esta novela sucedieron en la vida real.	**wirklich** Die Geschehnisse in diesem Roman sind im wirklichen Leben passiert.
realista [rrea'lista] *adj.* Tu madre fue siempre una mujer realista.	**realistisch** Deine Mutter war immer eine realistische Frau.
sin duda alguna [sin 'duđa al'guna] Sin duda alguna este hombre es un estafador.	**ohne jeden Zweifel, ganz sicher** Dieser Mann ist ohne jeden Zweifel ein Schwindler.
verdaderamente [berđađera'mente] *adv.* Verdaderamente fue una sorpresa el resultado de este torneo.	**wirklich** Das Ende dieses Turniers war wirklich eine Überraschung.
verdadero [berđa'đero], **-a** *adj.* Esta novela se basa en sucesos verdaderos.	**wahr, echt** Dieser Roman beruht auf wahren Ereignissen.

1.1.3.4.5 Positive Wertung

«1–2000»

agradable [agra'đaƀle] *adj.* — **angenehm**
La fiesta de ayer resultó muy agradable.
Das gestrige Fest war sehr nett.

bien [bĭen] *adv.* — **gut**
La abuela durmió bien durante toda la noche.
Die Großmutter hat die ganze Nacht gut geschlafen.

bueno ['bŭeno], **-a** *adj.* — **gut**
Don Manuel es una buena persona.
Don Manuel ist ein guter Mensch.

cómodo ['komođo], **-a** *adj.* — **bequem**
Estos muebles son cómodos, pero no los encuentro bonitos.
Diese Möbel sind bequem, aber ich finde sie nicht schön.

corresponder [korrespon'der] *v.* — **entsprechen**
Este mapa no corresponde ya a la realidad.
Diese Landkarte entspricht nicht mehr der Wirklichkeit.

divertido [diƀer'tiđo], **-a** *adj.* — **unterhaltsam, vergnüglich**
La obra de teatro de ayer fue muy divertida.
Das gestrige Theaterstück war sehr unterhaltsam.

estupendo [estu'pendo], **-a** *adj.* — **großartig, toll** (F)
El partido de ayer fue estupendo. Eso sí es fútbol.
Das gestrige Spiel war toll. Das ist wirklich Fußball!

excelente [esθe'lente] *adj.* — **ausgezeichnet**
El jefe de personal es un hombre excelente.
Der Personalchef ist ein ausgezeichneter Mann.

extraordinario [estraorđi'narĭo], **-a** *adj.* — **außergewöhnlich, außerordentlich**
Es extraordinario todo lo que se puede hacer con un ordenador.
Es ist außergewöhnlich, was man mit einem Computer alles machen kann.

famoso [fa'moso], **-a** *adj.* — **berühmt**
Esta obra famosa de Miró vale millones de pesetas.
Dieses berühmte Werk von Miró ist Millionen Peseten wert.

gustar [gus'tar] *v.* — **gefallen**
Me gusta mucho el vestido que llevas hoy.
Das Kleid, das du heute trägst, gefällt mir sehr.

interesante [intere'sante] *adj.* El discurso del canciller fue interesante. ¿Verdad?	**interessant** Die Rede des Kanzlers war interessant. Nicht wahr?
justo ['xusto], **-a** *adj.* Un buen árbitro tiene que ser justo.	**gerecht** Ein guter Schiedsrichter muß gerecht sein.
magnífico [mag'nifiko], **-a** *adj.* Este vino tinto español es magnífico.	**herrlich, vorzüglich** Dieser spanische Rotwein ist vorzüglich.
mejor [me'xor] *adj.* Esta casa está mejor que la nuestra.	**besser** Dieses Haus ist besser als unseres.
mejor [me'xor] *adv.* Tú cantas mucho mejor que yo.	**besser; am besten** Du singst viel besser als ich.
(el, la) mejor [me'xor] *adj.* ¿Quién es la mejor alumna en tu clase?	**beste(r, -s)** Wer ist die beste Schülerin in deiner Klasse?
perfectamente [perfekta'mente] *adv.* Este intérprete habla perfectamente cinco idiomas.	**vollkommen, perfekt** Dieser Dolmetscher spricht fünf Sprachen perfekt.
perfecto [per'fekto], **-a** *adj.* La actuación de esta soprano ha sido perfecta.	**vollkommen, vollendet, perfekt** Die Darbietung dieser Sopranistin war vollkommen.
práctico ['praktiko], **-a** *adj.* Los envases desechables resultan prácticos.	**praktisch** Wegwerfpackungen sind praktisch.
preferir [prefe'rir] *v.* (*irr.* 21) Prefiero el vino tinto al blanco.	**lieber haben, vorziehen** Ich trinke lieber Rotwein als Weißwein.
simpático [sim'patiko], **-a** *adj.* La novia de Luis no es bonita, pero sí muy simpática.	**nett, sympathisch** Die Verlobte von Luis ist nicht hübsch, aber sehr nett.
valer [ba'ler] *v.* (*irr.* 34) Esta esmeralda vale dos mil dólares.	**wert sein** Dieser Smaragd ist zweitausend Dollar wert.
valer la pena [ba'ler la 'pena] La película «Carmen» vale la pena verla.	**sich lohnen** Es lohnt sich, den Film „Carmen" anzuschauen.

«2001–4000»

adecuado [ađe'kŭađo], **-a** *adj.* Este es el método más adecuado para aprender español.	**geeignet, angemessen** Dies ist die beste Methode, um Spanisch zu lernen.
admirar [ađmi'rar] *v.* Admiramos tu labor como jefe del centro de computación.	**bewundern** Wir bewundern deine Arbeit als Leiter des Rechenzentrums.
apreciar [apre'θĭar] *v.* Juan aprecia tu confianza.	**schätzen** Juan schätzt dein Vertrauen.
conveniente [kombe'nĭente] *adj.* Sería conveniente que estudies más.	**zweckmäßig, sinnvoll** Es wäre sinnvoll, daß du mehr lernst.
escoger [esko'xer] *v.* (-j-) ¡Escoja uno de estos libros!	**aussuchen, -wählen** Suchen Sie eines von diesen Büchern aus!
fantástico [fan'tastiko], **-a** *adj.* El programa que nos proponéis es fantástico.	**großartig, phantastisch** Das Programm, das Ihr uns vorschlagt, ist phantastisch.
formidable [formi'đaƀle] *adj.* Esta dieta es formidable: en tres días se pierden dos kilos.	**toll** (F), **super** (F) Diese Diät ist toll, in drei Tagen nimmt man zwei Kilo ab.
maravilla [mara'ƀiʎa] *f* El «Concorde» es una maravilla por su velocidad.	**Wunder** *n* Die „Concorde" ist ein Wunder wegen ihrer Geschwindigkeit.
útil ['util] *adj.* Los electrodomésticos son muy útiles.	**nützlich** Die Elektrogeräte sind sehr nützlich.
valor [ba'lor] *m* Este collar de perlas es de un gran valor.	**Wert** *m* Diese Perlenkette hat einen hohen Wert.

1.1.3.4.6 Neutrale und negative Wertung

«1–2000»

aburrido [aƀu'rriđo], **-a** *adj.* ¡Vámonos!, esta fiesta está aburrida.	**langweilig** Gehen wir! Dieses Fest ist langweilig.

antipático [anti'patiko], **-a** *adj.* ¡Qué tipo más antipático eres!	**unsympathisch** Was bist du für ein unsympathischer Kerl!
curioso [ku'rĭoso], **-a** *adj.* Es curioso que tu madre no me salude.	**merkwürdig, seltsam** Es ist merkwürdig, daß deine Mutter mich nicht grüßt.
extraño [es'traɲo], **-a** *adj.* La anciana que se suicidó era una persona extraña.	**merkwürdig, seltsam** Die alte Frau, die Selbstmord begangen hat, war eine seltsame Person.
mal [mal] *adv.* Estos pintores han trabajado muy mal.	**schlecht** Diese Maler haben sehr schlecht gearbeitet.
malo ['malo], **-a** *adj.* Este chico es realmente malo.	**schlecht, böse** Dieser Junge ist wirklich böse.
peor [pe'or] *adj.* Hoy el tiempo ha sido aún peor que ayer.	**schlechter, schlimmer** Heute war das Wetter noch schlechter als gestern.
peor [pe'or] *adv.* José lee peor que Claudio. Claudio es el que peor escribe en mi clase.	**schlechter; am schlechtesten** José liest schlechter als Claudio. In meiner Klasse schreibt Claudio am schlechtesten.
(el, la) peor [pe'or] *adj.* Juan es el peor alumno de la 3ª clase.	**schlechteste(r, -s), schlimmste(r, -s)** Juan ist der schlechteste Schüler der 3. Klasse.
quejarse [ke'xarse] *v.* Los turistas se quejaron del retraso del avión.	**sich beklagen, sich beschweren** Die Touristen beschwerten sich über die Verspätung des Flugzeugs.
raro ['rraro], **-a** *adj.* ¡Qué niño más raro es tu hijo!	**seltsam, merkwürdig** Was für ein seltsames Kind dein Sohn ist!
reclamación [rreklama'θĭon] *f* Aquí hay un error, haré una reclamación al banco.	**Beschwerde** *f*, **Beanstandung** *f* Hier ist ein Fehler, ich werde bei der Bank reklamieren.
terrible [te'rriƀle] *adj.* Sebastián es un niño terrible.	**schrecklich** Sebastian ist ein schreckliches Kind.

«2001–4000»

al revés [al rre'ƀes] *adv.*	**verkehrt**
¡Juanito! Tienes la chaqueta puesta al revés.	Juanito! Du hast die Jacke verkehrt angezogen.
desigual [desi'gŭal] *adj.*	**ungleich, verschieden**
Estos hermanos son muy desiguales.	Diese Geschwister sind sehr verschieden.
desigualdad [desigŭal'đađ] *f*	**Ungleichheit** *f*
La desigualdad de clases sociales en el Perú es enorme.	Die Ungleichheit der sozialen Klassen in Peru ist gewaltig.
falso ['falso], **-a** *adj.*	**falsch**
¡Cuidado!, este tipo es falso.	Vorsicht, dieser Kerl ist falsch!
horrible [o'rrible] *adj.*	**schrecklich, gräßlich**
Este verano ha sido horrible: casi siempre ha llovido.	Dieser Sommer war schrecklich, fast immer hat es geregnet.
idiota [i'đĭota] *adj.*	**blöd(sinnig), dämlich**
Tu actitud con tu novio la encuentro idiota.	Dein Verhalten deinem Verlobten gegenüber finde ich blöd.
inadecuado [inađe'kŭađo], **-a** *adj.*	**ungeeignet, unangemessen**
Las medidas del gobierno contra el SIDA son inadecuadas.	Die Maßnahmen der Regierung gegen AIDS sind ungeeignet.
increíble [iŋkre'iƀle] *adj.*	**unglaublich**
¡Es increíble! Has gastado diez mil marcos en un mes.	Es ist unglaublich! Du hast in einem Monat 10000 Mark ausgegeben.
injusto [iŋ'xusto], **-a** *adj.*	**ungerecht**
Tuve un suspenso en inglés, lo considero injusto.	In Englisch fiel ich durch; ich halte das für ungerecht.
insoportable [insopor'taƀle] *adj.*	**unerträglich**
El calor que hizo ayer era insoportable.	Die Hitze war gestern unerträglich.
inútil [in'util] *adj.*	**nutz-, sinnlos; unnötig**
Todos mis esfuerzos han sido inútiles, estoy en quiebra.	All meine Anstrengungen waren nutzlos, ich bin pleite.

reclamar [rrekla'mar] *v.* — **beanstanden**

Este cuarto está frío; iré a recepción a reclamar. — Das Zimmer ist kalt, ich werde mich beim Empfang beschweren.

---

ridículo [rri'đikulo], **-a** *adj.* — **lächerlich**

Con esta minifalda se te ve ridícula. — Mit diesem Minirock siehst du lächerlich aus.

---

tremendo [tre'mendo], **-a** *adj.* — **schrecklich, fürchterlich**

Ayer hizo un frío tremendo. — Gestern war es schrecklich kalt.

---

vulgar [bul'gar] *adj.* — **vulgär**

Esta mujer tiene un aspecto vulgar. — Diese Frau sieht vulgär aus.

1.1.3.4.7 Wunsch, Bitte, Notwendigkeit

«1–2000»

desear [dese'ar] *v.* — **wünschen**

Cuando cumpla 50 años desearía una gran fiesta. — Zu meinem 50. Geburtstag wünsche ich mir ein großes Fest.

Os deseo unas felices vacaciones en el Caribe. — Ich wünsche euch schöne Ferien in der Karibik.

---

me gustaría [me gusta'ria] — **ich würde gern, ich möchte (gern)**

El próximo verano me gustaría ir a Atenas. — Nächsten Sommer möchte ich nach Athen fahren.

---

insistir [insis'tir] *v.* — **darauf bestehen**

El doctor insiste en llevarte a la clínica. — Der Arzt besteht darauf, dich ins Krankenhaus zu bringen.

---

invitar [imbi'tar] *v.* — **auffordern**

La policía invitó a los manifestantes a retirarse. — Die Polizei forderte die Demonstranten auf, wegzugehen.

---

necesario [neθe'sarĭo], **-a** *adj.* — **notwendig, nötig**

Es necesario luchar contra la polución del aire. — Es ist notwendig, gegen die Luftverschmutzung zu kämpfen.

---

necesidad [neθesi'đađ] *f* — **Notwendigkeit** *f*

No veo la necesidad de comprarnos un nuevo coche. — Ich sehe keine Notwendigkeit, ein neues Auto zu kaufen.

necesitar [neθesi'tar] *v.*	**brauchen, benötigen**
Necesitamos una sierra para cortar este árbol.	Wir brauchen eine Säge, um diesen Baum abzusägen.
pedir (algo a alg.) [pe'đir] *v.* (*irr.* 21)	(j-n um etw.) **bitten**
Les pido más comprensión con este chico.	Ich bitte Sie um mehr Verständnis für diesen Jungen.
proponer [propo'ner] *v.* (*irr.* 25)	**vorschlagen**
Se proponen nuevas medidas de seguridad: ...	Es werden neue Sicherheitsmaßnahmen vorgeschlagen: ...
querer [ke'rer] *v.* (*irr.* 26)	**wollen, mögen**
¿Qué quieres tomar, vino o cerveza?	Was möchtest du trinken, Wein oder Bier?
Mi hijo quiere ser médico.	Mein Sohn will Arzt werden.
quisiera [ki'sĭera]	**ich möchte, ich hätte gern**
Quisiera una taza de café.	Ich hätte gern eine Tasse Kaffee.
renunciar (a) [rrenun'θĭar] *v.*	**verzichten** (auf)
He renunciado a todos mis derechos de autor.	Ich habe auf all meine Autorenrechte verzichtet.

«2001–4000»

conviene [kom'bĭene]	**es ist zweckmäßig**
Conviene que hagamos una revisión de este trabajo.	Es ist zweckmäßig, daß wir diese Arbeit nachprüfen.
deseo [de'seo] *m*	**Wunsch** *m*
Siempre he tenido el deseo de comprarme un Porsche.	Ich hatte immer den Wunsch, mir einen Porsche zu kaufen.
Mis mejores deseos de que se recupere pronto.	Meine besten Wünsche für eine baldige Genesung.
elegir [ele'xir] *v.* (*irr.* 21; -j-)	**(aus)wählen, aussuchen**
¡Elija Vd. las fotos que más le gusten!	Suchen Sie sich die Fotos aus, die Ihnen am besten gefallen.
escoger [esko'xer] *v.* (-j-)	**(aus)wählen**
Entre todas estas ofertas tenemos que escoger la mejor.	Unter all diesen Angeboten müssen wir das beste auswählen.
exigir [egsi'xir] *v.* (-j-)	**verlangen, fordern**
Este trabajo exige mucha concentración.	Diese Arbeit verlangt viel Konzentration.

hacer falta [a'θer 'falta]	**nötig sein, brauchen**
Nos hace falta un camarero más.	Wir brauchen noch einen Kellner.
Hace falta mucha paciencia para cuidar a este enfermo.	Man braucht viel Geduld, um diesen Kranken zu pflegen.
indispensable [indispen'sable] *adj.*	**unerläßlich, unentbehrlich**
Para las vacaciones, llevaremos sólo lo indispensable.	In den Urlaub nehmen wir nur das Nötigste mit.
preciso [pre'θiso], **-a** *adj.*	**nötig**
No es preciso que Vd. me dé un recibo.	Es ist nicht nötig, daß Sie mir eine Quittung geben.
rogar [rro'g̱ar] *v.* (*irr.* 7; -gu-)	**bitten**
Les ruego apagar la luz cuando salgan.	Ich bitte Sie, das Licht auszuschalten, wenn Sie weggehen.

1.1.3.4.8 Höflichkeitsformeln

«1–2000»

¡adelante! [ađe'lante]	**herein!**
¡Adelante! ¡Qué bien que ya están aquí!	Herein! Wie schön, daß Sie schon hier sind!
adiós [a'đĭos]	**auf Wiedersehen**
Adiós, espero que nos veremos el próximo verano.	Auf Wiedersehen, ich hoffe, wir sehen uns nächsten Sommer.
buen viaje ['bŭem bi'axe]	**gute Fahrt!, gute Reise!**
¡Adiós y buen viaje!	Auf Wiedersehen und gute Reise!
buenas noches ['bŭenaz 'notʃes]	**guten Abend** (*nach dem Abendessen*); **gute Nacht**
Buenas noches, Pepito. – Buenas noches, tío, qué alegría verte otra vez.	Guten Abend, Pepito. – Guten Abend, Onkel, welche Freude, dich wiederzusehen.
buenas tardes ['bŭenas 'tarđes]	**guten Tag** (*ab mittags*); **guten Abend** (*bis zum Abendessen*)
Buenas tardes, niños. En cinco minutos comienza la película.	Guten Abend, Kinder. In fünf Minuten beginnt der Film.
buenos días ['bŭenoz 'đias]	**guten Tag** (*bis mittags*); **guten Morgen**
¡Buenos días, señor director!	Guten Morgen, Herr Direktor!

¿cómo está usted? ['komo es'ta us'teđ] Buenos días, señor Vargas. ¿Cómo está usted? – Bien, gracias.	**wie geht es Ihnen?** Guten Tag, Herr Vargas. Wie geht es Ihnen? – Danke, gut.
de nada [de 'nađa] Muchas gracias por las hermosas flores. – De nada.	**bitte (sehr), keine Ursache** Vielen Dank für die schönen Blumen. – Bitte.
don [don] Don Manuel, lo llaman por teléfono.	**Herr** *(mit Vornamen)* Herr Manuel, Sie werden am Telefon verlangt.
doña ['doɲa] Doña María no está en este momento.	**Frau** *(mit Vornamen)* Frau Maria ist im Augenblick nicht da.
encantado [eŋkan'tađo], **-a** Encantado de conocerle.	**es freut mich, sehr erfreut** Es freut mich, Sie kennenzulernen.
¡felicidades! [feliθi'đađes] Hoy es tu cumpleaños. ¡Muchas felicidades!	**herzliche Glückwünsche!** Heute ist dein Geburtstag. Viele herzliche Glückwünsche!
gracias ['graθĭas] Os deseamos un feliz Año Nuevo. – Gracias, igualmente.	**danke** Wir wünschen euch ein gutes neues Jahr. – Danke, gleichfalls!
hasta luego ['asta 'lŭego]	**bis gleich, auf Wiedersehen**
¡hola! ['ola] ¡Hola Antonio! Qué sorpresa verte.	**hallo!, grüß dich!, Tag!** Hallo Antonio! Was für eine Überraschung, dich zu sehen.
muchas gracias ['mutʃaz 'graθĭas] Muchas gracias por tu llamada.	**vielen Dank!** Vielen Dank für deinen Anruf!
muchísimas gracias [mu'tʃisimaz 'graθĭas]	**vielen herzlichen Dank**
¡pase usted! ['pase us'teđ] Buenos días, doctor. – Buenos días, señorita, ¡pase usted, por favor!	**treten Sie ein!, gehen Sie bitte hinein** Guten Tag, Herr Doktor. – Guten Tag, (mein Fräulein,) treten Sie bitte ein!

por favor [por fa'bor] Por favor, ¿puede entregar esta carta a su jefe?	**bitte** Können Sie bitte diesen Brief Ihrem Chef übergeben?
¿qué tal? [ke tal] ¡Hola, Darío! ¿Qué tal estás? – Yo muy bien, ¿y tú?	**wie geht's?** Grüß dich, Darío! Wie geht's dir? – Mir geht's gut; und dir?
señor [se'ɲor] *m* Señor, ¿quiere ver usted su habitación?	**Herr** *m (oft unübersetzt)* (Mein Herr,) möchten Sie Ihr Zimmer sehen?
señora [se'ɲora] *f* Buenas tardes, señora, ¿en qué puedo servirla?	**Frau** *f (oft unübersetzt)* Guten Tag (‚gnädige Frau). Womit kann ich Ihnen dienen?
señorita [seɲo'rita] *f* Señorita, ¿quiere usted sacarme esta carta a máquina?	**Fräulein** *n (oft unübersetzt)* (Fräulein,) würden Sie mir bitte diesen Brief tippen?

«2001–4000»

atentamente [atenta'mente] En espera de sus noticias, le saludo atentamente, ...	**hochachtungsvoll, mit freundlichen Grüßen** In Erwartung Ihrer Nachricht verbleibe ich mit freundlichen Grüßen ...
con mucho gusto [kom 'mutʃo 'gusto] ¿Me podría usted prestar el periódico? – Con mucho gusto.	**sehr gern** Können Sie mir die Zeitung leihen? – Sehr gern.
con un cordial saludo [kon uŋ kor'đial sa'luđo] Con un cordial saludo se despide su amigo ...	**mit herzlichen Grüßen** Mit herzlichen Grüßen verbleibe ich Ihr Freund ...
de parte de [de 'parte đe] Don José, le traigo un saludo de parte de mi mujer.	**von, seitens, im Namen** Don José, ich bringe Ihnen Grüße von meiner Frau.
estimado [esti'mađo], **-a** *adj.* Estimado Sr. Rojas:	*(Briefanfang)* **sehr geehrter, sehr geehrte** Sehr geehrter Herr Rojas,
hasta el domingo ['asta el do'miŋgo]	**bis Sonntag**
hasta mañana ['asta ma'ɲana]	**bis morgen**

hasta pronto ['asta 'pronto]	**bis bald**
lo siento [lo 'sĭento] Lo siento, no puedo atenderle ahora.	**das (es) tut mir leid** Es tut mir leid, ich kann mich Ihnen jetzt nicht widmen.
muy señor mío [mŭi se'ɲor 'mio] Muy señor mío: *(Briefanfang)*	**sehr geehrter Herr** Sehr geehrter Herr,
no hay de qué [no aĭ đe ke] Mil gracias por tu hermoso regalo. – No hay de qué.	**nichts zu danken** Vielen Dank für dein schönes Geschenk! – Nichts zu danken.
¡perdón! [per'đon] ¡Perdón! No sabía que tenía usted visita.	**Verzeihung!, Entschuldigung!** Entschuldigung! Ich wußte nicht, daß Sie Besuch haben.
perdona [per'đona] Perdona. Me es imposible acompañarte.	**entschuldige bitte** Entschuldige bitte. Ich kann dich nicht begleiten.
¡que aproveche! [ke apro'ƀetʃe] ¡Que aproveche! – Gracias, igualmente.	**guten Appetit!** Guten Appetit! – Danke, gleichfalls.
¡que te diviertas! [ke te đi'bĭertas] Hasta luego, ¡que te diviertas en la fiesta!	**viel Vergnügen!, viel Spaß!** Auf Wiedersehen und viel Spaß auf dem Fest!
querido [ke'riđo], **-a** *adj.* Querida María: *(Briefanfang)*	**liebe(r)** Liebe Maria,
recuerdos [rre'kŭerđos] *mpl.* Mil recuerdos a tu madre.	**Grüße** Viele Grüße an deine Mutter.
un abrazo [un a'ƀrazo] un fuerte abrazo *(Briefschluß)*	**herzlichst** herzlichst, mit herzlichen Grüßen

1.1.3.4.9 Ausrufe und Gesprächsfloskeln
(Siehe auch ZUSTIMMUNG UND ABLEHNUNG 1.1.3.4.3)

«1–2000»

¡anda! ['anda] ¡Anda!, se me ha partido la llave del coche.	**sieh mal einer an, (na) so was!** Na so was! Mein Autoschlüssel ist zerbrochen.

a propósito [a pro'posito] A propósito de fútbol, ¿sabes que ganó Brasil?	**übrigens, apropos** Apropos Fußball, weißt du, daß Brasilien gewonnen hat?
a ver [a ƀer] A ver, ¡enséñame la rodilla! No es nada.	**mal sehen, mal ...** Zeig mal dein Knie. Es ist nichts Schlimmes.
bueno ['bŭeno] Bueno, ha llegado el momento de irme.	**na schön!, also** Na schön, es ist Zeit, daß ich gehe.
¡cuidado! [kŭi'đađo] ¡Cuidado! No sea que te caigas.	**Vorsicht!** Vorsicht! Fall bloß nicht hin!
de todos modos [de 'tođoz 'mođos] Tenemos muy poco tiempo, pero de todos modos iremos a verte.	**auf alle Fälle, jedenfalls** Wir haben (zwar) sehr wenig Zeit, aber wir besuchen dich auf alle Fälle.
en fin [em'fin] He roto cuatro copas; en fin, ¡qué le vamos a hacer!	**nun ja, na ja** Ich habe vier Weingläser zerbrochen. Na ja, da kann man nichts machen.
es que [es ke] ¿Vienes a la fiesta? – No, es que estoy cansado.	**nämlich, einfach** Kommst du zur Party? – Nein, ich bin einfach zu müde.
está bien [es'ta 'ƀĭen] ¿Nos podemos encontrar a las 18 horas? – Está bien. ¿En dónde?	**(es ist) gut, in Ordnung** Können wir uns um 18 Uhr treffen? – In Ordnung. Wo?
por cierto [por 'θĭerto] Mañana llega mi novia. Por cierto, ¿la conoces?	**übrigens** Morgen kommt meine Verlobte an. Kennst du sie übrigens?
por decirlo así [por đe'θirlo a'si] Pedro fue, por decirlo así, el único gallo del corral.	**sozusagen** Pedro war sozusagen Hahn im Korbe.
pues ['pŭes] ¿Estás enfermo?, pues, ¡vete a casa y acuéstate!	**nun, also; aber, dann** Du bist krank? Dann geh nach Haus und leg dich ins Bett.
¡qué lástima! [ke 'lastima] ¡Qué lástima! Tenemos que regresar a Madrid.	**wie schade!** Wie schade! Wir müssen nach Madrid zurück.

¡qué pena! [ke 'pena] ¡Qué pena! Mañana se terminan las vacaciones.	**wie schade!** Wie schade! Morgen sind die Ferien zu Ende.
¡vale! ['bale] ¿Jugamos al ajedrez? – ¡Vale!	**es ist gut, o.k., in Ordnung** Wollen wir Schach spielen? – O.K.!
vamos, vámonos ['bamo(no)s] Dentro de poco va a llover, ¡vámonos!	**gehen wir, los!** Es wird gleich regnen, gehen wir!
¡vamos! ['bamos] ¡Vamos, Manuel, no te enfades por tan poca cosa!	**na so was!; aber (aber)** Aber, Manuel, ärgere dich nicht wegen so einer Kleinigkeit!
ya lo creo [ja lo 'kreo] Este calor te hace polvo. – Ya lo creo.	**das will ich meinen!, weiß Gott!** Diese Hitze macht einen fertig. – Das will ich meinen.

«2001–4000»

¡atención! [aten'θĭon] ¡Atención!, el disco va a cambiar a rojo.	**Achtung!, Vorsicht!** Vorsicht! Die Ampel schaltet gleich auf rot.
¡basta!, basta de ['basta đe] ¡Basta de chistes y a trabajar!	**genug!, Schluß (mit)!** Jetzt ist Schluß mit den Witzen. An die Arbeit!
de veras [de 'ƀeras] ¿Sabes que me tocó la lotería? – ¡De veras!	**wirklich** Weißt Du, daß ich in der Lotterie gewonnen habe? – Ach wirklich?
¡oiga! ['oĭga] ¡Oiga, señor! Se le han caído las llaves.	**hören Sie (mal)!** Hören Sie! Sie haben Ihre Schlüssel fallen lassen.
¡ojalá! [oxa'la] ¡Ojalá podamos volver algún día a Toledo!	**hoffentlich** Hoffentlich kommen wir eines Tages wieder nach Toledo.
¡ojo! ['oxo] ¡Ojo con los ladrones! Esta calle es muy peligrosa.	**Vorsicht!** Vorsicht vor Dieben! Diese Straße ist sehr gefährlich.
por Dios [por 'đĭos] ¡Por Dios!, el coste de la vida ha subido otra vez.	**um Gottes willen, mein Gott** Mein Gott! Die Lebenshaltungskosten sind schon wieder gestiegen.

por si acaso [por si a'kaso] Llevémonos el paraguas por si acaso.	**für alle Fälle** Nehmen wir für alle Fälle den Regenschirm mit.
¡qué barbaridad! [ke ƀarƀari'đađ] ¡Qué barbaridad! ¡Cuánto dinero gastas!	**unglaublich!** Unglaublich, wieviel Geld du ausgibst!
¡silencio! [si'lenθĭo] ¡Silencio, por favor! Estamos en una biblioteca.	**Ruhe (bitte)!** Ruhe bitte! Wir sind in einer Bibliothek.
¡socorro! [so'korro] ¡Socorro! Estoy herido.	**Hilfe!** Hilfe, ich bin verletzt!
total [to'tal] Me he comprado pantalones, camisas ... Total, me he gastado medio sueldo.	**kurz (und gut), also; schließlich** Ich habe mir Hosen, Hemden gekauft, kurz und gut, ich habe mein halbes Monatsgehalt ausgegeben.
¡vaya! ['ƀaja] ¡Vaya!, ahora tendremos que repetir el trabajo.	**na so was!** Na so was, jetzt müssen wir die Arbeit noch mal machen.
¿y qué? [i'ke] Si no estudias, no te dejo salir. – ¡Y qué!	**na und?** Wenn du nicht lernst, darfst du nicht raus. – Na und?

1.1.4 DER MENSCH UND DIE GESELLSCHAFT

1.1.4.1 IDENTIFIZIERUNG

«1–2000»

apellido [ape'ʎiđo] *m* ¿Cuál es su apellido?	**Familienname** *m* Wie ist Ihr Familienname?
casado [ka'sađo], **-a** *adj.* Este hombre es casado y tiene dos hijos.	**verheiratet** Dieser Mann ist verheiratet und hat zwei Kinder.
chico ['tʃiko] *m*, **-a** *f* Gloria es una chica muy guapa.	**Junge** *m*, **Mädchen** *n* Gloria ist ein sehr hübsches Mädchen.
documento de identidad [doku'mento đe iđenti'đađ] *m* ¿Llevas tu documento de identidad?	**Personalausweis** *m* Hast du deinen Personalausweis dabei?

edad [e'đađ] *f*	**Alter** *n*
¿Qué edad tienen tus hijos? – Cuatro y diez años.	Welches Alter haben deine Kinder? – Vier und zehn Jahre.
hombre ['ombre] *m*	**Mensch** *m*
El hombre propone, Dios dispone.	Der Mensch denkt, Gott lenkt.
¡Hombre! ¿Te has vuelto loco?	Mensch(enskind), bist du verrückt geworden?
hombre ['ombre] *m*	**Mann** *m*
Los hombres no son tan curiosos como las mujeres.	Männer sind nicht so neugierig wie Frauen.
llamarse [ʎa'marse] *v.*	**heißen**
¿Cómo se llama Vd.?	Wie heißen Sie?
muchacho [mu'tʃatʃo] *m*, **-a** *f*	**Junge** *m*, **Mädchen** *n*
Pedro es un muchacho muy aplicado.	Pedro ist ein sehr fleißiger Junge.
mujer [mu'xer] *f*	**Frau** *f*
En este baile hay más mujeres que hombres.	Auf diesem Ball sind mehr Frauen als Männer.
niño ['niɲo] *m*, **-a** *f*	(kleiner) **Junge** *m*, (kleines) **Mädchen** *n*; **Kind** *n*
Estos niños harán su primera comunión el domingo.	Diese Kinder haben am Sonntag ihre Erstkommunion.
nombre ['nombre] *m*	**Name** *m*, **Vorname** *m*
¿Cuál es tu nombre? – María.	Wie ist dein Vorname? – Maria.
pasaporte [pasa'porte] *m*	**(Reise)Paß** *m*
No sé de memoria el número de mi pasaporte.	Ich weiß die Nummer meines Passes nicht auswendig.
persona [per'sona] *f*	**Person** *f*
En este ascensor caben ocho personas.	In diesem Aufzug haben acht Personen Platz.
señor [se'ɲor] *m*	**Herr** *m*
El director de la escuela es un señor muy serio.	Der Direktor der Schule ist ein sehr seriöser Herr.
señora [se'ɲora] *f*	**Frau** *f*, **Dame** *f*
La señora Sáenz pregunta por Vd.	Frau Sáenz fragt nach Ihnen.
Juliana es toda una señora.	Juliana ist eine wirkliche Dame.
señorita [seɲo'rita] *f*	**Fräulein** *n*
Señorita Gómez, su padre la espera en recepción.	Fräulein Gómez, Ihr Vater wartet beim Empfang auf Sie.

soltero [sol'tero], **-a** *adj.* Hoy en día hay muchas madres solteras.	**ledig, unverheiratet** Heutzutage gibt es viele ledige Mütter.

«2001–4000»

adulto [a'đulto] *m* Mañana empieza un curso de gimnasia para adultos.	**Erwachsener** *m* Morgen beginnt ein Gymnastikkurs für Erwachsene.
carné, carnet [kar'ne] *m* ¿Tiene Vd. carné de periodista?	**Ausweis** *m* Haben Sie einen Presseausweis?
divorciado [diƀor'θĭađo], **-a** *adj.* ¿Estás segura de que Antonio está divorciado?	**geschieden** Bist du sicher, daß Antonio geschieden ist?
humano [u'mano], **-a** *adj.* Es humano equivocarse. No le tengas miedo al decano, es muy humano.	**human, menschlich** Irren ist menschlich. Hab keine Angst vor dem Dekan. Er ist sehr menschlich.
joven ['xoƀen] *m/f* Esta joven es una buena estudiante.	**junger Mann** *m*; **junges Mädchen** *n*, **junge Frau** *f* Dieses junge Mädchen ist eine gute Studentin.
jóvenes ['xoƀenes] *mpl.* En la iglesia se ven pocos jóvenes.	**junge Leute** *pl.*, **Jugendliche** *pl.* In der Kirche sieht man wenig junge Leute.
llamar [ʎa'mar] *v.* A Pedro le llaman «el Cojo».	**nennen** Man nennt Pedro „den Lahmen".
nacionalidad [naθĭonali'đađ] *f* ¿Qué nacionalidad tiene tu esposa?	**Staatsangehörigkeit** *f* Welche Staatsangehörigkeit hat deine Frau?
personal [perso'nal] *adj.* En el pasaporte se indican las señas personales del titular.	**persönlich** Im Paß werden die persönlichen Merkmale des Inhabers angegeben.
raza ['rraθa] *f* Este hombre es de pura raza india.	**Rasse** *f* Dieser Mann ist ein reinrassiger Indianer.

sexo ['sekso] *m*
¿Por qué llaman a las mujeres el sexo débil?

Geschlecht *n*
Warum bezeichnet man die Frauen als das schwache Geschlecht?

---

soltero [sol'tero] *m*, **-a** *f*
Tu cuñado es un soltero empedernido.

Junggeselle *m*, **Junggesellin** *f*
Dein Schwager ist ein eingefleischter Junggeselle.

---

tío ['tio] *m* (F)
Ese tío quiere pedirme dinero, dile que no estoy.

Kerl *m* (F)
Der Kerl will Geld von mir; sag ihm, ich sei nicht da.

---

tipo ['tipo] *m* (F)
El jardinero es un tipo raro, ¿no te parece?

Typ *m* (F), **Kerl** *m* (F)
Der Gärtner ist ein komischer Kerl, meinst du nicht auch?

1.1.4.2 FAMILIE

«1–2000»

abuelo [a'bŭelo] *m*, **-a** *f*
Tu abuela fue una madre ejemplar.

Großvater *m*, **-mutter** *f*
Deine Großmutter war eine vorbildliche Mutter.

---

abuelos [a'bŭelos] *mpl.*
Los abuelos se irán a los Pirineos la próxima semana.

Großeltern *pl.*
Die Großeltern fahren nächste Woche in die Pyrenäen.

---

casarse [ka'sarse] *v.*
Cuando nos casamos, mi mujer tenía 20 años.

heiraten, sich verheiraten
Als wir heirateten, war meine Frau 20 Jahre alt.

---

familia [fa'milĭa] *f*
En Navidad se reúne toda la familia.

Familie *f*
Zu Weihnachten kommt unsere ganze Familie zusammen.

---

hermano [er'mano] *m*, **-a** *f*
¿Eres hija única? – No, tengo dos hermanas.

Bruder *m*, **Schwester** *f*
Bist du das einzige Kind? – Nein, ich habe zwei Schwestern.

---

hermanos [er'manos] *mpl.*
¿Tiene Vd. hermanos? – Sí, una hermana y un hermano.

Geschwister *pl.*
Haben Sie Geschwister? – Ja, eine Schwester und einen Bruder.

---

hijo ['ixo] *m*, **-a** *f*
¿Qué tal le va a tu hija en sus estudios?

Sohn *m*, **Tochter** *f*
Wie geht es deiner Tochter bei ihrem Studium?

hijos ['ixos] *mpl.* Una familia de dos hijos es lo ideal.	**Kinder** *npl.* Eine Familie mit zwei Kindern ist das Ideale.
madre ['maðre] *f* ¡Vamos chicos!, podéis ayudar a vuestra madre.	**Mutter** *f* Hört mal, Kinder, ihr könnt eurer Mutter helfen!
marido [ma'riðo] *m* No sé qué le pasa a mi marido.	**(Ehe)Mann** *m* Ich weiß nicht, was mit meinem Mann los ist.
matrimonio [matri'monĭo] *m* Gracias a su matrimonio con Lola, Juan es ahora un hombre rico. Parece que el matrimonio de Pepa va mal.	**Heirat** *f*; **Ehe** *f* Dank seiner Heirat mit Lola ist Juan jetzt ein reicher Mann. Anscheinend stimmt es in Pepas Ehe nicht.
matrimonio [matri'monĭo] *m* El matrimonio Valdés celebra mañana su aniversario de boda.	**Ehepaar** *n* Das Ehepaar Valdés feiert morgen seinen Hochzeitstag.
mayor [ma'jor] *adj.* El hijo mayor de Julio estudia derecho.	**älter** Julios ältester Sohn studiert Jura.
(el, la) mayor [ma'jor] Mi hermana es la mayor de la familia.	**Ältester** *m*, **Älteste** *f* Meine Schwester ist die Älteste in der Familie.
menor [me'nor] *adj.* Mi hermana menor se llama Laura.	**jünger** Meine jüngere Schwester heißt Laura.
(el, la) menor [me'nor] El menor de nuestros hijos tiene cinco años.	**Jüngster** *m*, **Jüngste** *f* Das jüngste unserer Kinder ist fünf Jahre alt.
mujer [mu'xer] *f* Tu mujer es una buena madre.	**(Ehe)Frau** *f* Deine Frau ist eine gute Mutter.
novio ['noƀĭo] *m*, **-a** *f* Te presento a mi novia. Mi novio es arquitecto.	**Bräutigam** *m*, **Verlobter** *m*, **Braut** *f*, **Verlobte** *f* Ich möchte dir meine Verlobte vorstellen. Mein Verlobter ist Architekt.
padre ['paðre] *m* ¿Qué profesión tiene tu padre?	**Vater** *m* Welchen Beruf hat dein Vater?
padres ['paðres] *mpl.* Los padres de Elena son muy severos.	**Eltern** *pl.* Elenas Eltern sind sehr streng.

«2001–4000»

boda ['bođa] *f* El próximo domingo será la boda de Paco.	**Hochzeit** *f* Nächsten Sonntag ist Pacos Hochzeit.
cuñado [ku'ɲađo] *m*, **-a** *f* ¿Por qué no esperamos a tu cuñada?	**Schwager** *m*, **Schwägerin** *f* Warum warten wir nicht auf deine Schwägerin?
divorciarse [diƀor'θĭarse] *v.* Dicen que los Alvarez se van a divorciar.	**sich scheiden lassen** Es heißt, daß die Alvarez sich scheiden lassen wollen.
divorcio [di'ƀorθĭo] *m* La mujer de Pepe ha pedido el divorcio.	**Scheidung** *f* Pepes Frau hat die Scheidung eingereicht.
esposo [es'poso] *m*, **-a** *f* Hasta luego, doctor. Muchos saludos a su esposa.	**(Ehe)Mann** *m*, **Gatte** *m*, **(Ehe-) Frau** *f*, **Gattin** *f* Auf Wiedersehen, Herr Doktor. Viele Grüße an Ihre Frau Gemahlin!
familiar [fami'lĭar] *adj.* Tengo un permiso de dos días por asuntos familiares.	**Familien...** Ich habe 2 Tage Urlaub wegen Familienangelegenheiten.
mamá [ma'ma] *f* (*pl.* mamás) Mamá, ¿puedes darme dinero para un helado?	**Mama** *f*, **Mutti** *f* Mama, kannst du mir Geld für ein Eis geben?
nieto ['nĭeto] *m*, **-a** *f* El abuelo está loco con su nieto.	**Enkel(in)** *m/f* Der Großvater ist ganz verrückt mit seinem Enkel.
nietos ['nĭetos] *mpl.* Es sabido que los abuelos miman a los nietos.	**Enkel(kinder)** *mpl.* (*npl.*) Großeltern verwöhnen bekanntlich ihre Enkel.
papá [pa'pa] *m* (*pl.* papás) Voy a decirle a mi papá que tú me has pegado.	**Papa** *m*, **Vati** *m* Das sage ich meinem Papa, daß du mich gehauen hast.
pariente [pa'rĭente] *m*, **-a** *f* Han venido a vernos nuestros parientes de Madrid.	**Verwandte(r)** *f* (*m*) Unsere Verwandten aus Madrid haben uns besucht.
primo ['primo] *m*, **-a** *f* La prima de tu madre nunca me ha caído simpática.	**Vetter** *m*, **Cousin** *m*, **Cousine** *f* Die Cousine deiner Mutter war mir nie sympathisch.

sobrino [so'ƀrino] *m,* **-a** *f*	**Neffe** *m,* **Nichte** *f*
¿Cómo se llama el sobrino de tu marido?	Wie heißt der Neffe deines Mannes?
suegro ['sŭeg̢ro] *m,* **-a** *f*	**Schwiegervater** *m,* **-mutter** *f*
Mi suegra es muy cariñosa con sus nietos.	Meine Schwiegermutter ist sehr lieb zu ihren Enkeln.
suegros ['sŭeg̢ros] *mpl.*	**Schwiegereltern** *pl.*
Mis suegros viven en León.	Meine Schwiegereltern leben in León.
tío ['tio] *m,* **tía** ['tia] *f*	**Onkel** *m,* **Tante** *f*
¡Chicos! Vuestro tío os está esperando.	Kinder, euer Onkel wartet auf euch.
tíos ['tios] *mpl.*	**Onkel** *m* **und Tante** *f*
Para tu cumpleaños hemos invitado a todos tus tíos.	Zu deinem Geburtstag haben wir alle deine Onkel und Tanten eingeladen.

1.1.4.3 SOZIALE BINDUNGEN

«1–2000»

amigo [a'mig̢o] *m,* **-a** *f*	**Freund(in)** *m(f)*
Mi primo tiene muy pocos amigos.	Mein Vetter hat sehr wenige Freunde.
¡Qué simpática es tu amiga Rosita!	Deine Freundin Rosita ist aber nett!
amistad [amis'tađ] *f*	**Freundschaft** *f*
Mi amistad con Inés viene desde nuestra infancia.	Meine Freundschaft mit Inés besteht seit unserer Kindheit.
amistades [amis'tađes] *fpl.*	**Bekannte** *pl.,* **Freunde(skreis)** *mpl.(m)*
Entre mis amistades hay muchos médicos.	Unter meinen Bekannten sind viele Ärzte.
compañero [kompa'ɲero] *m,* **-a** *f*	**Kamerad(in)** *m(f),* **Kollege** *m,* **Kollegin** *f;* **Mitschüler(in)** *m(f)*
Tu padre y yo fuimos compañeros en el bachillerato.	Dein Vater und ich waren Schulkameraden im Gymnasium.
compañía [kompa'ɲia] *f*	**Gesellschaft** *f*
Mientras tu esposo está de viaje, te voy a hacer compañía.	Während dein Mann verreist ist, werde ich dir Gesellschaft leisten.

común [ko'mun] *adj.* Nuestros gobiernos tienen intereses económicos comunes.	**gemeinsam** Unsere Regierungen haben gemeinsame Wirtschaftsinteressen.
gente ['xente] *f* La gente creída no me gusta.	**Leute** *pl.* Eingebildete Leute mag ich nicht.
grupo ['grupo] *m* Las excursiones en grupo pueden ser aburridas.	**Gruppe** *f* Gruppenausflüge können langweilig sein.
social [so'θĭal] *adj.* Carmen tiene muchos compromisos sociales.	**gesellschaftlich, sozial** Carmen hat viele gesellschaftliche Verpflichtungen.
vecino [be'θino] *m*, **-a** *f* Nuestro vecino es un hombre muy servicial.	**Nachbar(in)** *m(f)* Unser Nachbar ist ein sehr hilfsbereiter Mensch.

«2001–4000»

club [klub] *m* (*pl.* club[e]s) Somos socios del club San Andrés.	**Klub** *m* Wir sind Mitglieder des Klubs San Andrés.
colectivo [kolek'tiƀo], **-a** *adj.* En nuestra casa hay una antena colectiva.	**kollektiv, gemeinsam** Unser Haus hat eine Gemeinschaftsantenne.
colega [ko'lega] *m, f* Este libro me lo regalaron mís colegas.	**Kollege** *m*, **Kollegin** *f* Dieses Buch haben mir meine Kollegen geschenkt.
comunidad [komuni'đađ] *f* Los niños tienen que aprender a vivir en comunidad.	**Gemeinschaft** *f* Kinder müssen lernen, in einer Gemeinschaft zu leben.
conocido [kono'θiđo] *m*, **-a** *f* En la playa me encontré con varios conocidos.	**Bekannte(r)** *f(m)* Am Strand habe ich verschiedene Bekannte getroffen.
humanidad [umani'đađ] *f* La humanidad vive bajo la amenaza de una guerra atómica.	**Menschheit** *f* Die Menschheit lebt unter der Bedrohung eines Atomkrieges.
íntimo ['intimo], **-a** *adj.* Tu hijo es íntimo amigo del mío.	**intim, vertraut** Dein Sohn ist mit meinem eng befreundet.

miembro ['mĭembro] *m* Mi padre es miembro de la Academia de Medicina.	**Mitglied** *n* Mein Vater ist Mitglied der Akademie für Medizin.
organización [organiθa'θĭon] *f* La Cruz Roja es una organización internacional.	**Organisation** *f* Das Rote Kreuz ist eine internationale Organisation.
pareja [pa'rexa] *f* Juan y María hacen una buena pareja.	**Paar** *n* Juan und María sind ein schönes Paar.
sociedad [soθie'đađ] *f* La sociedad provinciana es conservadora.	**Gesellschaft** *f* Die Gesellschaft in der Provinz ist konservativ.
socio ['soθĭo] *m* Esta noche hay reunión de socios en el Club Unión.	**Mitglied** *n* Heute abend ist Mitgliederversammlung im Klub Unión.

1.1.4.4 BERUFE

«1–2000»

campesino [kampe'sino] *m*, **-a** *f* Los campesinos protestaron contra la política del gobierno.	**Bauer** *m*, **Bäuerin** *f* Die Bauern protestierten gegen die Politik der Regierung.
especialista [espeθĭa'lista] *m* Se necesitan especialistas en física nuclear.	**Fachmann** *m*, **Spezialist** *m* Es werden Fachleute für Kernphysik gesucht.
ingeniero [iŋxe'nĭero] *m* El ingeniero-jefe visitó las obras.	**Ingenieur** *m* Der Chefingenieur besichtigte die Baustelle.
mecánico [me'kaniko] *m* Juan es el mejor mecánico de este taller.	**Mechaniker** *m* Juan ist der beste Mechaniker dieser Werkstatt.
peluquero [pelu'kero] *m*, **-a** *f* ¿Es verdad que tu hermana es peluquera?	**Friseur** *m*, **Friseuse** *f* Stimmt es, daß deine Schwester Friseuse ist?
periodista [perĭo'đista] *m*, *f* Esta noche, el ministro recibirá a los periodistas.	**Journalist(in)** *m(f)* Heute abend empfängt der Minister die Journalisten.
portero [por'tero] *m* En muchas casas ya no hay porteros.	**Portier** *m*, **Hausmeister** *m* In vielen Häusern gibt es keine Hausmeister mehr.

profesión [profe'θĭon] *f* — **Beruf** *m*
¿Cuál es su profesión? — Was ist Ihr Beruf?

profesional [profesĭo'nal] *adj.* — **Berufs..., beruflich**
La orientación profesional es una institución muy útil. — Die Berufsberatung ist eine sehr nützliche Einrichtung.

secretaria [sekre'tarĭa] *f* — **Sekretärin** *f*
Mi secretaria trabaja todos los días hasta las cinco. — Meine Sekretärin arbeitet jeden Tag bis fünf Uhr.

«2001–4000»

arquitecto [arki'tekto] *m* — **Architekt** *m*
¿Qué arquitecto ha hecho el plano de tu casa? — Welcher Architekt hat den Plan für dein Haus gemacht?

carnicero [karni'θero] *m* — **Metzger** *m*, **Fleischer** *m*
Este carnicero vende la mejor carne de la ciudad. — Dieser Metzger verkauft das beste Fleisch in der Stadt.

cocinero [koθinero] *m*, **-a** *f* — **Koch** *m*, **Köchin** *f*
El cocinero de este restaurante es excelente. — Der Koch dieses Restaurants ist ausgezeichnet.

comerciante [komer'θĭante] *m, f* — **Kaufmann** *m*, **-frau** *f*
Mi hijo quiere ser comerciante. — Mein Sohn möchte Kaufmann werden.

electricista [elektri'θista] *m* — **Elektriker** *m*
El electricista vendrá mañana a arreglar la nevera. — Der Elektriker kommt morgen den Kühlschrank richten.

modista [mo'đista] *f* — **Schneiderin** *f*
Tu modista trabaja muy bien. — Deine Schneiderin arbeitet sehr gut.

oficio [o'fiθĭo] *m* — **Handwerk** *n*, **Beruf** *m*
En mi juventud aprendí el oficio de carpintero. — In meiner Jugend erlernte ich das Tischlerhandwerk.

panadero [pana'đero] *m* — **Bäcker** *m*
¿Qué te parece el nuevo panadero? — Was hältst du von unserem neuen Bäcker?

pescador [peska'đor] *m* — **Fischer** *m*
¿Han regresado ya los pescadores? – Sí, están en el puerto. — Sind die Fischer schon zurück? – Ja, sie sind im Hafen.

representante [rrepresen'tante] *m*	**Vertreter** *m*
Un representante de la casa Gómez pregunta por usted.	Ein Vertreter der Firma Gómez fragt nach Ihnen.
sastre ['sastre] *m*	**Schneider** *m*
¿Puedes recomendarme un buen sastre?	Kannst du mir einen guten Schneider empfehlen?
vendedor [bende'đor] *m*, **-a** *f*	**Verkäufer(in)** *m*(*f*)
María trabaja de vendedora en unos grandes almacenes.	Maria arbeitet als Verkäuferin in einem Kaufhaus.
zapatero [θapa'tero] *m*	**Schuster** *m*, **Schuhmacher** *m*
Voy a llevar estas botas al zapatero.	Ich bringe diese Stiefel zum Schuster.

1.1.4.5 SOZIALE POSITION

«1–2000»

categoría [katego'ria] *f*	**Rang** *m*, **Kategorie** *f*
Concha es de una familia de mucha categoría.	Concha kommt aus einer hochgestellten Familie.
influencia [im'flŭenθĭa] *f*	**Einfluß** *m*
Mi tío tiene mucha influencia con el alcalde.	Mein Onkel hat großen Einfluß beim Bürgermeister.
jefe ['xefe] *m*	**Chef** *m*; **Oberhaupt** *n*
Cuando el jefe no está, nadie trabaja.	Wenn der Chef nicht da ist, arbeitet niemand.
El papa es el jefe de la Iglesia Católica.	Der Papst ist das Oberhaupt der katholischen Kirche.
mandar [man'dar] *v.*	**befehlen**
Haremos lo que Vd. nos mande.	Wir tun, was Sie uns befehlen.
posición [posi'θĭon] *f*	**Stellung** *f*, **Position** *f*
Mi primo ha alcanzado una buena posición en la firma.	Mein Vetter hat eine gute Position in der Firma erreicht.
reconocer [rrekono'θer] *v.* (*irr.* 5)	**anerkennen**
Todos reconocemos tus méritos.	Alle erkennen wir deine Verdienste an.
respetar [rrespe'tar] *v.*	**achten, respektieren**
Nadie respeta al jefe.	Niemand hat Respekt vor dem Chef.

«2001–4000»

dueño ['dŭeɲo] *m* — **Herr** *m* (*über etw.*)
En este momento el dueño de la casa no está. — Im Augenblick ist der Hausherr nicht da.

estimar [esti'mar] *v.* — **schätzen, (hoch)achten**
Todo el mundo estima a nuestro alcalde. — Jedermann schätzt unseren Bürgermeister.

honor [o'nor] *m* — **Ehre** *f*
Es un honor para mí darles la bienvenida. — Es ist mir eine Ehre, Sie willkommen zu heißen.

merecer [mere'θer] *v.* (*irr.* 5) — **verdienen**
A José le han aumentado el sueldo. – Se lo merece. — José erhielt eine Gehaltserhöhung. – Er hat es verdient.

noble ['noƀle] *adj.* — **adlig**
Creo que esta señora es de origen noble. — Ich glaube, daß diese Dame adliger Herkunft ist.

obedecer [oƀeđe'θer] *v.* (*irr.* 5) — **gehorchen**
¿Qué hacemos con Paquita que no obedece a nadie? — Was machen wir mit Paquita, die niemandem gehorcht?

personaje [perso'naxe] *m* — **Persönlichkeit** *f*
Tu marido es todo un personaje. — Dein Mann ist eine bedeutende Persönlichkeit.

presidente [presi'đente] *m*, **-a** *f* — **Präsident(in)** *m*(*f*), **Vorsitzende(r)** *f*(*m*)
¿Quién es el presidente del club de tenis? — Wer ist der Vorsitzende des Tennisklubs?

respeto [rres'peto] *m* — **Achtung** *f*, **Respekt** *m*
Lo que ha hecho este hombre merece nuestro respeto. — Was dieser Mann gemacht hat, verdient unsere Achtung.

título ['titulo] *m* — **Titel** *m*
Creo que este señor tiene el título de doctor. — Ich glaube, daß dieser Herr den Doktortitel hat.

1.1.4.6 POSITIVES UND NEUTRALES SOZIALVERHALTEN

«1–2000»

acompañar [akompa'ɲar] *v.* — **begleiten**
Te voy a acompañar a la estación. — Ich begleite dich zum Bahnhof.

agradecer (algo a alg.) [agra-đe'θer] *v.* (*irr.* 5)	(j-m für etw.) **danken**
Le agradezco su carta del 15 de noviembre.	Ich danke Ihnen für Ihren Brief vom 15. November.
ayuda [a'juđa] *f*	**Hilfe** *f*
El pianista hizo su camino sin ayuda de nadie.	Der Pianist machte seinen Weg ohne fremde Hilfe.
ayudar [aju'đar] *v.*	**helfen**
Pepa y Julia ayudaron a su madre a limpiar la casa.	Pepa und Julia halfen ihrer Mutter beim Hausputz.
confianza [kom'fĭanθa] *f*	**Vertrauen** *n*
Vd. puede tener confianza en este abogado.	Sie können diesem Anwalt vertrauen.
contar (con) [kon'tar] *v.* (*irr.* 7)	**rechnen** (mit), **zählen** (auf)
¿Contamos con tu ayuda?	Dürfen wir mit deiner Hilfe rechnen?
cuidar (de) [kŭi'đar] *v.*	**sich kümmern** (um), **sorgen** (für)
¿Quién va a cuidar de los niños esta noche?	Wer kümmert sich heute abend um die Kinder?
cumplir (con) [kum'plir] *v.*	**erfüllen**
No creo que tu amigo cumpla su palabra.	Ich glaube nicht, daß dein Freund Wort hält.
Tienes que cumplir con tu deber.	Du mußt deine Pflicht erfüllen.
dar las gracias [dar laz 'graθĭas]	**danken**
Quiero darle las gracias por su ayuda.	Ich möchte Ihnen für Ihre Hilfe danken.
deber [de'ber] *v.*	**müssen, sollen**
Deberías ir aunque no tengas ganas.	Du solltest hingehen, auch wenn du keine Lust hast.
dispuesto (a) [dis'pŭesto], **-a** *adj.*	**bereit** (zu)
Estamos dispuestos a colaborar con ustedes.	Wir sind bereit, mit Ihnen zusammenzuarbeiten.
ejemplo [e'xemplo] *m*	**Beispiel** *n*, **Vorbild** *n*
Mi padre nos dio un gran ejemplo.	Mein Vater war uns ein großes Vorbild.
entenderse [enten'derse] *v.* (*irr.* 23)	**sich verstehen**
Mi hermano y yo nos entendemos muy bien.	Mein Bruder und ich verstehen uns sehr gut.

favor [fa'bor] *m*	**Gefallen** *m*, **Gefälligkeit** *f*
Quiero pedirle un gran favor.	Ich möchte Sie um einen großen Gefallen bitten.
felicitar [feliθi'tar] *v.*	**gratulieren, beglückwünschen**
Le felicito por sus éxitos.	Ich beglückwünsche Sie zu Ihren Erfolgen.
perdonar [perđo'nar] *v.*	**verzeihen**
¡Perdone Vd. la molestia!	Verzeihen Sie die Störung!
principio [prin'θipĭo] *m*	**Prinzip** *n*, **Grundsatz** *m*
Este hombre tiene principios muy sanos.	Dieser Mann hat sehr gesunde Grundsätze.
prometer [prome'ter] *v.*	**versprechen**
Le prometo que iré a verle mañana.	Ich verspreche Ihnen, daß ich Sie morgen besuchen werde.
saludar [salu'đar] *v.*	**(be)grüßen**
El rector de la Universidad saludó a los invitados.	Der Rektor der Universität begrüßte die Gäste.
¡Salude a su esposa de mi parte!	Grüßen Sie Ihre Frau Gemahlin von mir!
saludo [sa'luđo] *m*	**Gruß** *m*
El director le manda muchos saludos.	Der Direktor läßt Sie vielmals grüßen.
servicio [ser'biθĭo] *m*	**Dienst** *m*
Me hiciste un gran servicio al llamar al médico.	Du hast mir einen großen Dienst erwiesen, als du den Arzt holtest.
servir [ser'bir] *v.* (*irr.* 21)	**dienen, behilflich sein**
¿Puedo servirle en algo?	Kann ich Ihnen irgendwie behilflich sein?

«2001–4000»

actitud [akti'tuđ] *f*	**Haltung** *f*, **Verhalten** *n*
La actitud de tu vecino es muy rara.	Das Verhalten deines Nachbarn ist sehr merkwürdig.
amabilidad [amaƀili'đađ] *f*	**Liebenswürdigkeit** *f*
¡Tenga la ambilidad de firmar aquí!	Seien Sie so liebenswürdig, hier zu unterschreiben.
asunto [a'sunto] *m*	**Angelegenheit** *f*
Tengo que despachar un asunto urgente.	Ich muß eine dringende Angelegenheit erledigen.

atento [a'tento], **-a** *adj.* El personal es muy atento con los clientes.	**aufmerksam, freundlich** Das Personal ist sehr freundlich zu den Gästen.
beso ['beso] *m* El niño, al despedirse, dio un beso a su abuelita.	**Kuß** *m* Das Kind gab seiner Oma zum Abschied einen Kuß.
ceder [θe'đer] *v.* Si ninguno de los dos cede, habrá problemas.	**nachgeben** Wenn keiner von beiden nachgibt, gibt es Probleme.
comportamiento [komporta'mĭento] *m* Tu maestra se queja de tu comportamiento.	**Verhalten** *n*, **Betragen** *n* Deine Lehrerin beklagt sich über dein Betragen.
comportarse [kompor'tarse] *v.* Espero que te comportarás bien en la fiesta.	**sich verhalten, sich benehmen** Ich hoffe, du benimmst dich anständig auf der Party.
confiar (en) [komfi'ar] *v.* (*irr.* 12) Tenemos que confiar en Dios.	**vertrauen** (auf) Wir müssen auf Gott vertrauen.
cortés [kor'tes] *adj.* Tu suegra es una mujer muy cortés.	**höflich** Deine Schwiegermutter ist eine sehr höfliche Frau.
deber [de'ƀer] *m* Espero que sabrás cuál es tu deber.	**Pflicht** *f* Ich hoffe, du weißt, was deine Pflicht ist.
encargar (de) [eŋkar'gar] *v.* (-gu-) Me encargaron de vigilar la puerta.	**beauftragen** (mit) Ich wurde beauftragt, das Tor zu bewachen.
excusar [esku'sar] *v.* Me tienes que excusar esta noche, tengo una cita importante.	**entschuldigen** Du mußt mich heute abend entschuldigen, ich habe eine wichtige Verabredung.
facilitar [faθili'tar] *v.* ¿Puede Vd. facilitarme un mapa de España?	**besorgen** Können Sie mir eine Spanienkarte besorgen?
fiarse (de alg.) [fi'arse] *v.* (*irr.* 12) No me fío de este tipo.	(j-m) **trauen** Ich traue diesem Kerl nicht.
obligar [oƀli'gar] *v.* (-gu-) ¡No se sienta Vd. obligado a ayudarme!	**verpflichten** Fühlen Sie sich nicht verpflichtet, mir zu helfen.

ocuparse (de, en) [oku'parse] *v.*	**sich kümmern** (um)
Me voy a ocupar de su asunto ahora mismo.	Ich werde mich sofort um Ihre Angelegenheit kümmern.
reaccionar [rreagθĭo'nar] *v.*	**reagieren**
¿Cómo reaccionaron tus padres al enterarse de tu fracaso?	Wie reagierten deine Eltern, als sie deinen Mißerfolg erfuhren?
tolerante [tole'rante] *adj.*	**tolerant, duldsam**
Tendrías que ser más tolerante con los principiantes.	Du solltest den Anfängern gegenüber toleranter sein.
tratar de tú [tra'tar đe tu]	**duzen, mit du anreden**
¿Por qué no nos tratamos de tú? – ¡De acuerdo!	Warum duzen wir uns nicht? – Einverstanden!

1.1.4.7 NEGATIVES SOZIALVERHALTEN

«1–2000»

culpa ['kulpa] *f*	**Schuld** *f*
¿Quién tuvo la culpa de este accidente?	Wer war an diesem Unfall schuld?
daño ['daɲo] *m*	**Schaden** *m*
La violencia acarrea más daño que provecho.	Gewalt richtet mehr Schaden als Nutzen an.
engañar [eŋga'ɲar] *v.*	**betrügen**
Este tipo me ha engañado.	Dieser Kerl hat mich betrogen!
mal [mal] *m*	**Böses** *n*, **Übel** *n*
Los niños tienen que aprender a distinguir el bien del mal.	Kinder müssen lernen, Gut und Böse zu unterscheiden.
mentira [men'tira] *f*	**Lüge** *f*
Este niño dice muchas mentiras.	Dieses Kind lügt viel.
molestar [moles'tar] *v.*	**belästigen, stören; ärgern**
Pablo, ¡no nos molestes ahora!	Pablo, stör uns jetzt nicht!
molestia [mo'lestĭa] *f*	**Belästigung** *f*
Espero que mi visita no sea ninguna molestia.	Ich hoffe, unser Besuch ist keine Belästigung.
pegar [pe'gar] *v.* (-gu-)	**schlagen**
Dicen que Mario pega a su mujer.	Es heißt, daß Mario seine Frau schlägt.

reírse (de) [rre'irse] *v.* (*irr.* 27) Niños, ¿por qué os reís del pobre anciano?	**lachen** (über) Kinder, warum lacht ihr über den armen alten Mann?
sospecha [sos'petʃa] *f* Tengo la sospecha de que mi marido me engaña.	**Verdacht** *m* Ich habe den Verdacht, daß mein Mann mich betrügt.

«2001–4000»

amenazar [amena'θar] *v.* (-c-) Los terroristas amenazaron de muerte al ministro.	**(be)drohen** Die Terroristen bedrohten den Minister mit dem Tode.
conflicto [kom'flikto] *m* No quiero entrar en conflicto con el jefe.	**Konflikt** *m* Ich möchte keinen Streit mit dem Chef.
forzar (a) [for'θar] *v.* (*irr.* 7; -c-) ¡Pero, papá, no me puedes forzar a estudiar derecho!	**zwingen** (zu) Aber Papa, du kannst mich nicht zwingen, Jura zu studieren!
intolerante [intole'rante] *adj.* Tu marido es muy intolerante.	**intolerant, unduldsam** Dein Mann ist sehr intolerant.
mentir [men'tir] *v.* (*irr.* 30) ¿Por qué me mientes siempre, Pedrito?	**(be-, an)lügen** Warum lügst du mich immer an, Pedrito?
meterse [me'terse] *v.* No quiero que te metas en mis asuntos.	**sich einmischen** Du sollst dich nicht in meine Angelegenheiten einmischen.
pelear(se) [pele'ar(se)] *v.* ¡Caramba! Los niños se están peleando otra vez.	**(sich) streiten** Zum Donnerwetter! Die Kinder streiten ja schon wieder.

1.1.4.8 KONTAKTE UND VERANSTALTUNGEN

«1–2000»

asistir (a) [asis'tir] *v.* Desgraciadamente no puedo asistir a su conferencia.	**teilnehmen** (an), **zugegen sein** (bei) Leider kann ich nicht zu Ihrem Vortrag kommen.

celebrar [θele'ƀrar] *v.*
Mañana celebramos el cumpleaños de mi hijo.

feiern
Morgen feiern wir den Geburtstag meines Sohnes.

---

celebrarse [θele'ƀrarse] *v.*
Los Juegos Olímpicos se celebran cada cuatro años.

stattfinden
Die Olympischen Spiele finden alle vier Jahre statt.

---

citarse [θi'tarse] *v.*
Me he citado con Julia a las cuatro.

sich verabreden
Ich habe mich mit Julia für vier Uhr verabredet.

---

conferencia [komfe'renθĭa] *f*
En París se celebran muchas conferencias internacionales.
Juan Díaz dio una conferencia sobre Goya.

Konferenz *f*; **Vortrag** *m*
In Paris finden viele internationale Konferenzen statt.
Juan Díaz hielt einen Vortrag über Goya.

---

conocer [kono'θer] *v.* (*irr.* 5)
¿Conoces a la Srta. Durán?

kennen
Kennst du Fräulein Durán?

---

conocer [kono'θer] *v.* (*irr.* 5)
Me alegro de conocerla, Sra. Roca.

kennenlernen
Ich freue mich, Sie kennenzulernen, Frau Roca.

---

dirigirse (a) [diri'xirse] *v.* (-j-)
Si quieres saber más, ¡dirígete a la secretaria!

sich wenden (an)
Wenn du mehr wissen willst, wende dich an die Sekretärin.

---

encontrar [eŋkon'trar] *v.* (*irr.* 7)
Ayer encontré a Pablo en el metro.

treffen, begegnen
Gestern traf ich Pablo in der U-Bahn.

---

entrada [en'trađa] *f*
Quiero dos entradas para la función de esta noche.

(Eintritts)Karte *f*
Ich möchte zwei Karten für die heutige Abendvorstellung.

---

fiesta ['fĭesta] *f*
El sábado Roberto da una fiesta.

Fest *n*, **Party** *f*
Am Samstag gibt Roberto eine Party.

---

invitar [imbi'tar] *v.*
Voy a invitar a cenar a los García.

einladen
Ich lade Garcías zum Abendessen ein.

---

libre ['liƀre] *adj.*
Hoy estoy libre todo el día.

frei
Heute habe ich den ganzen Tag frei.

---

presentar(se) [presen'tar(se)] *v.*
Le presento al Sr. Rodríguez. – Encantado.

(sich) vorstellen
Ich möchte Ihnen Herrn Rodríguez vorstellen. – Angenehm!

quedar (para) [ke'đar] *v.* Si te parece, quedamos para el viernes a las 7.	**sich verabreden** (für) Wenn es dir recht ist, verabreden wir uns für Freitag 7 Uhr.
quedar (en) [ke'đar] *v.* Con Paco hemos quedado en vernos mañana.	**vereinbaren, ausmachen** Paco und ich haben ausgemacht, daß wir uns morgen treffen.
reunirse [rreŭ'nirse] *v.* Mañana toda la familia se reunirá en casa del abuelo.	**sich treffen, sich versammeln** Morgen trifft sich die ganze Familie beim Großvater.
visita [bi'sita] *f* Nos ha llegado visita.	**Besuch** *m* Wir haben Besuch bekommen.
visitar [bisi'tar] *v.* Ayer nos visitó mi antiguo profesor de latín.	**besuchen** Gestern besuchte uns mein ehemaliger Lateinlehrer.

«2001–4000»

acoger [ako'xer] *v.* (-j-) Vuestros familiares nos acogieron con mucho cariño.	**aufnehmen, empfangen** Wir wurden von euren Verwandten liebevoll aufgenommen.
cita ['θita] *f* ¿No tenías cita con tu novio?	**Verabredung** *f* Hattest du nicht eine Verabredung mit deinem Verlobten?
contacto [kon'takto] *m* Por favor, ¡póngase en contacto con mi abogado!	**Kontakt** *m*, **Verbindung** *f* Setzen Sie sich bitte mit meinem Anwalt in Verbindung.
despedirse [despe'đirse] *v.* (*irr.* 21) El Sr. López quiere despedirse. – ¡Vale!	**sich verabschieden** Herr López möchte sich verabschieden. – Gut!
encuentro [eŋ'kŭentro] *m* ¿Cómo fue el encuentro con tu ex-marido?	**Begegnung** *f*, **Treffen** *n* Wie war die Begegnung mit deinem geschiedenen Mann?
feria ['ferĭa] *f* Los niños quieren ir a la feria. En Barcelona se celebran muchas ferias.	**Jahrmarkt** *m*, **Volksfest** *n*; **(Handels)Messe** *f* Die Kinder möchten zum Jahrmarkt gehen. In Barcelona finden viele Messen statt.

invitación [imbita'θĭon] *f* ¿Ha recibido Vd. la invitación a la fiesta?	**Einladung** *f* Haben Sie die Einladung zum Fest bekommen?
invitado [imbi'tađo] *m* ¡Mira!, ya llegan los primeros invitados.	**Gast** *m* Sieh mal, die ersten Gäste treffen schon ein.
presencia [pre'senθĭa] *f* El ministro nos honró con su presencia.	**Gegenwart** *f*, **Anwesenheit** *f* Der Minister ehrte uns mit seiner Anwesenheit.
recepción [rreθep'θĭon] *f* Esta noche hay una recepción en el Ayuntamiento.	**Empfang** *m* Heute abend findet ein Empfang im Rathaus atatt.
relación [rrela'θĭon] *f* Tengo buenas relaciones con mis suegros.	**Beziehung** *f* Ich habe ein gutes Verhältnis zu meinen Schwiegereltern.
reunión [rreŭ'nĭon] *f* Las reuniones del club de tenis son los lunes.	**Versammlung** *f*, **Treffen** *n*; **Sitzung** *f* Die Zusammenkünfte des Tennisklubs sind montags.

1.1.5 SCHICKSAL UND ZUFALL

«1–2000»

aguantar [agŭan'tar] *v.* ¡No aguanto ya más este dolor!	**ertragen, aushalten** Ich halte diesen Schmerz nicht mehr aus!
caso ['kaso] *m* El doctor me dijo que mi caso no era grave.	**Fall** *m* Der Arzt sagte mir, mein Fall sei nicht ernst.
conseguir [konse'gir] *v.* (*irr.* 21; -g-) A pesar de nuestros esfuerzos no hemos conseguido nada.	**erreichen, erlangen** Trotz unserer Bemühungen haben wir nichts erreicht.
desgracia [dez'graθĭa] *f* ¡Ha ocurrido una desgracia! Tu hijo se ha roto un brazo.	**Unglück** *n*, **Mißgeschick** *n* Es ist ein Unglück passiert. Dein Sohn hat sich den Arm gebrochen.
desgraciadamente [dezgraθĭađa'mente] *adv.* Desgraciadamente no le puedo ayudar más.	**unglücklicherweise, leider** Leider kann ich Ihnen nicht mehr helfen.

dificultad [difikul'tađ] *f* Si tienes dificultades con la traducción, ¡llámame!	**Schwierigkeit** *f* Wenn du Schwierigkeiten mit der Übersetzung hast, ruf mich an.
éxito ['egsito] *m* Mi hijo ha tenido éxito en sus exámenes.	**Erfolg** *m* Mein Sohn hatte Erfolg bei seinen Prüfungen.
fatal [fa'tal] *adj.* El enfermo ha pasado una noche fatal.	**verhängnisvoll, schicksalhaft; schlimm** Der Patient hat eine schlimme Nacht verbracht.
ganar [ga'nar] *v.* Esta escritora se merece el premio que ha ganado.	**gewinnen** Diese Schriftstellerin verdient den Preis, den sie gewonnen hat.
grave ['grabe] *adj.* Lo siento, tengo que darle una noticia muy grave.	**schwer, ernst** Ich habe leider eine sehr ernste Nachricht für Sie.
lograr [lo'grar] *v.* Mi padre logró todo lo que se había propuesto.	**es schaffen, erreichen** Mein Vater hat alles erreicht, was er sich vorgenommen hatte.
mala suerte ['mala 'sŭerte] *f* Nuestro equipo tuvo mala suerte en el campeonato.	**Unglück** *n*, **Pech** *n* Bei der Meisterschaft hatte unsere Mannschaft Pech.
ocasión [oka'sĭon] *f* La ocasión hace al ladrón. (*Sprichwort*)	**Gelegenheit** *f* Gelegenheit macht Diebe.
ocurrir [oku'rrir] *v.* Ayer nos ocurrió algo desagradable: ...	**geschehen, passieren** Gestern ist uns etwas Unangenehmes passiert: ...
pasar [pa'sar] *v.* ¡Oye! ¿Qué te ha pasado? Estás llorando.	**geschehen, passieren** Hör mal! Was ist mit dir los? Du weinst ja!
peligro [pe'ligro] *m* Este tipo es un peligro conduciendo.	**Gefahr** *f* Dieser Kerl ist eine Gefahr, wenn er am Steuer sitzt.
peligroso [peli'groso], **-a** *adj.* ¡Cuidado! Esta curva es peligrosa.	**gefährlich** Vorsicht! Diese Kurve ist gefährlich.

perder [per'đer] v. (*irr.* 23) ¡Qué desgracia! He perdido mi monedero.	**verlieren** Was für ein Pech! Ich habe meinen Geldbeutel verloren.
por suerte [por 'sŭerte] Me he caído, por suerte no me ha pasado nada.	**glücklicherweise, zum Glück** Ich bin gestürzt, zum Glück ist mir nichts passiert.
problema [pro'ƀlema] *m* Es difícil solucionar el problema del paro.	**Problem** *n* Das Arbeitslosenproblem ist schwer zu lösen.
resistir [rresis'tir] *v.* No resisto a este individuo.	**aushalten, ertragen, erdulden** Ich kann diesen Kerl nicht ertragen.
seguridad [seguri'đađ] *f* En España es obligatorio el cinturón de seguridad.	**Sicherheit** *f* In Spanien ist es Pflicht, den Sicherheitsgurt anzulegen.
suerte ['sŭerte] *f* Has tenido mucha suerte en la lotería.	**Glück** *n* Du hast viel Glück in der Lotterie gehabt.
tropezar (con) [trope'θar] *v.* (*irr.* 22; -c-) Ayer me tropecé con mi jefe en una tienda.	**stoßen** (auf), **zufällig treffen** Gestern traf ich zufällig meinen Chef in einem Geschäft.

«2001–4000»

acontecimiento [akonteθi'mĭento] *m* La visita del ministro fue todo un acontecimiento.	**Ereignis** *n* Der Besuch des Ministers war wirklich ein Ereignis.
aventura [aƀen'tura] *f* A Pepe le gusta correr aventuras.	**Abenteuer** *n* Pepe erlebt gern Abenteuer.
casualidad [kasŭali'đađ] *f* ¡Qué casualidad! (Yo) iba a llamarte en este momento.	**Zufall** *m* Was für ein Zufall! Ich wollte dich gerade anrufen.
crisis ['krisis] *f* (*pl. inv.*) El matrimonio de los García está en crisis.	**Krise** *f* Die Ehe von Garcías befindet sich in einer Krise.
destino [des'tino] *m* No creo en el destino.	**Schicksal** *n* Ich glaube nicht an Schicksal.

desventaja [dezƀen'taxa] *f* La desventaja de esta casa es que no tiene garaje.	**Nachteil** *m* Der Nachteil an diesem Haus ist, daß es keine Garage hat.
escapar(se) [eska'par(se)] *v.* ¡El ladrón se ha escapado!	**entkommen** Der Dieb ist entkommen!
fracasar [fraka'sar] *v.* Mi jefe fracasó en sus negocios.	**scheitern, mißlingen** Mein Chef ist bei seinen Geschäften gescheitert.
fracaso [fra'kaso] *m* El festival de cine fue un verdadero fracaso.	**Mißerfolg** *m*, **Scheitern** *n* Die Filmfestspiele waren ein glatter Mißerfolg.
inconveniente [iŋkombe'nĭente] *m* El plan que Vd. propone tiene muchos inconvenientes.	**Nachteil** *m* Der Plan, den Sie vorschlagen, hat viele Nachteile.
miseria [mi'serĭa] *f* En los países del Tercer Mundo hay mucha miseria.	**Not** *f*, **Elend** *n* In den Ländern der Dritten Welt gibt es viel Elend.
obstáculo [oƀs'takulo] *m* Gracias a Dios hemos podido vencer todos los obstáculos.	**Hindernis** *n* Zum Glück konnten wir alle Hindernisse überwinden.
oportunidad [oportuni'đađ] *f* Tendrás la oportunidad de conocer al ministro.	**Gelegenheit** *f*, **Chance** *f* Du wirst Gelegenheit haben, den Minister kennenzulernen.
perderse [per'đerse] *v.* (*irr.* 23) Ayer me perdí en las callejas del centro histórico.	**sich verirren, sich verlaufen** Gestern verlief ich mich in den Gäßchen der Altstadt.
pérdida ['perđiđa] *f* Debido a las heladas hubo muchas pérdidas en las cosechas.	**Verlust** *m* Infolge des Frostes gab es starke Verluste bei der Ernte.
por casualidad [por kasŭali'đađ] Ayer me encontré por casualidad con tu madre.	**zufällig** Gestern traf ich zufällig deine Mutter.
producirse [prođu'θirse] *v.* (*irr.* 4) Ayer se produjo un accidente en nuestra calle.	**sich ereignen, vorkommen** Gestern ereignete sich ein Unfall in unserer Straße.
riesgo ['rrĭezgo] *m* No quiero correr ningún riesgo.	**Gefahr** *f*, **Risiko** *n* Ich will keinerlei Risiko eingehen.

salvar [sal'bar] *v.* Los bomberos me han salvado la vida.	**retten** Die Feuerwehr hat mir das Leben gerettet.
suceder [suθe'đer] *v.* ¿Dónde sucedió el accidente?	**geschehen, passieren** Wo ist der Unfall passiert?
trágico ['traxiko], **-a** *adj.* Carlos murió en un trágico accidente.	**tragisch** Carlos kam bei einem tragischen Unfall ums Leben.
ventaja [ben'taxa] *f* Mi coche tiene la ventaja de ser pequeño.	**Vorteil** *m* Mein Auto hat den Vorteil, daß es klein ist.

1.2 Alltagswelt

1.2.1 DER MENSCH UND SEIN ZUHAUSE

1.2.1.1 HAUS UND WOHNUNG

«1–2000»

alquilar [alki'lar] *v.* Vamos a alquilar un apartamento de vacaciones.	**mieten** Wir wollen eine Ferienwohnung mieten.
alquilar [alki'lar] *v.* Voy a alquilar el cuarto de Paco a un estudiante.	**vermieten** Ich werde Pacos Zimmer an einen Studenten vermieten.
ascensor [asθen'sor] *m* Podemos subir al quinto piso en el ascensor.	**Aufzug** *m*, **Lift** *m* Wir können mit dem Aufzug in den 5. Stock fahren.
balcón [bal'kon] *m* Desde el balcón de mi cuarto se ve el mar.	**Balkon** *m* Vom Balkon meines Zimmers aus sieht man das Meer.
casa ['kasa] *f* Queremos alquilar una casa. Estoy buscando casa. ¡Venga Vd. a mi casa esta tarde! Hoy mi madre está todo el día en casa.	**Haus** *n*; **Wohnung** *f* Wir möchten ein Haus mieten. Ich suche eine Wohnung. Kommen Sie heute nachmittag zu mir. Heute ist meine Mutter den ganzen Tag zu Hause.
cerrar [θe'rrar] *v.* (*irr.* 22) Entra corriente. ¡Cierra la puerta, por favor!	**(zu-, ab)schließen, zumachen** Es zieht. Mach bitte die Tür zu!

cocina [ko'θina] *f* Mamá está en la cocina.	**Küche** *f* Mutti ist in der Küche.
comedor [kome'đor] *m* Quiero comprar nuevos muebles para el comedor.	**Eßzimmer** *n* Ich möchte neue Möbel für das Eßzimmer kaufen.
cristal [kris'tal] *m* ¿Con qué limpias los cristales?	**Fensterscheibe** *f* Womit putzt du deine Fensterscheiben?
cuarto ['kŭarto] *m* ¿Su cuarto da a la calle?	**Zimmer** *n* Geht ihr Zimmer auf die Straße?
cuarto de baño ['kŭarto đe 'ƀaɲo] *m* ¿Dónde puedo lavarme las manos? – En el cuarto de baño.	**Badezimmer** *n* Wo kann ich mir die Hände waschen? – Im Badezimmer.
entrada [en'trađa] *f* No encuentro la entrada de la peluquería.	**Eingang** *m* Ich finde den Eingang zum Friseursalon nicht.
escalera [eska'lera] *f* Tenemos que limpiar la escalera una vez a la semana.	**Treppe** *f* Wir müssen die Treppe einmal in der Woche putzen.
garaje [ga'raxe] *m* ¿Su casa tiene garaje?	**Garage** *f* Haben Sie eine Garage in Ihrem Haus?
habitación [aƀita'θĭon] *f* Este hotel tiene 85 habitaciones.	**Zimmer** *n* Dieses Hotel hat 85 Zimmer.
jardín [xar'đin] *m* El jardín me da mucho trabajo.	**Garten** *m* Der Garten macht mir viel Arbeit.
lavabo [la'ƀabo] *m* ¿Dónde queda el lavabo?	**Toilette** *f* Wo ist die Toilette?
piso ['piso] *m* Por favor, ¿en qué piso vive el Sr. Iglesias?	**Stock(werk)** *m(n)* In welchem Stock wohnt bitte Herr Iglesias?
piso ['piso] *m* Por fin hemos encontrado un piso que nos gusta.	**Wohnung** *f* Endlich haben wir eine Wohnung gefunden, die uns gefällt.
puerta ['pŭerta] *f* ¡No dejes la puerta abierta!	**Tür** *f* Laß die Tür nicht auf!

sala de estar ['sala đe es'tar] *f* — **Wohnzimmer** *n*
El televisor está en la sala de estar. — Der Fernseher steht im Wohnzimmer.

salida [sa'liđa] *f* — **Ausgang** *m*
Este edificio debe tener otra salida. — Dieses Gebäude muß noch einen anderen Ausgang haben.

servicio(s) [ser'ƀiθĭo(s)] *m(pl.)* — **Toilette** *f*
¿Dónde está el servicio, por favor? — Wo ist bitte die Toilette?

suelo ['sŭelo] *m* — **(Fuß)Boden** *m*
Voy a pasar la aspiradora, el suelo está lleno de confeti. — Ich will den Boden saugen, er ist voll von Konfetti.

terraza [te'rraθa] *f* — **Terrasse** *f*
¿Podemos sentarnos en la terraza? — Können wir uns auf die Terrasse setzen?

ventana [ben'tana] *f* — **Fenster** *n*
¡Abre las ventanas! Hace mucho calor. — Mach die Fenster auf! Es ist sehr heiß.

vivir [bi'ƀir] *v.* — **wohnen**
El señor García vive en la casa de al lado. — Herr García wohnt im Hause nebenan.

«2001–4000»

amueblado [amŭe'blađo], **-a** *adj.* — **möbliert**
«Se alquilan cuartos amueblados» — „Möblierte Zimmer zu vermieten"

apartamento [aparta'mento] *m* — **Appartement** *n*, **kleine Wohnung** *f*
Roberto tiene un apartamento en la playa de Alicante. — Roberto hat ein Appartement am Strand von Alicante.

arquitectura [arkitek'tura] *f* — **Architektur** *f*
Mi primo quiere estudiar arquitectura. — Mein Vetter möchte Architektur studieren.

bloque ['bloke] *m* — **Block** *m*
Frente a nuestra casa están construyendo un bloque de viviendas. — Gegenüber unserem Haus wird ein Wohnblock errichtet.

cerradura [θerra'đura] *f* — **(Tür)Schloß** *n*
Esta cerradura está oxidada. — Dieses Schloß ist verrostet.

construcción [konstrug'θĭon] *f* Nuestro centro cultural es una construcción moderna.	**Bau** *m*; **Bauweise** *f* Unser Kulturzentrum ist ein moderner Bau.
chalé [tʃa'le] *m* Mi jefe tiene un chalé en un barrio residencial.	**(Einfamilien)Haus** *n*; **Villa** *f* Mein Chef hat eine Villa in einem Wohnviertel.
domicilio [domi'θilĭo] *m* Nos traen el vino a domicilio. Mi domicilio está en Cádiz.	**Wohnung** *f*; **Wohnsitz** *m* Wir bekommen den Wein ins Haus geliefert. Mein Wohnsitz ist Cádiz.
dormitorio [dormi'torĭo] *m* Tu ropa está en el dormitorio.	**Schlafzimmer** *n* Deine Wäsche ist im Schlafzimmer.
hogar [o'gar] *m* Tenéis un hogar muy acogedor.	**Heim** *n*; **Haushalt** *m* Ihr habt ein sehr gemütliches Zuhause.
ladrillo [la'đriʎo] *m* No hay nada como una casa de ladrillo.	**Ziegel(stein)** *m* Es geht nichts über ein Ziegelhaus.
mudarse (de casa) [mu'đarse (đe 'kasa)] *v.* Mañana nos mudamos (de casa).	**umziehen** Morgen ziehen wir um.
muro ['muro] *m* Este muro se está cayendo, hay que arreglarlo.	**Mauer** *f* Diese Mauer fällt auseinander, sie muß gerichtet werden.
pared [pa'ređ] *f* Mi abuelo tiene las paredes llenas de cuadros.	**Wand** *f* Mein Großvater hat die Wände voll von Bildern.
pasillo [pa'siʎo] *m* ¡Deja el paraguas en el pasillo!	**Gang** *m*, **Korridor** *m*, **Flur** *m* Laß deinen Regenschirm im Flur stehen!
patio ['patĭo] *m* Este es un típico patio andaluz.	**(Innen)Hof** *m* Das ist ein typisch andalusischer Innenhof.
planta ['planta] *f* Este edificio tiene 12 plantas. No me gusta vivir en la planta baja.	**Stock(werk)** *m*(*n*) Dieses Gebäude hat 12 Stockwerke. Ich wohne nicht gern im Erdgeschoß.

rincón [rriŋ'kon] *m* ¡Póngame el tocadiscos en este rincón!	**Ecke** *f*, **Winkel** *m* Stellen Sie mir den Plattenspieler in diese Ecke!
salón [sa'lon] *m* Pasemos a tomar el café en el salón.	**Salon** *m* Trinken wir den Kaffee im Salon.
estar situado [es'tar si'tŭađo] La universidad está situada en el centro de la ciudad.	**liegen, gelegen sein** Die Universität liegt im Stadtzentrum.
sótano ['sotano] *m* Cuando bajes al sótano, súbeme una botella de vino.	**Keller** *m* Wenn du in den Keller gehst, bring mir eine Flasche Wein herauf.
techo ['tetʃo] *m* ¡Mira! En el techo hay telarañas.	**Decke** *f*, **Plafond** *m*; **Dach** *n* Sieh mal! An der Decke sind Spinnweben.
tejado [te'xađo] *m* En el Valle de Arán hay todavía casas con tejados de pizarra.	**Dach** *n* Im Valle de Arán gibt es noch Häuser mit Schieferdächern.
vivienda [bi'ƀĭenda] *f* El Gobierno quiere construir más viviendas.	**Wohnung** *f* Die Regierung will mehr Wohnungen bauen.
wáter ['bater] *m* El wáter del restaurante está en el sótano.	**Klosett** *n*, **WC** *n* Das WC des Restaurants ist im Kellergeschoß.

1.2.1.2 EINRICHTUNG

«1–2000»

armario [ar'marĭo] *m* Este armario antiguo es de mucho valor.	**Schrank** *m* Dieser alte Schrank ist sehr wertvoll.
banco ['baŋko] *m* Nos hace falta un banco para el jardín.	**Bank** *f* Wir brauchen eine Bank für den Garten.
botón [bo'ton] *m* Para poner en marcha la calefacción, aprieta este botón.	**(Schalt)Knopf** *m* Um die Heizung anzustellen, drück auf diesen Knopf.

calefacción [kalefaɣ'θĭon] *f* En nuestra casa tenemos calefacción eléctrica.	**Heizung** *f* In unserem Hause haben wir elektrische Heizung.
cama ['kama] *f* Voy a hacer las camas.	**Bett** *n* Ich mache jetzt die Betten.
cocina [ko'θina] *f* ¿Desea Vd. una cocina eléctrica o una cocina de gas?	**Herd** *m* Möchten Sie einen Elektroherd oder einen Gasherd?
confort [kom'fort] *m* Este hotel ofrece poco confort.	**Komfort** *m*, **Bequemlichkeit** *f* Dieses Hotel bietet wenig Komfort.
confortable [komfor'taƀle] *adj.* Vuestra casa es muy confortable.	**bequem, gemütlich** Euer Haus ist sehr gemütlich.
ducha ['dutʃa] *f* Podemos ofrecerle una habitación doble con ducha.	**Dusche** *f* Wir können Ihnen ein Doppelzimmer mit Dusche anbieten.
enchufe [en'tʃufe] *m* En este cuarto hay tres enchufes.	**Steckdose** *f*; **Stecker** *m* In diesem Zimmer sind drei Steckdosen.
espejo [es'pexo] *m* Este espejo es precioso. ¿Es antiguo? – Sí.	**Spiegel** *m* Dieser Spiegel ist wunderschön. Ist er alt? – Ja..
lámpara ['lampara] *f* Necesito una lámpara de mesa.	**Lampe** *f* Ich brauche eine Tischlampe.
lavabo [la'ƀaƀo] *m* Puede Vd. lavar sus medias en el lavabo.	**Waschbecken** *n* Sie können Ihre Strümpfe im Waschbecken waschen.
manta ['manta] *f* Hace mucho frío, le voy a dar otra manta.	**Decke** *f* Es ist sehr kalt, ich gebe Ihnen noch eine Decke.
mesa ['mesa] *f* ¡Ponga las flores en la mesa del comedor!	**Tisch** *m* Stellen Sie die Blumen auf den Eßzimmertisch.
muebles ['mŭeƀles] *mpl.* Los muebles antiguos están de moda.	**Möbel** *npl.* Alte Möbel sind Mode.
nevera [ne'ƀera] *f* ¡Pon la carne en la nevera!	**Kühlschrank** *m* Leg das Fleisch in den Kühlschrank!

silla ['siʎa] *f* ¿Por favor, puede Vd. traer más sillas?	**Stuhl** *m* Können Sie bitte mehr Stühle bringen?
sillón [si'ʎon] *m* El abuelo se quedó dormido en su sillón.	**Sessel** *m* Großvater schlief in seinem Sessel ein.

«2001–4000»

alfombra [al'fombra] *f* Podemos ofrecerles alfombras persas auténticas.	**Teppich** *m* Wir können Ihnen echte Perserteppiche anbieten.
almohada [almo'ađa] *f* ¿Quiere otra almohada?	**Kissen** *n*, **Kopfkissen** *n* Möchten Sie noch ein Kopfkissen?
bañera [ba'ɲera] *f* ¡Qué horror!, esta bañera está sucia.	**Badewanne** *f* Wie schrecklich, diese Badewanne ist schmutzig!
bombilla [bom'biʎa] *f* Esta bombilla está estropeada, ¡trae otra!	**Glühbirne** *f* Diese Glühbirne ist kaputt, bring eine andere.
cajón [ka'xon] *m* Mi monedero está en el cajón de la mesita de noche.	**Schublade** *f* Mein Geldbeutel liegt in der Nachttischschublade.
calentar [kalen'tar] *v.* (*irr.* 22) En la montaña calientan todavía las casas con leña.	**heizen** Im Gebirge wird in den Häusern noch mit Holz geheizt.
colcha ['koltʃa] *f* Con una colcha la cama se ve mejor.	**Überdecke** *f*, **Tagesdecke** *f* Mit einer Überdecke sieht das Bett besser aus.
colchón [kol'tʃon] *m* Este colchón es muy confortable.	**Matratze** *f* Diese Matratze ist sehr bequem.
cortina [kor'tina] *f* Ya oscurece, puedes correr las cortinas.	**Vorhang** *m* Es wird schon dunkel, du kannst die Vorhänge zuziehen.
estantería [estante'ria] *f* Estas estanterías están repletas de libros.	**Regal** *n* Diese Regale sind mit Büchern vollgestopft.

estufa [es'tufa] *f* Esta vieja estufa del siglo XVIII (dieciocho) es muy bonita.	**Ofen** *m* Dieser alte Ofen aus dem 18. Jahrhundert ist sehr schön.
frigorífico [frigo'rifiko] *m* En este restaurante tienen un frigorífico enorme.	**Kühlschrank** *m* Dieses Restaurant hat einen riesengroßen Kühlschrank.
grifo ['grifo] *m* Tiene que cerrar bien el grifo, si no, gotea.	**(Wasser)Hahn** *m* Sie müssen den Wasserhahn gut zudrehen, sonst tropft er.
horno ['orno] *m* En el horno (de la cocina eléctrica) puedo hacer pasteles.	**Backofen** *m*, **Bratrohr** *n* Im Bratrohr (des Elektroherds) kann ich Kuchen backen.
instalar [insta'lar] *v.* Mañana vienen a instalar la luz en la terraza.	**einrichten, installieren** Morgen wird das Licht auf der Terrasse installiert.
mantel [man'tel] *m* ¡Pon otro mantel!, éste está sucio.	**Tischtuch** *n* Leg ein anderes Tischtuch auf, dies ist schmutzig.
marco ['marko] *m* A este cuadro tienes que ponerle otro marco.	**Rahmen** *m* Dieses Bild braucht einen anderen Rahmen.
sábana ['sabana] *f* Esta sábana está rota, hay que remendarla.	**Bettuch** *n*, **Laken** *n* Dieses Laken ist zerrissen. Es muß geflickt werden.
sofá [so'fa] *m* (*pl.* sofás) Cuando venga la visita, puedo dormir en el sofá.	**Couch** *f*, **Sofa** *n* Wenn der Besuch kommt, kann ich auf der Couch schlafen.

1.2.1.3 GEBRAUCHSGEGENSTÄNDE

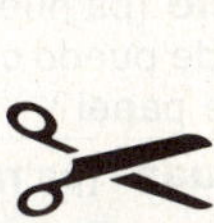

«1–2000»

bolsa ['bolsa] *f* ¿Me puede dar una bolsa de plástico, por favor?	**Tüte** *f*; **Tasche** *f* Können Sie mir bitte eine Plastiktüte geben?
bolso ['bolso] *m* Mi marido me ha regalado un bolso de cocodrilo.	**(Damen)Handtasche** *f* Mein Mann hat mir eine Krokotasche geschenkt.
caja ['kaxa] *f* En cada una de estas cajas hay seis botellas de vino.	**Kiste** *f* In jeder dieser Kisten sind sechs Flaschen Wein.

caja ['kaxa] *f*	**Schachtel** *f*, **Karton** *m*
¿Quiere llevarse los zapatos en la caja?	Möchten Sie die Schuhe in der Schachtel mitnehmen?
cartera [kar'tera] *f*	**Brieftasche** *f*; **Aktentasche** *f*
Señor, se deja la cartera.	(Mein Herr,) Sie lassen Ihre Brieftasche liegen.
Me llevo todos los documentos en la cartera.	Ich nehme alle Dokumente in der Aktentasche mit.
cerillas [θe'riʎas] *fpl.*	**Streichhölzer** *npl.*
¿Tiene Vd. cerillas? He olvidado las mías.	Haben Sie Streichhölzer? Ich habe meine vergessen.
cosa ['kosa] *f*	**Sache** *f*, **Ding** *n*
En esta tienda he descubierto una cantidad de cosas útiles.	In diesem Geschäft habe ich eine Menge nützlicher Dinge entdeckt.
equipo [e'kipo] *m*	**Ausrüstung** *f*; **Anlage** *f*
Mi padre me regaló un equipo de alta fidelidad.	Mein Vater schenkte mir eine Hi-Fi-Anlage.
escalera [eska'lera] *f*	**Leiter** *f*
¡Oye!, el pintor necesita una escalera.	Hör mal, der Maler braucht eine Leiter.
gafas ['gafas] *fpl.*	**Brille** *f*
Mi tía ve muy mal sin gafas.	Meine Tante sieht ohne Brille sehr schlecht.
llave ['ʎabe] *f*	**Schlüssel** *m*
Le voy a dejar una llave de la casa.	Ich gebe Ihnen einen Hausschlüssel.
pañuelo [pa'ɲŭelo] *m*	**Taschentuch** *n*
¿Dónde puedo comprar pañuelos de papel?	Wo kann ich Papiertaschentücher kaufen?
paraguas [pa'ragŭas] *m* (*pl. inv.*)	**(Regen)Schirm** *m*
Creo que va a llover, ¡llévate un paraguas!	Ich glaube, es wird regnen, nimm einen Schirm mit!
reloj [rre'lox] *m*	**Uhr** *f*
El reloj de la cocina está adelantado.	Die Küchenuhr geht vor.
tijeras [ti'xeras] *fpl.*	**Schere** *f*
¡Déjame tus tijeras!	Leih mir mal deine Schere!

«2001–4000»

aguja [a'guxa] *f*
¿Tienes una aguja? Tengo que coser un botón.
(Näh)Nadel *f*
Hast du eine Nähnadel? Ich muß einen Knopf annähen.

bastón [bas'ton] *m*
Cuando el abuelo se va de paseo, se lleva siempre su bastón.
Stock *m*
Wenn Großvater spazierengeht, nimmt er immer seinen Stock mit.

cadena [ka'đena] *f*
Esta cadena es de oro puro.
Kette *f*
Diese Kette ist aus reinem Gold.

cesta ['θesta] *f*
¡Ponga esta camisa en la cesta de ropa sucia!
Korb *m*
Legen Sie dieses Hemd in den Korb für schmutzige Wäsche.

clavo ['klabo] *m*
Necesito un clavo grande para colgar este cuadro.
Nagel *m*
Ich brauche einen großen Nagel, um dieses Bild aufzuhängen.

cubo ['kubo] *m*
En este cubo caben quince litros.
Eimer *m*
Dieser Eimer faßt fünfzehn Liter.

cuerda ['kŭerđa] *f*
¿Tienes una cuerda para tender la ropa?
Schnur *f*, **Leine** *f*
Hast du eine Leine, um die Wäsche aufzuhängen?

despertador [desperta'đor] *m*
Mi despertador no funciona.
Wecker *m*
Mein Wecker geht nicht.

herramienta [erra'mĭenta] *f*
¡Pásame la caja de las herramientas!
Werkzeug *n*
Gib mir den Werkzeugkasten herüber.

hilo ['ilo] *m*
Este hilo es muy delgado, necesito uno más fuerte.
Faden *m*, **Garn** *n*
Dieser Faden ist sehr dünn, ich brauche einen stärkeren.

hoja ['oxa] *f*
La hoja de afeitar X corta muy bien.
(Messer-, Rasier)Klinge *f*
Die Rasierklinge X schneidet sehr gut.

martillo [mar'tiʎo] *m*
¿No tienes un martillo más pequeño?
Hammer *m*
Hast du nicht einen kleineren Hammer?

monedero [mone'đero] *m*
Este monedero es muy práctico.
Geldbörse *f*, **-beutel** *m*
Diese Geldbörse ist sehr praktisch.

plancha ['plantʃa] *f* Tengo que comprarme una plancha nueva.	**Bügeleisen** *n* Ich muß mir ein neues Bügeleisen kaufen.
red [rred] *f* ¡Llévese esta red para sus compras!	**Netz** *n* Nehmen Sie dieses Netz für Ihre Einkäufe mit.
saco ['sako] *m* Me van a traer un saco de patatas.	**Sack** *m* Ich bekomme gleich einen Sack Kartoffeln gebracht.
sierra ['sĭerra] *f* Esta sierra es de acero inoxidable.	**Säge** *f* Diese Säge ist aus rostfreiem Stahl.
timbre ['timbre] *m* Me parece que han tocado el timbre.	**Klingel** *f* Ich glaube, es hat geläutet.
tornillo [tor'niʎo] *m* Este tornillo está flojo.	**Schraube** *f* Diese Schraube ist locker.
trapo ['trapo] *m* ¡Limpia el polvo con este trapo, por favor!	**Lappen** *m* Wisch bitte den Staub mit diesem Lappen ab.
vela ['bela] *f* Por si no funciona la luz, le dejo una vela.	**Kerze** *f* Für den Fall, daß das Licht nicht geht, lasse ich Ihnen eine Kerze da.

1.2.2 KLEIDUNG UND SCHMUCK

«1–2000»

abrigo [a'brigo] *m* Hace frío, ¡ponte el abrigo!	**(Winter)Mantel** *m* Es ist kalt, zieh deinen Mantel an.
bolsillo [bol'siʎo] *m* Los bolsillos de mi pantalón están rotos.	**Tasche** *f* (*in der Kleidung*) Meine Hosentaschen sind zerrissen.
botón [bo'ton] *m* Estos botones rojos no pegan con la chaqueta azul.	**Knopf** *m* Diese roten Knöpfe passen nicht zur blauen Jacke.
calcetines [kalθe'tines] *mpl.* Estos calcetines son muy delgados.	**Socken** *fpl.* Diese Socken sind sehr dünn.

cambiar(se) (de) [kam'bĭar(se)] *v.* — (*etw. anderes*) **anziehen**

Niño, ¡cámbiate de pantalón! Este está mojado.

Junge, zieh eine andere Hose an, die hier ist naß.

---

cambiarse [kam'bĭarse] *v.* — **sich umziehen**

Si salimos a comer, tenemos que cambiarnos.

Wenn wir zum Essen ausgehen, müssen wir uns umziehen.

---

camisa [ka'misa] *f* — **Hemd** *n*

Mi hermano sólo lleva camisas de seda.

Mein Bruder trägt nur seidene Hemden.

---

cinta ['θinta] *f* — **Band** n

No me gusta llevar cintas en la cabeza.

Ich trage nicht gern ein Stirnband.

---

cinturón [θintu'ron] *m* — **Gürtel** *m*

¡Ponte un cinturón! Si no, pierdes el pantalón.

Binde dir einen Gürtel um, sonst rutscht dir die Hose herunter!

---

corbata [kor'ƀata] *f* — **Krawatte** *f*

Estas corbatas italianas son de seda pura.

Diese italienischen Krawatten sind aus reiner Seide.

---

chaqueta [tʃa'keta] *f* — **Jacke** *f*

Este año las chaquetas de cuadros están de moda.

In diesem Jahr sind karierte Jacken Mode.

---

elegante [ele'ǥante] *adj.* — **elegant**

¡Qué elegante estás esta noche, Carmen!

Wie elegant du heute abend bist, Carmen!

---

falda ['falda] *f* — **Rock** *m*

¿No te parece que esta falda es un poco larga?

Meinst du nicht, daß dieser Rock etwas zu lang ist?

---

ir [ir] *v.* (*irr.* 17) — **stehen, passen**

Este sombrero le va muy bien, señor. ¿Se lo queda?

Dieser Hut steht Ihnen sehr gut. Nehmen Sie ihn?

---

jersey [xer'sei] *m* (*pl. jerseys*) — **Pullover** *m*

Tienes que lavar este jersey con agua fría, es de lana.

Du mußt diesen Pullover kalt waschen, er ist aus Wolle.

---

llevar [ʎe'ƀar] *v.* — **tragen**

Mi padre nunca lleva corbata.

Mein Vater trägt nie eine Krawatte.

---

media ['međĭa] *f* — **Strumpf** *m*

Se me ha roto una media.

Mir ist ein Strumpf zerrissen.

moda ['mođa] *f*	**Mode** *f*
Este año los colores claros están de moda.	Dieses Jahr sind helle Farben Mode.
pantalón [panta'lon] *m*	**Hose** *f*
Hoy en día muchas mujeres llevan pantalones.	Heutzutage tragen viele Frauen Hosen.
pañuelo [pa'ɲŭelo] *m*	**Hals-, Kopftuch** *n*
Con el viento que hace me voy a poner un pañuelo.	Bei dem Wind werde ich mir ein Kopftuch umbinden.
piel ['pĭel] *f*	**Pelz** *m*
El sueño dorado de Carmen es un abrigo de pieles.	Carmens Wunschtraum ist ein Pelzmantel.
ponerse [po'nerse] *v.* (*irr.* 25)	**anziehen; aufsetzen**
No sé qué ponerme para la fiesta.	Ich weiß nicht, was ich zur Party anziehen soll.
Está lloviendo, ¡ponte un sombrero!	Es regnet, setz einen Hut auf!
probarse [pro'ƀarse] *v.* (*irr.* 7)	**anprobieren**
¿No quiere probarse este traje sastre?	Möchten Sie nicht dieses Kostüm anprobieren?
quitarse (algo) [ki'tarse] *v.*	**(sich)** etw. **ausziehen; abnehmen**
¡Quitaos la ropa mojada!	Zieht eure nassen Kleider aus!
ropa ['rropa] *f*	**Kleidung** *f*; **Wäsche** *f*
Nuestra amiga Lola gasta mucho dinero en ropa.	Unsere Freundin Lola gibt viel Geld für Kleidung aus.
¿Toda esta ropa es para lavar?	Ist die ganze Wäsche hier zum Waschen?
traje ['traxe] *m*	**Anzug** *m*; **Kostüm** *n*
El traje que llevaba Carmen era un sueño.	Das Kostüm, das Carmen trug, war ein Traum.
Tu traje gris es muy elegante, Julio.	Dein grauer Anzug ist sehr elegant, Julio.
vestido [bes'tiđo] *m*	**Kleid** *n*
Estos vestidos de verano están de oferta.	Diese Sommerkleider sind im Angebot.
vestir(se) [bes'tir(se)] *v.* (*irr.* 21)	**(sich) anziehen; sich kleiden**
Tu marido viste a la moda.	Dein Mann kleidet sich nach der Mode.
zapato [θa'pato] *m*	**Schuh** *m*
¿Qué zapatos me van bien con este vestido?	Welche Schuhe passen zu diesem Kleid?

«2001–4000»

anillo [a'niʎo] *m*	**Ring** *m*
El anillo que llevas es precioso.	Der Ring, den du trägst, ist wunderschön.
bañador [baɲa'đor] *m*	**Badehose** *f*; **Badeanzug** *m*
Niño, ¡ponte un bañador seco!	Junge, zieh dir eine trockene Badehose an.
Quiero un bañador de una pieza.	Ich möchte einen einteiligen Badeanzug.
blusa ['blusa] *f*	**Bluse** *f*
¿Qué te parece esta blusa? – El color no me gusta.	Wie gefällt dir diese Bluse? – Die Farbe gefällt mir nicht.
bota ['bota] *f*	**Stiefel** *m*
Tus botas están sucias, tienes que limpiarlas.	Deine Stiefel sind schmutzig, du mußt sie putzen.
bragas ['bragas] *fpl.*	**Schlüpfer** *m*
Solamente uso bragas de algodón.	Ich trage nur Baumwollschlüpfer.
calzoncillos [kalθon'θiʎos] *mpl.*	**(Herren)Unterhose** *f*
En invierno muchos hombres llevan calzoncillos largos.	Im Winter tragen viele Männer lange Unterhosen.
camiseta [kami'seta] *f*	**Unterhemd** *n*; **T-Shirt** *n*
En verano casi no se usa camiseta.	Im Sommer trägt man kaum Unterhemden.
Las camisetas con nombres y dibujos las usan mucho los jóvenes.	T-Shirts mit Namen und Zeichnungen werden von jungen Leuten gern getragen.
camisón [kami'son] *m*	**Nachthemd** *n*
No uso pijamas, prefiero llevar camisones.	Ich trage keine Schlafanzüge, ich trage lieber Nachthemden.
coser [ko'ser] *v.*	**nähen, annähen**
Mis hermanas no saben coser.	Meine Schwestern können nicht nähen.
cremallera [krema'ʎera] *f*	**Reißverschluß** *m*
Las cremalleras de plástico se estropean pronto.	Plastik-Reißverschlüsse gehen bald kaputt.
cuello ['kŭeʎo] *m*	**Kragen** *m*
Tengo que almidonar el cuello de esta camisa.	Ich muß den Kragen von diesem Hemd stärken.

desnudar(se) [deznu'đar(se)] *v.*	**(sich) ausziehen**
¡Desnúdate, ponte el pijama y a la cama!	Zieh dich aus, zieh den Schlafanzug an und ab ins Bett!
desnudo [dez'nuđo], **-a** *adj.*	**nackt**
¡Qué cosa! Esta mujer siempre toma el sol desnuda.	Na so was! Diese Frau sonnt sich immer nackt.
gabardina [gaƀar'đina] *f*	**(Popeline)Regenmantel** *m*
Puede llover. ¡Llévate la gabardina!	Es kann regnen. Nimm den Regenmantel mit!
guante ['gŭante] *m*	**Handschuh** *m*
A mí no me gusta conducir con guantes.	Ich fahre nicht gern mit Handschuhen Auto.
impermeable [imperme'aƀle] *m*	**Regenmantel** *m*
¡Mira! Me he comprado este impermeable.	Sieh mal! Ich habe mir diesen Regenmantel gekauft.
joya ['xoja] *f*	**Juwel** *n*
A Rocío le gusta lucir sus joyas.	Rocío macht gern mit ihren Juwelen Staat.
manga ['maŋga] *f*	**Ärmel** *m*
En verano prefiero llevar camisas de manga corta.	Im Sommer trage ich lieber kurzärmelige Hemden.
panty ['panti] *m*	**Strumpfhose** *f*
Por favor, necesito un panty negro, talla 38.	Ich brauche eine schwarze Strumpfhose, Größe 38.
pijama [pi'xama] *m*	**Pyjama** *m*, **Schlafanzug** *m*
Con este calor no voy a llevar pijamas largos.	Bei dieser Hitze trage ich keine Schlafanzüge mit langen Hosen.
pulsera [pul'sera] *f*	**Armband** *n*
Te he traído una pulsera de Méjico.	Ich habe dir ein Armband aus Mexiko mitgebracht.
sombrero [som'brero] *m*	**Hut** *m*
Vuelve la moda del sombrero.	Hüte werden wieder Mode.
tacón [ta'kon] *m*	**Absatz** *m*
A mi mujer le gusta llevar zapatos de tacón alto.	Meine Frau trägt gern Schuhe mit hohen Absätzen.
vaqueros [ba'keros] *mpl.*	**Jeans** *pl.*
Cuando estamos de vacaciones, todos llevamos vaqueros.	Wenn wir im Urlaub sind, tragen wir alle Jeans.

1.2.3 ERNÄHRUNG

1.2.3.1 MAHLZEITEN, RESTAURANT

«1–2000»

apetito [ape'tito] *m* — **Appetit** *m*
No sé lo que me pasa, no tengo apetito. — Ich weiß nicht, was mit mir los ist, ich habe keinen Appetit.

---

asado [a'sađo], **-a** *adj.* — **gebraten**
Como más nos gusta el cerdo, es asado. — Schweinefleisch schmeckt uns gebraten am besten.

---

bar [bar] *m* — **Imbißstube** *f*, **Café** *n*
Tu padre está con sus amigos en el bar de la esquina. — Dein Vater ist mit seinen Freunden im Café an der Ecke.

---

cafetería [kafete'ria] *f* — **Cafeteria** *f*
En la Gran Vía de Madrid hay varias cafeterías. — In Madrid gibt es auf der Gran Vía mehrere Cafeterias.

---

camarero [kama'rero] *m* — **Kellner** *m*, **Ober** *m*
¡Camarero, la cuenta, por favor! — Herr Ober, bitte die Rechnung!

---

carta ['karta] *f* — **Speisekarte** *f*
¡La carta, por favor! — Bitte die Speisekarte!

---

cena ['θena] *f* — **Abendessen** *n*
¡Por favor, tráigame la cena a la habitación! — Bitte bringen Sie mir das Abendessen aufs Zimmer.

---

cenar [θe'nar] *v.* — **zu Abend essen**
En general los españoles cenan después de las nueve (de la noche). — Meist essen die Spanier nach neun Uhr zu Abend.

---

cocido [ko'θiđo], **-a** *adj.* — **gekocht; gebacken**
Estas judías aún no están cocidas. — Diese Bohnen sind noch nicht fertig gekocht.

---

comer [ko'mer] *v.* — **essen; zu Mittag essen**
En este restaurante se come muy bien. — In diesem Restaurant ißt man sehr gut.
¿Te gustaría que comamos juntos? — Wollen wir zusammen zu Mittag essen?

comida [ko'miđa] *f*	**Essen** *n*, **Mahlzeit** *f*; **Mittagessen** *n*
¿Cuáles son las horas de las comidas?	Um welche Zeit werden die Mahlzeiten eingenommen?
La comida de hoy es: ensalada, paella y helado.	Zum Mittagessen gibt es heute Salat, Paella und Eis.
cuchara [ku'tʃara] *f*	**(Eß)Löffel** *m*
¡Aquí falta una cuchara!	Hier fehlt ein Eßlöffel!
cuchillo [ku'tʃiʎo] *m*	**Messer** *n*
¡Este cuchillo no corta!	Dieses Messer schneidet nicht.
cuenta ['kŭenta] *f*	**Rechnung** *f*
¡Prepáreme la cuenta de la (mesa) siete!	Richten Sie mir die Rechnung für Tisch 7 her!
desayunar [desaju'nar] *v.*	**frühstücken**
Los domingos desayunamos más tarde.	Sonntags frühstücken wir später.
desayuno [desa'juno] *m*	**Frühstück** *n*
El desayuno se sirve de ocho a diez.	Frühstück gibt es von 8 bis 10 Uhr.
frito ['frito], **-a** *adj.*	**gebraten**
¿Cómo quiere Vd. el pescado? – Frito.	Wie möchten Sie den Fisch? – Gebraten.
gustar [gus'tar] *v.*	**schmecken**
Esta sopa no me gusta, está salada.	Die Suppe schmeckt mir nicht, sie ist versalzen.
hambre ['ambre] *f* (el)	**Hunger** *m*
¿No tenéis hambre?	Habt ihr keinen Hunger?
incluido [iŋ'klŭiđo], **-a** *adj.*	**inklusive, inbegriffen**
¿Está la propina incluida?	Ist das inklusive Trinkgeld?
menú [me'nu] *m* (*pl.* menús)	**Speisekarte** *f*; **Menü** *n*
¡Tráigame el menú, por favor!	Bringen Sie mir bitte die Speisekarte.
¿Tomamos el menú (del día) o comemos a la carta?	Nehmen wir das Menü oder essen wir à la carte?
pagar [pa'gar] *v.* (-gu-)	**(be)zahlen**
¿Has pagado ya la cuenta?	Hast du schon die Rechnung bezahlt?
pedir [pe'đir] *v.* (*irr.* 21)	**bestellen**
Este cliente pide siempre un café y un coñac después de comer.	Dieser Gast bestellt immer einen Kaffee und einen Kognak nach dem Essen.

picante [pi'kante] *adj.* Esta salsa está muy picante.	**scharf** Diese Soße ist sehr scharf.
plato ['plato] *m* ¿Puedo retirar ya estos platos?	**Teller** *m* Darf ich diese Teller schon abräumen?
plato ['plato] *m* ¿Cuál es el plato del día?	**Gericht** *n*, **Speise** *f* Was ist das Tagesgericht?
postre ['postre] *m* ¿Desean Vds. postre?	**Nachtisch** *m*, **Nachspeise** *f* Möchten Sie einen Nachtisch?
preparar [prepa'rar] *v.* La ensalada está deliciosa. ¿Con qué la has preparado?	**zubereiten, machen** Der Salat schmeckt köstlich. Womit hast du ihn gemacht?
probar [pro'ƀar] *v.* (*irr.* 7) ¿Quiere Vd. probar el vino de la casa?	**probieren, kosten** Möchten Sie unseren Hauswein probieren?
restaurante [rrestaŭ'rante] *m* ¿Hay un buen restaurante en este barrio?	**Restaurant** *m* Gibt es in diesem Viertel ein gutes Restaurant?
saber (a) [sa'ƀer] *v.* (*irr.* 28) ¿A qué te sabe este helado?	**schmecken** (nach) Wonach schmeckt dieses Eis?
servicio [ser'ƀiθĭo] *m* El servicio de este restaurante es muy bueno.	**Bedienung** *f* Die Bedienung in diesem Restaurant ist sehr gut.
servir [ser'ƀir] *v.* (*irr.* 21) ¿Hasta qué hora sirven la cena?	**bedienen; servieren** Bis wieviel Uhr wird Abendessen serviert?
tenedor [tene'đor] *m* No sé por qué me han puesto dos tenedores.	**Gabel** *f* Ich weiß nicht, warum man mir zwei Gabeln hingelegt hat.

«2001–4000»

almorzar [almor'θar] *v.* (*irr.* 7; -c-) Hoy el presidente almuerza con sus ministros.	**zu Mittag essen** Heute ißt der Präsident mit seinen Ministern zu Mittag.
almuerzo [al'mŭerθo] *m* El almuerzo se sirve de 13 a 15 horas.	**Mittagessen** *n* (*förmlicher als* comida) Das Mittagessen wird zwischen 13 und 15 Uhr serviert.

asar [a'sar] *v.* Esta carne es buena para asar.	**braten** Dieses Fleisch ist gut zum Braten.
bodega [bo'ðeɣa] *f* ¿Conoces ya la bodega «El Toro»?	**(Wein)Kellerei** *f*, **Weinstube** *f*; **Weinhandlung** *f* Kennst du schon die Weinstube „El Toro"?
café [ka'fe] *m* ¿Nos encontramos a las tres en el Café Gijón?	**Café** *n*, **Kaffeehaus** *n* Treffen wir uns um drei Uhr im Café Gijón?
cocer [ko'θer] *v.* (*irr.* 37; -z-) Esta carne hay que cocerla a fuego lento. Este pan lo cuecen dos veces.	**kochen; backen** Dieses Fleisch muß auf kleiner Flamme gekocht werden. Dieses Brot wird zweimal gebacken.
entremeses [entre'meses] *mpl.* Lo mejor en este restaurante son los entremeses.	**Vorspeisen** *fpl.* Das Beste in diesem Restaurant sind die Vorspeisen.
fregar [fre'ɣar] *v.* (*irr.* 22; -gu-) A ningún hombre le gusta fregar los platos.	**abwaschen, spülen** Kein Mann spült gerne ab.
freír [fre'ir] *v.* (*irr.* 27; *p.* frito) Por favor, ¡fríe esta cebolla!	**braten** Brate bitte diese Zwiebel.
guisar [gi'sar] *v.* Mi madre guisa mejor que mi mujer.	**kochen** Meine Mutter kocht besser als meine Frau.
merienda [me'rĭenda] *f* ¡Compra pan y chocolate para la merienda!	**Vesper** *f,n*, **Zwischenmahlzeit** *f* Kauf Brot und Schokolade für die Vesper!
olla ['oʎa] *f* Lo que más odio de la cocina, es fregar las ollas.	**Topf** *m* Am meisten hasse ich am Kochen das Reinigen der Töpfe.
ración [rra'θĭon] *f* Por favor, ¡tres raciones de gambas!	**Portion** *f* Bitte drei Portionen Garnelen!
rebanada [rreβa'naða] *f* ¡Tráigame otra rebanada de pan!	**Scheibe** *f* (*Brot*) Bringen Sie mir noch eine Scheibe Brot!
receta [rre'θeta] *f* ¿Me puedes dar la receta de este pastel?	**Rezept** *n* Kannst du mir das Rezept für diesen Kuchen geben?

régimen ['rreximen] *m* (*pl.* regímenes) El doctor me ha puesto a régimen.	**Diät** *f* Der Arzt hat mich auf Diät gesetzt.
rico ['rriko], **-a** *adj.* El helado está rico, mamá.	**schmackhaft, köstlich** Das Eis ist lecker, Mutti.
sabor [sa'ƀor] *m* Esta tortilla de patatas tiene mal sabor.	**Geschmack** *m* Dieses Omelett aus Kartoffeln schmeckt schlecht.
sartén [sar'ten] *f* ¿En dónde frío las patatas? – En esta sartén.	**Pfanne** *f* Worin kann ich die Kartoffeln braten? – In dieser Pfanne hier.
servilleta [serƀi'ʎeta] *f* Se nos han acabado las servilletas de papel.	**Serviette** *f* Die Papierservietten sind uns ausgegangen.
tapas ['tapas] *fpl.* En España el aperitivo se toma en general con tapas.	**kleine, pikante Vorspeisen** *fpl.*, **Appetithäppchen** *npl.* In Spanien ißt man zum Aperitif meist „tapas".

1.2.3.2 LEBENSMITTEL, SPEISEN

(*Siehe auch OBST UND GEMÜSE 1.2.3.3*)

«1–2000»

asado [a'sađo] *m* ¿Puedo ya poner el asado en el horno?	**Braten** *m* Kann ich den Braten schon in die Bratröhre schieben?
aves ['aƀes] *fpl.* ¿Dónde está la sección de aves, por favor?	**Geflügel** *n* Wo ist bitte die Geflügelabteilung?
azúcar [a'θukar] *m* ¡Pásame el azúcar, por favor!	**Zucker** *m* Reich mir bitte den Zucker herüber.
bocadillo [boka'điʎo] *m* Para la merienda nos llevamos unos bocadillos de jamón.	**belegtes Brötchen** *n oder* **Brot** *n* Für die Vesper nehmen wir Schinkenbrote mit.
carne ['karne] *f* ¿Qué prefieres comer, carne o pescado?	**Fleisch** *n* Was möchtest du lieber essen, Fleisch oder Fisch?

cerdo ['θerđo] *m*	**Schweinefleisch** *n*
Prefiero el cerdo a la carne de vaca.	Ich esse lieber Schweinefleisch als Rindfleisch.
cordero [kor'đero] *m*	**Lammfleisch** *n*; *oft auch* **Hammel** *m*
Los españoles sí que preparan bien el cordero.	Die Spanier verstehen es, Hammelfleisch zuzubereiten.
crema ['krema] *f*	**Creme** *f* (*gebundene Suppe*); **Sahne** *f*
¿Te apetece una crema de espárragos?	Hast du Lust auf Spargelcremesuppe?
chocolate [tʃoko'late] *m*	**Schokolade** *f*
Compremos unas tabletas de chocolate.	Wir wollen ein paar Tafeln Schokolade kaufen.
ensalada [ensa'lađa] *f*	**Salat** *m*
Los españoles comen la ensalada antes del plato fuerte.	Die Spanier essen den Salat vor dem Hauptgericht.
filete [fi'lete] *m*	**Scheibe** *f* (*Fleisch*); **(Fisch)Filet** *n*
¡Córteme este trozo de carne en filetes!	Schneiden Sie mir dieses Stück Fleisch in Scheiben.
Hoy puedo ofrecerles filete de lenguado.	Heute kann ich Ihnen Seezungenfilet anbieten.
grasa ['grasa] *f*	**Fett** *n*
Este caldo tiene mucha grasa.	Diese Fleischbrühe enthält viel Fett.
harina [a'rina] *f*	**Mehl** *n*
¡Ve al supermercado y tráeme un kilo de harina!	Hol mir ein Kilo Mehl aus dem Supermarkt!
helado [e'lađo] *m*	**(Speise)Eis** *n*
¡Tres helados de vainilla y dos de fresa, por favor!	Bitte dreimal Vanilleeis und zweimal Erdbeereis.
huevo ['ŭeƀo] *m*	**Ei** *n*
¿Quiere Vd. los huevos fritos o pasados por agua?	Möchten Sie Spiegeleier oder weichgekochte Eier?
jamón [xa'mon] *m*	**Schinken** *m*
¡Déme Vd. 200 gramos de jamón York!	Geben Sie mir 200 Gramm gekochten Schinken.
mantequilla [mante'kiʎa] *f*	**Butter** *f*
¡Pon la mantequilla en la nevera!	Leg die Butter in den Kühlschrank!

pan [pan] *m*	**Brot** *n*
En Alemania hay muchas clases de pan.	In Deutschland gibt es viele Brotsorten.
pastel [pas'tel] *m*	**Kuchen** *m*; **Törtchen** *n*
Si vas a la ciudad, ¡tráeme unos pasteles!	Wenn du in die Stadt gehst, bring Kuchen mit!
pescado [pes'kađo] *m*	**Fisch** *m* (*als Speise*)
¡No hay como el pescado fresco!	Es geht nichts über frischen Fisch!
pimienta [pi'mĭenta] *f*	**Pfeffer** *m*
A esta salsa le falta un poco de pimienta.	An dieser Soße fehlt etwas Pfeffer.
pollo ['poʎo] *m*	**Hähnchen** *n*
¿Compramos un pollo asado?	Wollen wir ein Brathähnchen kaufen?
queso ['keso] *m*	**Käse** *m*
El verdadero queso manchego se hace con leche de oveja.	Der echte Mancha-Käse wird aus Schafmilch gemacht.
sal [sal] *f*	**Salz** *n*
Te has olvidado de echar sal a la carne.	Du hast vergessen, das Fleisch zu salzen.
sopa ['sopa] *f*	**Suppe** *f*
Te he preparado una rica sopa de pescado.	Ich habe dir eine herrliche Fischsuppe gemacht.
ternera [ter'nera] *f*	**Kalbfleisch** *n*
¿A cómo está el kilo de ternera?	Wieviel kostet ein Kilo Kalbfleisch?
tortilla [tor'tiʎa] *f*	**Omelett** *n*
Le prepararé una tortilla francesa.	Ich mache Ihnen ein Omelett nature.
tostada [tos'tađa] *f*	**Toast** *m*, **Toastschnitte** *f*
¿Quiere Vd. panecillos o tostadas?	Möchten Sie Brötchen oder Toast?
vaca ['baka] *f*	**Rindfleisch** *n*
Prefiero la carne de vaca a la de ternera.	Ich esse lieber Rindfleisch als Kalbfleisch.

«2001–4000»

alimento [ali'mento] *m*	**Nahrung** *f*, **Lebensmittel** *n*
El control de alimentos es muy estricto en Alemania.	Die Lebensmittelüberwachung in Deutschland ist sehr streng.
bistec [bis'tek] *m* (*pl.* bistecs)	**(Beef)Steak** *n*
¡De segundo plato tráigame un bistec con patatas fritas!	Als zweiten Gang bringen Sie mir ein Steak mit Pommes frites.
bombón [bom'bon] *m*	**Praline** *f*
Los Pérez me trajeron una caja de bombones.	Die Pérez haben mir eine Schachtel Pralinen mitgebracht.
caramelo [kara'melo] *m*	**Bonbon** *n*
Los caramelos que más nos gustan son los ingleses.	Am liebsten essen wir englische Bonbons.
comestibles [komes'tiƀles] *m/pl.*	**Nahrungs-, Lebensmittel** *npl.*
En este barrio hay tres tiendas de comestibles.	In diesem Viertel gibt es drei Lebensmittelgeschäfte.
conserva [kon'serƀa] *f*	**Konserve** *f*
Generalmente los alimentos en conserva son más baratos que los frescos.	Lebensmittelkonserven sind meist billiger als frische Lebensmittel.
chorizo [tʃo'riθo] *m*	**Paprikawurst** *f*
¿Te apetece un bocadillo de chorizo?	Möchtest du ein belegtes Brot mit Paprikawurst?
chuleta [tʃu'leta] *f*	**Kotelett** *n*
En Burgos preparan las chuletas de cordero muy bien.	In Burgos werden Hammelkoteletts sehr gut zubereitet.
dulce ['dulθe] *m*	**Süßspeise** *f*
De postre hay varios dulces.	Als Nachtisch gibt es verschiedene Süßspeisen.
especialidad [espeθĭali'đađ] *f*	**Spezialität** *f*
La especialidad de Jabugo es el jamón serrano.	Die Spezialität von Jabugo ist roher Schinken.
flan [flan] *m*	**Crème Caramel** *f*
El mejor flan lo hace tu madre.	Die beste Crème Caramel macht deine Mutter.
lata ['lata] *f*	**(Konserven)Dose** *f*, **Büchse** *f*
¿Aún tenemos unas latas de sardinas?	Haben wir noch ein paar Dosen Sardinen?

mariscos [ma'riskos] *mpl.* Los mejores mariscos de España son los de Galicia.	**Meeresfrüchte** *fpl.* Die besten Meeresfrüchte in Spanien sind die galicischen.
nata ['nata] *f* Las fresas con nata me gustan mucho.	**Sahne** *f* Erdbeeren mit Sahne esse ich sehr gern.
paella [pa'eʎa] *f* La paella es un plato típico de Valencia.	**Paella** *f* (*Reisgericht mit Meeresfrüchten und vielen anderen Zutaten*) Die Paella ist ein typisches Gericht von Valencia.
panecillo [pane'θiʎo] *m* ¿Quiere Vd. pan negro o panecillos?	**Brötchen** *n* Möchten Sie Schwarzbrot oder Brötchen?
pasta ['pasta] *f* La pasta de hojaldre es muy difícil de preparar.	**Teig** *m* Die Zubereitung von Blätterteig ist schwer.
pastas ['pastas] *fpl.* Las mejores pastas son las italianas.	**Gebäck** *n*; **Teigwaren** *fpl.* Die besten Teigwaren sind die italienischen.
tarta ['tarta] *f* Ahora tengo ganas de comer tarta de manzana.	**Obstkuchen** *m*; **Torte** *f* Jetzt habe ich Lust auf Apfelkuchen.
vinagre [bi'nagre] *m* A esta ensalada le falta vinagre.	**Essig** *m* Dieser Salat hat zu wenig Essig.
yogur [jo'gur] *m* Todo el mundo se ha acostumbrado a comer yogur.	**Joghurt** *m* Alle haben sich daran gewöhnt, Joghurt zu essen.

1.2.3.3 OBST UND GEMÜSE

«1–2000»

aceituna [aθeï'tuna] *f* ¡Déme medio kilo de aceitunas! – ¿Rellenas o con hueso?	**Olive** *f* Geben Sie mir ein Pfund Oliven! – Gefüllte oder mit Kern?
amargo [a'margo], **-a** *adj.* La achicoria no me gusta porque es amarga.	**bitter** Ich mag keinen Chicorée, weil er bitter ist.

arroz [a'rroθ] *m* De primer plato vamos a comer arroz con gambas.	**Reis** *m* Als ersten Gang essen wir Reis mit Garnelen.
cereza [θe'reθa] *f* ¿Queréis cerezas de postre?	**Kirsche** *f* Wollt ihr Kirschen als Nachtisch?
dulce ['dulθe] *adj.* Este postre está muy dulce. ¿No te parece?	**süß** Dieser Nachtisch ist sehr süß. Meinst du nicht auch?
fruta ['fruta] *f* ¿Qué desean de postre, fruta o helado?	**Obst** *n* Was möchten Sie als Nachtisch, Obst oder Eis?
lechuga [le'tʃuga] *f* ¿Cuánto vale esta lechuga?	**Kopfsalat** *m*, **grüner Salat** *m* Wieviel kostet dieser Kopfsalat?
legumbres [le'gumbres] *fpl.* Las legumbres más corrientes en España son lentejas, judías y garbanzos.	**Hülsenfrüchte** *fpl.*; **Gemüse** *n* Die häufigsten Hülsenfrüchte in Spanien sind Linsen, Bohnen und Kichererbsen.
limón [li'mon] *m* ¿Quiere Vd. el té con leche o con limón?	**Zitrone** *f* Möchten Sie den Tee mit Milch oder Zitrone?
maduro [ma'đuro], **-a** *adj.* Estas peras están muy maduras. ¿No tiene otras?	**reif** Diese Birnen sind überreif. Haben Sie keine anderen?
manzana [man'θana] *f* ¡Qué tarta de manzana más rica!	**Apfel** *m* Was für ein herrlicher Apfelkuchen!
melón [me'lon] *m* ¡De entrada tráigame melón con jamón!	**Melone** *f* Bringen Sie mir als Vorspeise Melone mit Schinken.
mermelada [merme'lađa] *f* A mis niños les fascina la mermelada de fresa.	**Marmelade** *f* Meine Kinder sind ganz verrückt auf Erdbeermarmelade.
naranja [na'raŋxa] *f* Pepito, te voy a pelar esta naranja.	**Orange** *f*, **Apfelsine** *f* Pepito, ich werde dir die Orange schälen.
patata [pa'tata] *f* ¿Os gusta el puré de patatas?	**Kartoffel** *f* Eßt ihr gern Kartoffelpüree?
pera ['pera] *f* Las peras de Lérida son muy apreciadas.	**Birne** *f* Die Birnen aus Lérida werden sehr geschätzt.

plátano ['platano] *m* — **Banane** *f*
Estos plátanos vienen de Canarias. — Diese Bananen kommen von den Kanarischen Inseln.

tomate [to'mate] *m* — **Tomate** *f*
Voy a hacer una ensalada de tomate. — Ich mache einen Tomatensalat.

uva ['uƀa] *f* — **Traube** *f*
Estas uvas de moscatel son muy dulces. — Diese Muskatellertrauben sind sehr süß.

verdura [ber'đura] *f* — **Gemüse** *f*
Tienes que comer más verdura, es muy sana. — Du mußt mehr Gemüse essen, das ist sehr gesund!

«2001–4000»

agrio ['agrĭo], **-a** *adj.* — **sauer**
¡Qué lástima! Nuestro vino está agrio. — Wie schade, unser Wein ist sauer.

ajo ['axo] *m* — **Knoblauch** *m*
En la cocina española se usa mucho ajo. — In der spanischen Küche wird viel Knoblauch verwendet.

albaricoque [alƀari'koke] *m* — **Aprikose** *f*
Los mejores albaricoques de España vienen de la huerta de Murcia. — Die besten Aprikosen in Spanien kommen aus dem Gartenland von Murcia.

ciruela [θi'rŭela] *f* — **Pflaume** *f*
¿Queréis comer ciruelas, niños? — Kinder, wollt ihr Pflaumen essen?

col [kol] *f* — **Kohl** *m*
Creo que los alemanes comen más col que los españoles. — Ich glaube, die Deutschen essen mehr Kohl als die Spanier.

crudo ['kruđo], **-a** *adj.* — **roh, ungekocht**
A Pepito le gusta comer la cebolla cruda. — Pepito ißt gern rohe Zwiebel.

garbanzo [gar'ƀanθo] *m* — **Kichererbse** *f*
Al cocido madrileño se le echan garbanzos. — Zum (typischen) Madrider Eintopf gehören Kichererbsen.

hueso ['ŭeso] *m* — **Kern** *m*
¡Ayúdame a quitar los huesos a estas ciruelas! — Hilf mir, diese Pflaumen zu entsteinen.

judía [xu'đia] *f*
El plato del día es judías con chorizo.
La guarnición son judías verdes y patatas.

Bohne *f*
Das Tagesgericht sind (weiße) Bohnen mit Paprikawurst.
Die Beilagen sind grüne Bohnen und Kartoffeln.

melocotón [meloko'ton] *m*
De postre hay melocotón en almíbar.

Pfirsich *m*
Als Nachtisch gibt es Pfirsichkompott.

pimiento [pi'mĭento] *m*
Mi plato preferido son pimientos rellenos.

Paprika(schote) *m/f*
Mein Lieblingsgericht sind gefüllte Paprika.

1.2.3.4 TRINKEN, RAUCHEN

«1–2000»

agua mineral ['agua mine'ral] *f* (el)
¿Quiere el agua mineral con o sin gas?

Mineralwasser *n*
Wollen Sie das Mineralwasser mit oder ohne Kohlensäure?

beber [be'ƀer] *v.*
¿Qué quiere Vd. beber, algún aperitivo o un zumo de fruta?

trinken
Was möchten Sie trinken, einen Aperitif oder einen Fruchtsaft?

bebida [be'ƀiđa] *f*
En esta cafetería hay sólo bebidas sin alcohol.

Getränk *n*
In dieser Cafeteria gibt es nur alkoholfreie Getränke.

botella [bo'teʎa] *f*
¡Déme seis botellas de este vino rosado, por favor!

Flasche *f*
Geben Sie mir bitte sechs Flaschen von diesem Rosé.

café [ka'fe] *m*
¿Puedo servirle un poco más de café?

Kaffee *m*
Darf ich Ihnen noch etwas Kaffee einschenken?

cerveza [θer'ƀeθa] *f*
Las cervezas de Munich tienen mucha fama.

Bier *n*
Die Münchner Biere sind berühmt.

cigarrillo [θiga'rriʎo] m
Esta mujer se fuma dos paquetes de cigarrillos al día.

Zigarette *f*
Diese Frau raucht zwei Schachteln Zigaretten pro Tag.

chocolate [tʃoko'late] *m*
¡Pide una taza de chocolate para el niño!

Schokolade *f*, **Kakao** *m*
Bestell eine Tasse Kakao für das Kind!

fumar [fu'mar] *v.* Ahora tengo ganas de fumarme un buen puro.	**rauchen** Jetzt habe ich Lust, eine gute Zigarre zu rauchen.
jugo ['xuɣo] *m* En vez del aperitivo prefiero tomar un jugo de tomate.	**Saft** *m* Statt des Aperitifs nehme ich lieber einen Tomatensaft.
leche ['letʃe] *f* ¿Quiere Vd. que caliente la leche?	**Milch** *f* Soll ich die Milch wärmen?
refresco [rre'fresko] *m* ¿Quieren Vds. tomar un refresco?	**Erfrischung** *f* Möchten Sie eine Erfrischung zu sich nehmen?
sed [seđ] *f* El niño debe de tener sed, ¡dale algo de beber!	**Durst** *m* Der Junge muß Durst haben, gib ihm etwas zu trinken!
tabaco [ta'ƀako] *m* ¿Dónde puedo comprar tabaco para pipa?	**Tabak** *m* Wo kann ich Pfeifentabak kaufen?
taza ['taθa] *f* ¡Señorita, una taza de té, por favor!	**Tasse** *f* Fräulein, bitte eine Tasse Tee!
té [te] *m* Este té está tibio, lo voy a devolver.	**Tee** *m* Dieser Tee ist ja lauwarm, den lasse ich zurückgehen.
tomar [to'mar] *v.* ¿Qué vino tomamos con la cena?	**trinken** Welchen Wein sollen wir zum Abendessen trinken?
vaso ['baso] *m* ¡Dame un vaso de agua, por favor!	**Glas** *n* Gib mir bitte ein Glas Wasser.
vino ['bino] *m* ¿Qué vino prefiere Vd., tinto o blanco?	**Wein** *m* Welchen Wein trinken Sie lieber, roten oder weißen?

«2001–4000»

alcohol [alko'ol] *m* Esta cerveza no tiene mucho alcohol.	**Alkohol** *m* Dieses Bier enthält nicht viel Alkohol.

alcohólico [alko'oliko], **-a** *adj.* Está prohibido vender bebidas alcohólicas a los menores de edad.	**alkoholisch** Es ist verboten, an Minderjährige alkoholische Getränke zu verkaufen.
borracho [bo'rratʃo], **-a** *adj.* ¿No te das cuenta de que este tipo está borracho?	**betrunken** Merkst du denn nicht, daß dieser Kerl betrunken ist?
cenicero [θeni'θero] *m* ¡Alcánzame el cenicero, por favor!	**Aschenbecher** *m* Reich mir bitte den Aschenbecher.
coñac [ko'ɲa(k)] *m* ¿Quiere Vd. una copa de coñac con el café?	**Kognac** *m* Möchten Sie ein Glas Kognac zum Kaffee?
copa ['kopa] *f* ¿Puedo ofrecerle una copa de champaña?	**Glas** *n* (*mit Stiel*) Darf ich Ihnen ein Glas Champagner anbieten?
encendedor [enθende'ðor] *m* ¡Préstame tu encendedor, por favor!	**Feuerzeug** *n* Leih mir bitte dein Feuerzeug!
gaseosa [gase'osa] *f* Aquí hay dos botellas de gaseosa.	**Brause-, Zitronenlimonade** *f* Hier sind zwei Flaschen Zitronenlimonade.
hielo ['jelo] *m* ¿Toma Vd. el whisky con hielo?	**Eis** *n* (*Würfel*) Trinken Sie den Whisky mit Eis?
jarra ['xarra] *f* En este restaurante sirven el vino en jarras.	**Krug** *m* In diesem Restaurant wird der Wein in Krügen serviert.
limonada [limo'naða] *f* Quiero una limonada natural.	**Zitronenlimonade** *f*, **Zitronensaft** *m* Ich möchte frischen Zitronensaft.
naranjada [naraŋ'xaða] *f* Prefiero un zumo natural de naranja a esta naranjada.	**Orangeade** *f*, **Orangensaftgetränk** *n* Statt dieser Orangeade nehme ich lieber frischen Orangensaft.
pipa ['pipa] *f* A mi abuelo le gusta fumar en pipa.	**Pfeife** *f* Mein Großvater raucht gern Pfeife.
puro ['puro] *m* Pepe me regaló una caja de puros para mi cumpleaños.	**Zigarre** *f* Pepe hat mir zum Geburtstag eine Kiste Zigarren geschenkt.

trago ['trago] *m* ¿Vamos a echar un trago?	**Schluck** *m* Wollen wir uns einen Schluck genehmigen?
zumo ['θumo] *m* Antes del desayuno quiero tomar un zumo de naranja.	**Saft** *m* (*vor allem von Obst*) Vor dem Frühstück möchte ich einen Orangensaft trinken.

1.2.4 SCHULE UND AUSBILDUNG

(*Siehe auch LERNEN UND WISSEN, 1.1.2.9*)

1.2.4.1 ALLGEMEINES

«1–2000»

clase ['klase] *f* Mi hija está en la primera clase.	**Klasse** *f* Meine Tochter ist in der ersten Klasse.
clase ['klase] *f* Mañana no hay clase por ser fiesta.	**Unterricht** *m* Morgen ist kein Unterricht, weil Feiertag ist.
colegio [ko'lexĭo] *m* Pepito va a un colegio de benedictinos.	**Schule** *f*; (höhere) **Privatschule** *f* Pepito geht in ein Gymnasium der Benediktiner.
educación [eđuka'θĭon] *f* Tere no tiene idea de lo que es la educación de los hijos.	**Erziehung** *f* Tere hat keine Ahnung, was Kindererziehung ist.
enseñar [ense'ɲar] *v.* ¿Qué asignatura enseña Vd.?	**lehren, unterrichten** Welches Fach lehren Sie?
escuela [es'kŭela] *f* ¿A qué escuela va su hija?	**Schule** *f* In welche Schule geht Ihre Tochter?
estudiante [estu'đĭante] *m, f* Los estudiantes tienen que matricularse antes del 1º de marzo. Tenemos dos estudiantes (de bachillerato) en la familia.	**Student(in)** *m(f)*; **(Sekundar-) Schüler(in)** *m(f)*, **Gymnasiast(in)** *m(f)* Die Studenten müssen sich bis zum 1. März einschreiben. Wir haben zwei Gymnasiasten in der Familie.

estudiar [estu'đĭar] *v.*
Juan quiere estudiar medicina.
Si no estudias más, vas a perder el año.

studieren; lernen
Juan will Medizin studieren.
Wenn du nicht mehr lernst, wirst du sitzenbleiben.

---

estudios [es'tuđĭos] *mpl.*
Mi nieto toma sus estudios muy en serio.

Studium *n*
Mein Enkel nimmt sein Studium sehr ernst.

---

profesor [profe'sor] *m*, **-a** *f*
Tienes unas notas muy malas. Voy a hablar con tu profesor de latín.

(Gymnasial)Lehrer(in) *m(f)*
Du hast sehr schlechte Noten. Ich werde mit deinem Lateinlehrer sprechen.

---

profesor [profe'sor] *m*, **-a** *f*
Andrés Sánchez es profesor de química en la Universidad de Zaragoza.

(Universitäts)Dozent(in) *m(f)*
Andrés Sánchez ist Chemiedozent an der Universität Saragossa.

---

universidad [uniƀersi'đađ] *f*
Mi hijo estudia en la universidad de Heidelberg.

Universität *f*
Mein Sohn studiert an der Heidelberger Universität.

---

vacaciones [baka'θĭones] *fpl.*
Este año las vacaciones empiezan un poco más tarde.

Ferien *pl.*
Dieses Jahr beginnen die Ferien etwas später.

«2001–4000»

academia [aka'đemĭa] *f*
La Real Academia Española tiene su sede en Madrid.
Junto a nuestra casa hay una academia de comercio.

Akademie *f*; (private) **(Fach-)Schule** *f*
Die Spanische Sprachakademie hat ihren Sitz in Madrid.
Neben unserem Haus ist eine Handelsschule.

---

alumno [a'lumno] *m*, **-a** *f*
En mi clase somos 45 alumnos, es demasiado.

Schüler(in) *m(f)*
In meiner Klasse sind wir 45 Schüler, das ist zuviel.

---

aprendiz [apren'diθ] *m*, **-a** *f*
En esta empresa faltan tres aprendices.

Lehrling *m*, **Auszubildende(r)** *f(m)*
In diesem Betrieb werden drei Lehrlinge gesucht.

---

beca ['beka] *f*
He solicitado una beca para Francia.

Stipendium *n*
Ich habe ein Stipendium für Frankreich beantragt.

catedrático [kate'đratiko] *m*, **-a** *f* — **(Universitäts)Professor(in)** *m*(*f*)
El catedrático de física se jubila el 31 de mayo. — Der Professor für Physik geht am 31. Mai in den Ruhestand.

cultura [kul'tura] *f* — **Kultur** *f*; **Bildung** *f*
Tu amigo tiene una excelente cultura general. — Dein Freund hat eine hervorragende Allgemeinbildung.

director [direk'tor] *m*, **-a** *f* — **Direktor(in)** *m*(*f*)
El director de nuestra escuela es muy severo. — Unser Schuldirektor ist sehr streng.

enseñanza [ense'ɲanθa] *f* — **Unterricht** *m*; **Schulwesen** *n*
Mi especialidad es la enseñanza de la gramática. — Meine Spezialität ist Grammatikunterricht.
La enseñanza media necesita una reforma. — Das Sekundarschulwesen ist reformbedürftig.

especializarse [espeθĭali'θarse] *v*. (-c-) — **sich spezialisieren**
Mi hijo quiere especializarse en cirujía. — Mein Sohn will sich auf Chirurgie spezialisieren.

formación [forma'θĭon] *f* — **Ausbildung** *f*
¿Quién dirige la formación de estos aprendices? — Wer leitet die Ausbildung dieser Lehrlinge?

instituto (de enseñanza media) [insti'tuto] *m* — (staatliches) **Gymnasium** *n*
Manolito va a un instituto. — Manolito geht auf ein staatliches Gymnasium.

maestro [ma'estro] *m*, **-a** *f* — **(Grundschul)Lehrer(in)** *m*(*f*)
La maestra nos ha explicado las reglas del tráfico. — Die Lehrerin hat uns die Verkehrsregeln erklärt.

recreo [rre'kreo] *m* — **Pause** *f*
Durante el recreo los alumnos pueden jugar en el patio. — In der Pause dürfen die Schüler auf dem Hof spielen.

1.2.4.2 UNTERRICHT UND PRÜFUNGEN

«1–2000»

certificado [θertifi'kađo] *m* — **Zeugnis** *n*
Mañana darán los certificados a los niños. — Morgen bekommen die Kinder ihre Zeugnisse.

curso ['kurso] *m* Quiero hacer un curso de contabilidad.	**Kurs** *m*, **Lehrgang** *m* Ich möchte einen Buchhaltungskurs machen.
curso ['kurso] *m* En España, el curso suele terminar en junio.	**Schul-, Studienjahr** *n* Das Schuljahr endet in Spanien gewöhnlich im Juni.
deberes [de'ƀeres] *mpl.* Primero tienes que hacer tus deberes.	**Hausaufgaben** *fpl.* Zuerst mußt du deine Hausaufgaben machen.
diccionario [digθĭo'narĭo] *m* ¿Tienes un diccionario español-alemán?	**Wörterbuch** *n* Hast du ein spanisch-deutsches Wörterbuch?
ejercicio [exer'θiθĭo] *m* En este libro de inglés hay muy pocos ejercicios.	**Übung** *f* In diesem Englischbuch sind zu wenig Übungen.
ejercicio [exer'θiθĭo] *m* En el primer ejercicio (del examen) me ha ido bien.	**Prüfungsaufgabe** *f*, **Teilprüfung** *f* Bei der ersten Prüfungsaufgabe ist es mir gutgegangen.
examen [eg'samen] *m* No sé si Pablo pasará el examen de biología.	**Prüfung** *f* Ich weiß nicht, ob Pablo die Biologieprüfung bestehen wird.
examinarse [egsami'narse] *v.* Mañana me examino de geografía.	**geprüft werden** Morgen werde ich in Geographie geprüft.
falta ['falta] *f* ¡Oye, tienes más de 20 faltas de ortografía!	**Fehler** *m* Hör mal! Du hast mehr als 20 Rechtschreibfehler!
historia [is'torĭa] *f* A mi hijo le han dado un sobresaliente en historia.	**Geschichte** *f* Mein Sohn hat eine Eins in Geschichte bekommen.
horario [o'rarĭo] *m* ¡Mira en tu horario cuándo tienes clase de gimnasia!	**Stundenplan** *m* Schau auf deinem Stundenplan nach, wann du Turnen hast.
lengua ['leŋgŭa] *f* En este colegio se enseñan tres lenguas extranjeras.	**Sprache** *f* Auf dieser Schule werden drei Fremdsprachen gelehrt.
nota ['nota] *f* Esta vez Pepito tiene mejores notas que el año pasado.	**Note** *f* Diesmal hat Pepito bessere Noten als letztes Jahr.

obligatorio [oƀliga'torĭo], **-a** *adj.*	**Pflicht..., obligatorisch**
La música es una asignatura obligatoria en la primaria.	Musik ist Pflichtfach in der Grundschule.
tema ['tema] *m*	**Thema** *n*
¿Cuál es el tema de la composición?	Wie lautet das Aufsatzthema?
traducir [trađu'θir] *v.* (*irr.* 4)	**übersetzen**
¡Traduzcan el primer párrafo al español!	Übersetzen Sie den ersten Absatz ins Spanische.

«2001–4000»

aprobar [apro'ƀar] *v.* (*irr.* 7)	**bestehen**
Mi hijo ha aprobado todas las asignaturas.	Mein Sohn hat in allen Fächern bestanden.
bachillerato [batʃiʎe'rato] *m*	**Abitur** *n*; **Gymnasialstudium** *n*
Jorge está haciendo el bachillerato.	Jorge geht aufs Gymnasium.
B.U.P. (*bachillerato unificado polivalente*) [bup] *m*	(*heutige spanische Form des Gymnasiums, Klasse 9–11*)
Mi hijo está en B.U.P.	Mein Sohn ist im Gymnasium.
carrera [ka'rrera] *f*	**Studium** *n*; **Laufbahn** *f*
Mi sobrino estudia la carrera de derecho.	Mein Neffe studiert Jura.
Este funcionario hizo una brillante carrera.	Die Laufbahn dieses Beamten war hervorragend.
ciencias ['θĭenθĭas] *fpl.*	**Naturwissenschaften** *fpl.* **(und Mathematik** *f***)**
El Dr. Lago es decano de la Facultad de Ciencias.	Dr. Lago ist Dekan der Naturwissenschaftlichen Fakultät.
corregir [korre'xir] *v.* (*irr.* 21; -j-)	**verbessern, korrigieren**
Hoy tengo que corregir muchos exámenes.	Heute muß ich viele Prüfungsarbeiten korrigieren.
cuaderno [kŭa'đerno] *m*	**Heft** *n*
Luisita, ¡recógeme, por favor, todos los cuadernos!	Luisita, sammle bitte alle Hefte ein!
dibujo [di'ƀuxo] *m*	**Zeichnen** *n*
Tu hija tiene mucho talento para el dibujo.	Deine Tochter ist im Zeichnen sehr begabt.

dictado [dik'tađo] *m* El profesor nos hizo un dictado muy largo.	**Diktat** *n* Der Lehrer hat uns ein sehr langes Diktat gegeben.
escrito [es'krito], **-a** *adj.* Mañana empiezan los exámenes escritos.	**schriftlich** Morgen beginnen die schriftlichen Prüfungen.
geografía [xeogra'fia] *f* José está muy fuerte en geografía.	**Erdkunde** *f*, **Geographie** *f* José ist sehr gut in Geographie.
gimnasia [xim'nasĭa] *f* La gimnasia es la asignatura que me gusta más.	**Turnen** *n*, **Leibesübungen** *fpl.* Turnen ist mein liebstes Fach.
lección [leg'θĭon] *f* ¡Para el martes preparen la lección 5!	**Lektion** *f* Bereiten Sie für Dienstag Lektion 5 vor!
lección [leg'θĭon] *f* Hoy hemos tenido la primera lección de latín.	**Unterrichtsstunde** *f* Heute hatten wir die erste Lateinstunde.
matemáticas [mate'matikas] *fpl.* ¿Puedes prestarme tu libro de matemáticas?	**Mathematik** *f* Kannst du mir dein Mathematikbuch leihen?
método ['metođo] *m* Este método de piano me gusta mucho.	**Methode** *f* Diese Klavierschule gefällt mir gut.
método ['metođo] *m* ¿Qué te parece este método de francés?	**Lehrbuch** *n* Was hältst du von diesem Französisch-Lehrbuch?
oposiciones [oposi'θĭones] *fpl.* Teresa piensa hacer oposiciones a una cátedra de griego.	**Auswahlprüfung** *f* Teresa will sich um einen Griechisch-Lehrstuhl bewerben.
oral [o'ral] *adj.* Los exámenes orales se han aplazado.	**mündlich** Die mündlichen Prüfungen wurden verschoben.
pizarra [pi'θarra] *f* ¡Juanito, escribe esta frase en la pizarra!	**Wandtafel** *f* Juanito, schreib diesen Satz an die Tafel!
suspender [suspen'der] *v.* ¡Pobre Jorge!, lo han suspendido.	**durchfallen lassen** Armer Jorge, er ist durchgefallen.

suspender (una materia *oder* asignatura) [suspen'der] *v.* — (in einem Fach) **durchfallen**
He suspendido dos asignaturas. — Ich bin in zwei Fächern durchgefallen.

tarea [ta'rea] *f* — **Hausaufgabe** *f*
Niños, ¿habéis hecho ya las tareas? — Kinder, habt ihr schon die Hausaufgaben gemacht?

1.2.5 ARBEITSWELT

(*Siehe auch BERUFE 1.1.4.4*)

«1–2000»

dedicarse (a) [deđi'karse] *v.* (-qu-) — **sich widmen** (*Dat.*), (beruflich) **machen**
¿A qué se dedica su hermano? — Was macht Ihr Bruder beruflich?

desempleo [desem'pleo] *m* — **Arbeitslosigkeit** *f*
El desempleo es un problema grave. — Die Arbeitslosigkeit ist ein schwerwiegendes Problem.

empleado [emple'ađo] *m*, **-a** *f* — **Angestellte(r)** *f*(*m*)
En esta oficina trabajan quince empleados. — In diesem Büro arbeiten fünfzehn Angestellte.

huelga ['ŭelga] *f* — **Streik** *m*
La huelga de los empleados del metro fue desconvocada. — Der Streik der U-Bahn-Angestellten wurde abgeblasen.

jefe ['xefe] *m* — **Chef** *m*
El jefe está furioso porque todo el mundo ha llegado tarde. — Der Chef ist wütend, weil alle zu spät gekommen sind.

jornal [xor'nal] *m* — **Tagelohn** *m*
Le vamos a subir el jornal al jardinero. — Wir werden den Tagelohn des Gärtners erhöhen.

obrero [o'brero] *m*, **-a** *f* — **Arbeiter(in)** *m*(*f*)
Los obreros han pedido un aumento de salario. — Die Arbeiter haben eine Lohnerhöhung verlangt.

oficina [ofi'θina] *f* — **Büro** *n*
La oficina del contable ya está cerrada. — Das Büro des Buchhalters ist schon geschlossen.

pago ['pago] m — **(Be)Zahlung** *f*
El pago de los salarios se hace los viernes. — Die Lohnzahlung erfolgt freitags.

paro ['paro] *m* En Europa occidental el paro juvenil es elevado.	**Arbeitslosigkeit** *f* In Westeuropa ist die Jugendarbeitslosigkeit hoch.
patrono [pa'trono] *m* Los patronos han rechazado cualquier aumento de salario.	**Arbeitgeber** *m* Die Arbeitgeber haben jede Lohnerhöhung abgelehnt.
personal [perso'nal] *m* El jefe ha invitado al personal a una excursión.	**Personal** *n*, **Belegschaft** *f* Der Chef hat die Belegschaft zu einem Ausflug eingeladen.
puesto de trabajo ['pŭesto đe tra'ƀaxo] *m* El Gobierno quiere crear 10.000 puestos de trabajo.	**Arbeitsplatz** *m* Die Regierung will 10 000 Arbeitsplätze schaffen.
sindicato (obrero) [sindi'kato] *m* Todos los obreros de nuestra empresa están afiliados a un sindicato.	**Gewerkschaft** *f* Alle Arbeiter unserer Fabrik gehören einer Gewerkschaft an.
sueldo ['sŭeldo] *m* El contable de esta fábrica gana un buen sueldo.	**Gehalt** *n* Der Buchhalter dieser Fabrik bezieht ein gutes Gehalt.
taller [ta'ʎer] *m* Mi coche está en el taller mecánico.	**Werkstatt** *f* Mein Wagen steht in der Reparaturwerkstatt.
trabajar [traƀa'xar] *v.* Aquí trabajamos ocho horas diarias.	**arbeiten** Wir arbeiten hier acht Stunden täglich.
trabajo [tra'ƀaxo] *m* El trabajo que estoy haciendo es muy interesante.	**Arbeit** *f* Die Arbeit, die ich gerade mache, ist sehr interessant.
vacaciones [baka'θĭones] *fpl.* Mi secretaria está de vacaciones en este momento.	**Urlaub** *m* Meine Sekretärin ist gerade im Urlaub.

«2001–4000»

cansar [kan'sar] *v.* El trabajo con ordenadores cansa mucho.	**müde machen** Die Arbeit mit Computern ist sehr ermüdend.
despedir [despe'đir] *v.* (*irr.* 21) El alcalde ha despedido a tres empleados.	**kündigen, entlassen** Der Bürgermeister hat drei Angestellte entlassen.

despido [des'piđo] *m* Este año no ha habido despidos masivos.	**Kündigung** *f*, **Entlassung** *f* In diesem Jahr kam es nicht zu Massenentlassungen.
empleo [em'pleo] *m* Estoy buscando otro empleo.	**Beschäftigung** *f*, **(Arbeits)Stelle** *f* Ich suche eine andere Stelle.
empresario [empre'sarĭo] *m* Los empresarios critican la política fiscal del Gobierno.	**Unternehmer** *m* Die Unternehmer kritisieren die Steuerpolitik der Regierung.
función [fun'θĭon] *f* ¿Desde cuándo ejerce Vd. la función de alcalde?	**Amt** *n*, **Tätigkeit** *f* Seit wann üben Sie das Amt des Bürgermeisters aus?
laboral [laƀo'ral] *adj.* Este abogado se ha especializado en derecho laboral.	**Arbeits...** Dieser Anwalt hat sich auf Arbeitsrecht spezialisiert.
nombrar [nom'brar] *v.* Juan Pérez ha sido nombrado jefe de sección.	**ernennen** Juan Pérez wurde zum Abteilungsleiter ernannt.
organizar [organi'θar] *v.* (-c-) Nuestra empresa organiza cursillos de informática.	**organisieren, veranstalten** Unser Betrieb veranstaltet EDV-Kurse.
parado [pa'rađo] *m* En esta ciudad hay muchos parados.	**arbeitslos** In dieser Stadt gibt es viele Arbeitslose.
peón [pe'on] *m* Muchos peones están sin trabajo en invierno.	**Hilfsarbeiter** *m*, **ungelernter Arbeiter** *m* Viele Hilfsarbeiter sind im Winter arbeitslos.
salario [sa'larĭo] *m* Me deducen el 30% del salario para los impuestos.	**Lohn** *m* Mir werden 30 % vom Lohn für die Steuer abgezogen.
trabajador [trabaxa'đor] *m*, **-a** *f* Hoy los trabajadores cobran la paga extra de Navidad.	**Arbeiter(in)** *m(f)* Heute bekommen die Arbeiter das Weihnachtsgeld.

1.2.6 WIRTSCHAFTSLEBEN

1.2.6.1 ALLGEMEINES

«1–2000»

artículo [ar'tikulo] *m* Este artículo ya no se produce.	**Artikel** *m*, **Ware** *f* Dieser Artikel wird nicht mehr hergestellt.

calidad [kali'đađ] *f* Quiero una tela de muy buena calidad.	**Qualität** *f* Ich möchte einen Stoff von sehr guter Qulität.
comercial [komer'θĭal] *adj.* Estoy estudiando correspondencia comercial.	**Handels..., Geschäfts..., geschäftlich** Ich lerne gerade Handelskorrespondenz.
comercio [ko'merθĭo] *m* El comercio está satisfecho con las ventas de Navidad.	**Handel** *m* Der Handel ist mit dem Weihnachtsgeschäft zufrieden.
dirección [direg'θĭon] *f* La dirección de la empresa quiere despedir a 80 obreros.	**Leitung** *f* Die Betriebsleitung will 80 Arbeiter entlassen.
economía [ekono'mia] *f* La economía de la República Federal goza de buena salud.	**Wirtschaft** *f* Die Wirtschaft der Bundesrepublik ist gesund.
económico [eko'nomiko], **-a** *adj.* Los expertos económicos temen un aumento de la inflación.	**Wirtschafts..., wirtschaftlich** Die Wirtschaftsexperten befürchten einen Anstieg der Inflation.
empresa [em'presa] *f* Nuestra empresa está al borde de la quiebra.	**Unternehmen** *n*, **Betrieb** *m* Unser Unternehmen steht am Rande des Bankrotts.
establecer [estable'θer] *v.* (*irr.* 5) Nuestra empresa ha establecido una sucursal en Bilbao.	**errichten, (be)gründen** Unser Unternehmen hat eine Filiale in Bilbao errichtet.
exportación [esporta'θĭon] *f* Mi padre se dedica a la exportación de maquinaria.	**Export** *m* Mein Vater befaßt sich mit dem Export von Maschinen.
exportar [espor'tar] *v.* Colombia exporta mucho café a Alemania.	**exportieren** Kolumbien exportiert viel Kaffee nach Deutschland.
fábrica ['fabrika] *f* Esta fábrica ha aumentado su producción en los últimos años.	**Fabrik** *f*, **Werk** *n* Diese Fabrik hat in den letzten Jahren ihre Produktion erhöht.
importación [importa'θĭon] *f* Nuestra empresa se dedica a la importación de textiles.	**Import** *m* Unser Unternehmen befaßt sich mit der Einfuhr von Textilien.

importar [impor'tar] *v.* España importa mucha maquinaria de Alemania.	**importieren** Spanien importiert viele Maschinen aus Deutschland.
inflación [imfla'θĭon] *f* Para muchos países la inflación es un problema muy grave.	**Inflation** *f* Für viele Länder ist die Inflation ein schweres Problem.
negocio [ne'ɣoθĭo] *m* ¿Cómo van los negocios? – Por fortuna, muy bien.	**Geschäft** *n* Wie gehen die Geschäfte? – Gott sei Dank, sehr gut.
producir [prođu'θir] *v.* (*irr.* 4) España produce muchos zapatos para la exportación.	**produzieren, herstellen** In Spanien werden viele Schuhe für den Export hergestellt.
publicidad [puƀliθi'đađ] *f* La publicidad tiene una gran influencia en las ventas de un producto.	**Werbung** *f* Die Werbung hat großen Einfluß auf den Absatz eines Produktes.
venta ['benta] *f* ¿Cómo va la venta de vinos?	**Verkauf** *m*, **Absatz** *m* Wie geht der Absatz von Weinen?

«2001–4000»

competencia [kompe'tenθĭa] *f* La competencia japonesa preocupa a los norteamericanos.	**Konkurrenz** *f*, **Wettbewerb** *m* Die japanische Konkurrenz beunruhigt die Amerikaner.
compra ['kompra] *f* El Sr. González se dedica a la compra de ganado.	**Kauf** *m*, **An-, Einkauf** *m* Herr González kauft Vieh auf.
condición [kondi'θĭon] *f* ¿Cuáles son sus condiciones de pago?	**Bedingung** *f* Wie sind Ihre Zahlungsbedingungen?
consumidor [konsumi'đor] *m* La protección al consumidor ha mejorado mucho.	**Verbraucher** *m* Der Verbraucherschutz ist viel besser geworden.
consumir [konsu'mir] *v.* En este país se consume más cerveza que vino.	**verbrauchen** In diesem Land wird mehr Bier als Wein getrunken.
consumo [kon'sumo] *m* El consumo de petróleo ha disminuido.	**Verbrauch** *m* Der Verbrauch an Erdöl ist zurückgegangen.

director [direk'tor] *m* Mi hermano es director de una fábrica de cerveza.	**Direktor** *m*, **Leiter** *m* Mein Bruder ist Direktor einer Brauerei.
marca ['marka] *f* Los bolígrafos de esta marca no me gustan.	**Marke** *f* Die Kugelschreiber dieser Marke gefallen mir nicht.
mercancía [merkan'θia] *f* Las mercancías ya están en la aduana.	**Ware** *f* Die Waren liegen schon beim Zoll.
producción [prođug̯'θĭon] *f* La producción agrícola de nuestro país ha disminuido ligeramente.	**Produktion** *f*, **Erzeugung** *f* Die Agrarerzeugung unseres Landes ist leicht zurückgegangen.
producto [pro'đukto] *m* Nuestros productos se exportan a 27 países.	**Produkt** *n*, **Erzeugnis** *n* Unsere Erzeugnisse werden in 27 Länder exportiert.
suministrar [suminis'trar] *v.* ¿Pueden Vds. suministrarnos mil unidades de este artículo?	**liefern** Können Sie uns tausend Stück dieses Artikels liefern?

1.2.6.2 GESCHÄFTE, EINKAUF

«1–2000»

abierto [a'ƀĭerto], **-a** *adj.* Las tiendas están abiertas de 9 a 13 y de 15 a 19 horas.	**geöffnet, offen** Die Geschäfte sind von 9–13 und von 15–19 Uhr geöffnet.
autoservicio [aŭtoser'ƀiθĭo] *m* La mayoría de los supermercados tienen autoservicio.	**Selbstbedienung** *f* Die meisten Supermärkte haben Selbstbedienung.
caja ['kaxa] *f* Aquí no puede pagar, señor, tiene que ir a la caja.	**Kasse** *f* Hier können Sie nicht zahlen, Sie müssen zur Kasse gehen.
cerrado [θe'rrađo], **-a** *adj.* Las peluquerías están cerradas los lunes.	**geschlossen, zu** Die Frisiersalons sind montags geschlossen.
cliente ['klĭente] *m,f*, **-a** *f* En nuestros almacenes el cliente es el rey.	**Kunde** *m*, **Kundin** *f* In unserem Kaufhaus ist der Kunde König.

cola ['kola] *f* No me gusta hacer cola en los supermercados.	**(Warte)Schlange** *f* Ich stehe nicht gern in den Supermärkten Schlange.
comprar [kom'prar] *v.* Tenemos que comprar pan.	**kaufen** Wir müssen Brot kaufen.
escaparate [eskapa'rate] *m* Me gusta el sombrero verde del escaparate.	**Schaufenster** *n* Mir gefällt der grüne Hut im Schaufenster.
estanco [es'taŋko] *m* Me voy al estanco a comprar sellos.	(*staatlich konzessionierter*) **Tabak- und Briefmarkenladen** *m*, (*in Österreich:*) **Trafik** *f* Ich gehe zum Tabakladen Briefmarken kaufen.
mercado [mer'kađo] *m* Vamos al mercado a comprar fruta y verdura.	**Markt** *m* Wir gehen zum Markt, um Obst und Gemüse einzukaufen.
supermercado [supermer'kađo] *m* Hay varios supermercados en este barrio.	**Supermarkt** *m* In diesem Viertel gibt es mehrere Supermärkte.
tienda ['tĭenda] *f* ¿Hay por aquí una tienda donde pueda comprar ropa interior?	**Geschäft** *n*, **Laden** *m* Gibt es hier ein Geschäft, wo ich Unterwäsche kaufen kann?
vender [ben'der] *v.* Hoy hemos vendido ya todo el pan.	**verkaufen** Heute haben wir schon das ganze Brot verkauft.

«2001–4000»

(grandes) almacenes ['grandes alma'θenes] *mpl.* Los grandes almacenes no cierran al mediodía.	**Kaufhaus** *n* Die Kaufhäuser machen mittags nicht zu.
cajero [ka'xero] *m*, **-a** *f* La cajera tendrá cambio.	**Kassierer(in)** *m*(*f*) Die Kassiererin wird wohl Wechselgeld haben.
carnicería [karniθe'ria] *f* ¿Hay una carnicería por aquí?	**Fleischerei** *f*, **Metzgerei** *f* Gibt es hier in der Nähe eine Metzgerei?

comercio [ko'merθĭo] *m* En esta calle hay comercios muy elegantes.	**Geschäft** *n* In dieser Straße gibt es sehr elegante Geschäfte.
compra ['kompra] *f* ¡Hasta luego!, me voy a la compra.	**Einkauf** *m* Auf Wiedersehen! Ich gehe einkaufen.
exponer [espo'ner] *v.* (*irr.* 25) Vamos a exponer estos artículos en el escaparate.	**ausstellen** Wir wollen diese Artikel im Schaufenster ausstellen.
lavandería [laƀande'ria] *f* ¿Sabe Vd. dónde hay una lavandería en este barrio?	**Wäscherei** *f* Kennen Sie eine Wäscherei in diesem Viertel?
librería [liƀre'ria] *f* ¿Puedes recomendarme una buena librería?	**Buchhandlung** *f* Kannst du mir eine gute Buchhandlung empfehlen?
panadería [panađe'ria] *f* En esta panadería venden buen pan integral.	**Bäckerei** *f* In dieser Bäckerei bekommt man gutes Vollkornbrot.
papelería [papele'ria] *f* En esta papelería tienen tarjetas postales muy bonitas.	**Schreibwarengeschäft** *n* In diesem Schreibwarengeschäft gibt es sehr hübsche Postkarten.
pastelería [pastele'ria] *f* Mi madre se ha ido a la pastelería de la esquina.	**Konditorei** *f* Meine Mutter ist zur Konditorei an der Ecke gegangen.
pescadería [peskađe'ria] *f* En esta pescadería venden pescado muy fresco.	**Fischgeschäft** *n* In diesem Fischgeschäft gibt es ganz frischen Fisch.
tintorería [tintore'ria] *f*, **tinte** ['tinte] *m* (F) Tu pantalón tiene manchas, ¡llévalo a la tintorería!	**Reinigung** *f* Deine Hose hat Flecken, bring sie in die Reinigung!
vendedor [bende'đor] *m*, **-a** *f* Julia trabaja de vendedora en unos grandes almacenes.	**Verkäufer(in)** *m*(*f*) Julia arbeitet als Verkäuferin in einem Kaufhaus.
zapatería [θapate'ria] *f* Esta zapatería me gusta, tiene mucho surtido.	**Schuhgeschäft** *n* Dieses Schuhgeschäft gefällt mir, es hat viel Auswahl.

1.2.6.3 GELD

«1–2000»

ahorrar [ao'rrar] *v.*
Este año hemos ahorrado 2.000 marcos.

sparen
In diesem Jahr haben wir 2000 Mark gespart.

---

banco ['baŋko] *m*
¿Hay un banco por aquí?

Bank *f*
Gibt es hier in der Nähe eine Bank?

---

barato [ba'rato], **-a** *adj.*
Me voy a comprar esta camisa, es barata.

billig
Ich kaufe mir dieses Hemd, es ist billig.

---

billete (de banco) [bi'ʎete] *m*
¡Por favor, démelo todo en billetes grandes!

Geldschein *m*
Bitte geben Sie mir alles in großen Scheinen.

---

cambiar [kam'bĭar] *v.*
¿Puedo cambiar 300 marcos?

(ein)wechseln, umtauschen
Kann ich 300 Mark umtauschen?

---

cambio ['kambĭo] *m*
Si quieres cambiar marcos, aquí hay una oficina de cambio.

Geldwechsel *m*
Wenn du Mark wechseln willst, hier ist eine Wechselstube.

---

cambio ['kambĭo] *m*
Lo siento, no tengo cambio.

Wechsel-, Kleingeld *n*
Tut mir leid, ich habe kein Wechselgeld.

---

cantidad [kanti'đađ] *f*
¿Qué cantidad de dinero tengo que sacar del banco?

(Geld)Betrag *m,* **Summe** *f*
Welchen Betrag soll ich von der Bank holen?

---

capital [kapi'tal] *m*
Esta empresa trabaja con capital norteamericano.

Kapital *n*
Dieses Unternehmen arbeitet mit amerikanischem Kapital.

---

caro ['karo], **-a** *adj.*
Este traje es caro, pero es de buena calidad.

teuer
Dieser Anzug ist teuer, aber er ist gute Qualität.

---

costar [kos'tar] *v.* (*irr.* 7)
El cuarto cuesta nueve mil pesetas al mes.

kosten
Das Zimmer kostet 9000 Peseten im Monat.

---

cuenta ['kŭenta] *f*
Quiero abrir una cuenta.

Konto *n*
Ich möchte ein Konto eröffnen.

---

cuenta ['kŭenta] *f*
¡Camarero, la cuenta por favor!

Rechnung *f (Hotel, Restaurant)*
Herr Ober, bitte die Rechnung!

cheque ['tʃeke] *m* Lo siento, señor, no aceptamos cheques.	**Scheck** *m* Bedaure, wir nehmen keine Schecks in Zahlung.
deber [de'ƀer] *v.* En total, le debo veinte mil pesetas.	**schulden** Im ganzen schulde ich Ihnen 20 000 Peseten.
dinero [di'nero] *m* ¿Me puedes prestar un poco de dinero?	**Geld** *n* Kannst du mir etwas Geld leihen?
duro ['duro] *m* Veinte duros son cien pesetas.	**5 Peseten** Zwanzig „duros" sind 100 Peseten.
económico [eko'nomiko], **-a** *adj.* Este coche es económico, gasta poca gasolina. Vendemos terrenos a precios económicos.	**sparsam; preiswert** Dieses Auto ist sparsam, es verbraucht wenig Benzin. Wir verkaufen Grundstücke zu günstigen Preisen.
ganar [ga'nar] *v.* En este negocio hemos ganado un millón.	**gewinnen, verdienen** Bei diesem Geschäft haben wir eine Million verdient.
gastar [gas'tar] *v.* Hemos gastado mucho dinero en las vacaciones.	**ausgeben** Wir haben im Urlaub viel Geld ausgegeben.
impuesto [im'pŭesto] *m* En Alemania hay que pagar impuestos muy elevados.	**Steuer** *f* In Deutschland muß man sehr hohe Steuern zahlen.
moneda [mo'neđa] *f* ¿Aquí venden monedas de plata antiguas?	**Münze** *f*; **Geldstück** *n* Kann man hier alte Silbermünzen kaufen?
pagar [pa'g̡ar] *v.* (-gu-) Tenemos que pagar la cuenta de la luz.	**(be)zahlen** Wir müssen die Stromrechnung bezahlen.
peseta [pe'seta] *f* Esta corbata cuesta dos mil pesetas.	**Pesete** *f* Diese Krawatte kostet 2000 Peseten.
precio ['preθĭo] *m* El precio de estos zapatos me parece muy elevado.	**Preis** *m* Der Preis für diese Schuhe scheint mir sehr hoch.
propina [pro'pina] *f* El camarero se merece una buena propina.	**Trinkgeld** *n* Der Kellner hat ein gutes Trinkgeld verdient.

rebaja [rre'baxa] *f* ¿No me puede hacer una rebaja?	**Ermäßigung** *f*, **(Preis)Nachlaß** *m* Können Sie mir keine Ermäßigung gewähren?

«2001–4000»

al contado [al kon'tađo] Si Vd. paga al contado, le puedo hacer un descuento del 5%.	**bar** Wenn Sie bar bezahlen, kann ich Ihnen 5% Rabatt geben.
alquiler [alki'ler] *m* En Barcelona los alquileres son muy elevados.	**Miete** *f* In Barcelona sind die Mieten sehr hoch.
a plazos [a 'plaθos] Hemos comprado un coche y lo estamos pagando a plazos.	**auf Raten** Wir haben einen Wagen gekauft und zahlen ihn in Raten ab.
beneficio [bene'fiθĭo] *m* Esta joyería trabaja con un beneficio enorme.	**Gewinn** *m* Dieses Juweliergeschäft arbeitet mit hohem Gewinn.
cobrar [ko'brar] *v.* ¿Puedo cobrar, señor? Por favor, ¿quiere cobrar?	**kassieren; einlösen** (*Scheck*) Darf ich kassieren? Bitte zahlen!
cheque de viaje ['tʃeke đe bi'axe] *m* ¿Vd. cambia cheques de viaje?	**Reisescheck** *m* Lösen Sie Reiseschecks ein?
crédito ['krеđito] *m* A mí no me gusta comprar nada a crédito.	**Kredit** *m* Ich kaufe am liebsten nichts auf Kredit.
deuda ['deŭđa] *f* La deuda externa de muchos países es enorme.	**Schuld** *f* Die Auslandsschulden vieler Länder sind sehr hoch.
gasto ['gasto] *m* Este mes hemos tenido gastos enormes.	**Ausgabe** *f* In diesem Monat haben wir enorme Ausgaben gehabt.
gratuito [gra'tŭito], **-a** *adj.* Le ofrecemos aparcamiento gratuito.	**umsonst, kostenlos** Wir bieten Ihnen kostenlose Parkmöglichkeit.
interés [inte'res] *m* El banco me presta dinero con un interés del 8%.	**Zins(en)** *m(pl.)* Die Bank leiht mir Geld zu 8% Zinsen.

moneda [mo'neđa] *f* La nueva moneda de la Argentina es el austral.	**Währung** *f* Die neue Währung Argentiniens ist der Austral.
recibo [rre'θiƀo] *m* ¡Espere, señor! Le voy a dar su recibo.	**Quittung** *f* Warten Sie, ich gebe Ihnen Ihre Quittung.
reducir [rređu'θir] *v.* (*irr.* 4) Vamos a reducir el precio de estos abrigos.	**verringern; herabsetzen** Wir wollen den Preis dieser Mäntel herabsetzen.
renta ['rrenta] *f* Tengo que calcular mi renta para el impuesto.	**Einkommen** *n* Ich muß mein Einkommen für die Steuer ausrechnen.
valer [ba'ler] *v.* (*irr.* 34) Este coche vale dos millones de pesetas.	**kosten** Dieses Auto kostet zwei Millionen Peseten.
valor [ba'lor] *m* El valor de estos terrenos ha aumentado mucho.	**Wert** *m* Der Wert dieser Grundstücke ist stark gestiegen.
vuelta ['bŭelta] *f* Le voy a traer la vuelta en seguida.	**Wechselgeld** *n* Ich bringe Ihnen gleich das Wechselgeld.

1.2.6.4 BESITZ

(*Siehe auch POSSESSIVPRONOMEN 3.2.2*)

«1–2000»

de [de] *prep.* La casa de mi padre es muy antigua.	**von** (*meist mit Genitiv zu übersetzen*) Das Haus meines Vaters ist sehr alt.
perder [per'đer] *v.* (*irr.* 23) Es la primera vez que pierdo mi monedero.	**verlieren** Es ist das erste Mal, daß ich den Geldbeutel verliere.
pertenecer [pertene'θer] *v.* (*irr.* 5) ¿A quién pertenece este terreno?	**gehören** Wem gehört dieses Grundstück?
pobre ['pobre] *adj.* Este viejo es muy pobre.	**arm** Dieser alte Mann ist sehr arm.

propio ['propĭo], **-a** *adj.* El hotel tiene una cancha de tenis propia.	**eigen** Das Hotel hat einen eigenen Tennisplatz.
rico ['rriko], **-a** *adj.* Dicen que Octavio es muy rico.	**reich** Octavio soll sehr reich sein.
seguro [se'guro] *m* Para nuestro viaje voy a hacer un seguro de equipaje.	**Versicherung** *f* Für unsere Reise will ich eine Gepäckversicherung abschließen.
ser de [ser đe] *v.* (*irr.* 31) Esta máquina fotográfica es de Pepe.	**gehören** (*Dat.*) Dieser Fotoapparat gehört Pepe.
tener [te'ner] *v.* (*irr.* 32) Mi tío tiene siete casas.	**haben** Mein Onkel hat sieben Häuser.

«2001–4000»

disponer (de) [dispo'ner] *v.* (*irr.* 25) El hotel dispone de caballos para sus clientes.	**verfügen** (über), **haben** Das Hotel verfügt über Pferde für seine Gäste.
disposición [disposi'θĭon] *f* Pondré un coche a su disposición.	**Verfügung** *f* Ich werde Ihnen einen Wagen zur Verfügung stellen.
fortuna [for'tuna] *f* La fortuna de este hombre es inmensa.	**Vermögen** *n* Das Vermögen dieses Mannes ist ungeheuer.
particular [partiku'lar] *adj.* Nuestro hotel tiene una playa particular.	**privat, Privat...** Unser Hotel hat einen Privatstrand.
posesión [pose'sĭon] *f* La posesión de drogas está prohibida.	**Besitz** *m* Der Besitz von Rauschgift ist verboten.
propiedad [propĭe'đađ] *f* La ley protege la propiedad privada.	**Eigentum** *n* Das Gesetz schützt das Privateigentum.
propietario [propĭe'tarĭo] *m*, **-a** *f* ¿Quién es el propietario de este hotel?	**Eigentümer(in)** *m*(*f*) Wer ist der Eigentümer dieses Hotels?

riqueza [rri'keθa] *f* José, con todas sus riquezas, no es feliz.	**Reichtum** *m* Trotz all seiner Reichtümer ist José nicht glücklich.

1.2.7 RECHT UND VERWALTUNG

1.2.7.1 POST, TELEFON

«1–2000»

carta ['karta] *f* Tengo que escribir una carta a mi novia.	**Brief** *m* Ich muß einen Brief an meine Verlobte schreiben.
certificado [θertifi'kađo], **-a** *adj.* Ha llegado una carta certificada para Vd.	**eingeschrieben; Einschreiben** Es ist ein Einschreibbrief für Sie da.
conferencia [komfe'renθĭa] *f* Quiero llamar por teléfono. – ¿Es llamada local o conferencia?	**Ferngespräch** *n* Ich möchte telefonieren. – Ein Orts- oder ein Ferngespräch?
correo [ko'rreo] *m* Señor Díaz, el correo está sobre su escritorio.	**Post** *f*; **Briefe** *mpl.* Herr Díaz, die Post liegt auf Ihrem Schreibtisch.
Correos [ko'rreos] *m* Voy a llevar este paquete a Correos.	**Post(amt)** *f*(*n*) Ich bringe dieses Paket zur Post.
¡diga!, ¡dígame! ['diga(me)] Iberia, ¡dígame!	**hallo!, ja bitte?** (*vom Angerufenen*) Hier Iberia!
dirección [direg'θĭon] *f* Le voy a dar mi dirección.	**Adresse** *f*, **Anschrift** *f* Ich gebe Ihnen meine Adresse.
llamada [ʎa'mađa] *f* Vd. ha tenido cuatro llamadas.	**Anruf** *m* Es sind vier Anrufe für Sie gekommen.
llamar [ʎa'mar] *v.* ¿Puede Vd. llamarme mañana por la mañana?	**anrufen** Können Sie mich morgen vormittag anrufen?
¡oiga!, ¡óigame! ['oĭga(me)] ¡Oiga!, ¿el Dr. Navarro?	**hallo!, hören Sie?** (*vom Anrufenden*) Hallo, ist dort Dr. Navarro?

paquete [pa'kete] *m* Ha llegado un paquete para Vd.	**Paket** *n* Es ist ein Paket für Sie gekommen.
sello ['seʎo] *m* Voy a mandar esta carta a Jaime, ¿tienes sellos?	**Briefmarke** *f* Ich will Jaime diesen Brief schicken, hast du Marken?
sobre ['soƀre] *m* Envíenos el formulario en un sobre cerrado.	**(Brief)Umschlag** *m* Schicken Sie uns das Formular in einem geschlossenen Umschlag.
sonar [so'nar] *v.* (*irr.* 7) Me parece que ha sonado el teléfono.	**läuten** Mir scheint, das Telefon hat geläutet.
(tarjeta) postal [(tar'xeta) pos'tal] *f* Concha nos ha mandado una postal de Mallorca.	**(Post)Karte** *f* Concha hat uns eine Karte aus Mallorca geschickt.
teléfono [te'lefono] *m* ¿Dónde hay un teléfono por aquí?	**Telefon** *n* Wo gibt es hier in der Nähe ein Telefon?
telegrama [tele'ɡrama] *m* Voy a mandar un telegrama a mi padre.	**Telegramm** *n* Ich werde meinem Vater ein Telegramm schicken.
urgente [ur'xente] *adj.* ¿Cuánto vale una carta urgente para Alemania?	**Eil...** Wieviel kostet ein Eilbrief nach Deutschland?

«2001–4000»

aéreo [a'ereo], **-a** *adj.* El correo aéreo es mucho más rápido que el normal.	**Luft...** Luftpost ist viel schneller als gewöhnliche Post.
buzón [bu'θon] *m* Voy a llevar estas cartas al buzón.	**Briefkasten** *m* Ich bringe diese Briefe zum Briefkasten.
cabina telefónica [ka'ƀina tele'fonika] *f* Vamos a llamar desde una cabina telefónica.	**Telefonzelle** *f* Wir rufen von einer Telefonzelle aus an.
cartero [kar'tero] *m* Hoy el cartero no ha pasado todavía.	**Briefträger** *m* Der Briefträger ist heute noch nicht gekommen.

comunicación [komunika'θĭon] *f*	**Verbindung** *f*
¡Oiga! Se ha cortado la comunicación.	Hören Sie! Die Verbindung ist unterbrochen.
(está) comunicando	**besetzt, belegt**
Lo siento, señor, el número está comunicando.	Tut mir leid, die Nummer ist besetzt.
destinatario [destina'tarĭo] *m*	**Empfänger** *m*
¡Ponga aquí el destinatario del paquete!	Schreiben Sie hier den Empfänger des Pakets hin!
giro postal ['xiro pos'tal] *m*	**Postanweisung** *f*
Le mandaré el dinero por giro postal.	Ich schicke Ihnen das Geld per Postanweisung.
impreso [im'preso] *m*	**Drucksache** *f*
Esta revista la puedes mandar como impreso.	Die Zeitschrift kannst du als Drucksache schicken.
indicativo [indika'tibo] *m*	**Vorwahl(nummer)** *f*
¿Cuál es el indicativo de Huesca?	Wie ist die Vorwahl von Huesca?
línea ['linea] *f*	**Leitung** *f*
¡Espere un poco!, la línea está ocupada.	Warten Sie ein bißchen! Die Leitung ist belegt.
número de teléfono ['numero đe te'lefono] *m*	**Telefonnummer** *f*
¿Cuál es su número de teléfono, por favor?	Wie ist Ihre Telefonnummer, bitte?
por avión [por a'bĭon]	**mit Luftpost**
¡Por favor, mande las medicinas por avión!	Bitte schicken Sie die Medikamente mit Luftpost.
prefijo [pre'fixo] *m*	**Vorwahl(nummer)** *f*
¿Qué prefijo tengo que marcar para llamar a Francia?	Welche Vorwahlnummer nach Frankreich muß ich wählen?
remitente [rremi'tente] *m*	**Absender** *m*
¿Quién es el remitente de esta carta?	Wer ist der Absender dieses Briefes?
señas ['seɲas] *fpl.*	**Adresse** *f*, **Anschrift** *f*
¡Ponga sus señas en esta tarjeta!	Schreiben Sie Ihre Adresse auf diese Karte.
telefonear [telefone'ar] *v.*	**telefonieren**
¿Puedo telefonear, por favor?	Kann ich bitte telefonieren?

1.2.7.2 *BEHÖRDEN, POLIZEI*

«1–2000»

aduana [a'đŭana] *f* Tengo que recoger un paquete en la aduana.	**Zoll** *m* Ich muß ein Paket beim Zoll abholen.
autoridades [aŭtori'đađes] *fpl.* Las autoridades no hacen nada contra el caos del tráfico.	**Behörden** *fpl.* Die Behörden tun nichts gegen das Verkehrschaos.
ayuntamiento [ajunta'mĭento] *m* Por favor, ¿dónde está el ayuntamiento?	**Rathaus** *n*; **Gemeindeverwaltung** *f* Bitte wo ist das Rathaus?
consulado [konsu'lađo] *m* ¿Por favor, dónde está el consulado de España?	**Konsulat** *n* Wo ist bitte das spanische Konsulat?
control [kon'trol] *m* El control de pasaportes se hace en el tren.	**Kontrolle** *f* Die Paßkontrolle erfolgt im Zug.
controlar [kontro'lar] *v.* La policía está controlando todos los automóviles.	**kontrollieren** Die Polizei kontrolliert alle Kraftfahrzeuge.
declarar [dekla'rar] *v.* ¿Tiene Vd. algo que declarar?	(*beim Zoll*) **anmelden** Haben Sie etwas anzumelden?
firma ['firma] *f* Esta firma es ilegible.	**Unterschrift** *f* Diese Unterschrift ist unleserlich.
firmar [fir'mar] *v.* ¡Firme aquí, por favor!	**unterschreiben** Unterschreiben Sie bitte hier!
formalidad [formali'đađ] *f* Las formalidades aduaneras son siempre molestas.	**Formalität** *f* Die Zollformalitäten sind immer lästig.
Guardia Civil ['gŭarđĭa θi'bil] *f* La Guardia Civil tiene fama de ser eficiente.	**Guardia Civil** *f* (*Art Landpolizei*) Die Guardia Civil gilt als tüchtig.
lista ['lista] *f* ¿Tiene Vd. una lista de los objetos robados?	**Liste** *f*, **Verzeichnis** *n* Haben Sie eine Liste der gestohlenen Gegenstände?
oficina [ofi'θina] *f* La Oficina de Turismo está en la Calle Mayor.	**Amt** *n* Das Fremdenverkehrsamt ist in der Calle Mayor.

policía [poli'θia] *f*	**Polizei** *f*
Tenemos que avisar a la policía.	Wir müssen die Polizei verständigen.
policía [poli'θia] *m*	**Polizist** *m*
Un policía ha traído al niño que se había perdido.	Ein Polizist hat das Kind gebracht, das sich verlaufen hatte.

«2001–4000»

administración [ađministra'θĭon] *f*	**Verwaltung** *f*
Mi hermano trabaja en una administración del Estado.	Mein Bruder arbeitet bei einer staatlichen Verwaltung.
aduanero [ađŭa'nero] *m*	**Zollbeamter** *m*
Voy a preguntar a un aduanero cuánto dinero se puede llevar.	Ich frage einen Zollbeamten, wieviel Geld man mitnehmen darf.
alcalde [al'kalde] *m*	**Bürgermeister** *m*
¿Quién es actualmente alcalde de Barcelona?	Wer ist gegenwärtig Bürgermeister von Barcelona?
bomberos [bom'beros] *mpl.*	**Feuerwehr** *f*
Los bomberos tuvieron que salir dos veces.	Die Feuerwehr mußte zweimal ausrücken.
comisaría (de policía) [komisa'ria (đe poli'θia)] *f*	**Polizeirevier** *n*
Vd. tendrá que presentarse mañana en la comisaría 11.	Sie müssen sich morgen auf Polizeirevier 11 melden.
denuncia [de'nunθĭa] *f*	**Anzeige** *f*
¡Qué raro! Este señor ha retirado su denuncia.	Merkwürdig! Dieser Herr hat seine Anzeige zurückgezogen.
denunciar [denun'θĭar] *v.*	**anzeigen**
Quiero denunciar un robo.	Ich möchte einen Diebstahl anzeigen.
embajada [emba'xađa] *f*	**Botschaft** *f*
Mañana tengo que ir a la Embajada de Alemania.	Morgen muß ich zur deutschen Botschaft gehen.
ficha ['fitʃa] *f*	**Formular** *n*, **(Melde)Zettel** *m*; **Karteikarte** *f*
Por favor, ¿quiere rellenar esta ficha?	Würden Sie bitte diesen Meldezettel ausfüllen?

guardia ['gŭarđĭa] *m*
Este guardia nos puede indicar el camino.

Polizist *m*
Dieser Polizist kann uns den Weg zeigen.

---

medida [me'điđa] *f*
El alcalde quiere tomar medidas para reducir la polución del aire.

Maßnahme *f*
Der Bürgermeister will Maßnahmen zur Verringerung der Luftverschmutzung ergreifen.

---

oficial [ofi'θĭal] *adj.*
Aquí tengo un documento oficial para Vd.

amtlich, offiziell
Hier habe ich ein amtliches Dokument für Sie.

---

permiso de residencia [per'miso đe rresi'đenθĭa] *m*
Ya llevo nueve meses en España, tengo que solicitar un permiso de residencia.

Aufenthaltsgenehmigung *f*
Ich bin schon neun Monate in Spanien, ich muß eine Aufenthaltsgenehmigung beantragen.

---

solicitar [soliθi'tar] *v.*
Vd. tiene que solicitar un nuevo pasaporte.

beantragen, erbitten
Sie müssen einen neuen Paß beantragen.

---

válido ['baliđo], **-a** *adj.*
Su pasaporte ya no es válido.

gültig
Ihr Paß ist nicht mehr gültig.

---

ventanilla [benta'niʎa] *f*
Puede recoger su pasaporte en la ventanilla 7.

Schalter *m*
Sie können Ihren Paß am Schalter 7 abholen.

1.2.7.3 RECHTSWESEN, DELIKTE

«1–2000»

abogado [ađo'gađo] *m*
Tenemos que consultar a nuestro abogado.

(Rechts)Anwalt *m*
Wir müssen unseren Anwalt zu Rate ziehen.

---

cárcel ['karθel] *f*
Dicen que nuestro vecino está en la cárcel.

Gefängnis *n*
Unser Nachbar soll im Gefängnis sitzen.

---

contrato [kon'trato] *m*
¡Venga Vd. mañana para firmar el contrato!

Vertrag *m*
Kommen Sie morgen, um den Vertrag zu unterschreiben.

---

culpa ['kulpa] *f*
¿Quién tendrá la culpa de este accidente?

Schuld *f*
Wer mag die Schuld an diesem Unfall haben?

declarar [dekla'rar] *v.* Tendré que declarar como testigo ante el tribunal.	**aussagen** Ich muß als Zeuge vor Gericht aussagen.
derecho [de'retʃo] *m* Mi hijo estudia derecho.	**Recht** *n* Mein Sohn studiert Jura.
juicio ['xŭiθĭo] *m* El juicio se celebrará la semana que viene.	**Prozeß** *m* Der Prozeß findet nächste Woche statt.
justicia [xus'tiθĭa] *f* En este país no hay justicia. En la justicia de este país hay mucha corrupción.	**Gerechtigkeit** *f*; **Justiz** *f* In diesem Land gibt es keine Gerechtigkeit. In der Justiz dieses Landes gibt es viel Korruption.
justo ['xusto], **-a** *adj.* Este juez tiene fama de ser muy justo.	**gerecht** Dieser Richter steht im Ruf, sehr gerecht zu sein.
legal [le'ɡal] *adj.* Los negocios que hace Juan no son legales.	**gesetzlich, legal** Die Geschäfte, die Juan macht, sind nicht legal.
ley [leĭ] *f* Ante la ley todos somos iguales.	**Gesetz** *n* Vor dem Gesetz sind wir alle gleich.
multa ['multa] *f* Me han puesto multa por haber dejado el coche mal aparcado.	**Geldstrafe** *f* Ich habe eine Geldstrafe bekommen, weil ich das Auto falsch geparkt habe.
responsabilidad [rresponsaƀili'đađ] *f* Le dejo la llave de la caja bajo su responsabilidad.	**Verantwortung** *f*, **Haftung** *f* Ich überlasse Ihnen den Kassenschlüssel auf Ihre Verantwortung.
responsable [rrespon'sable] *adj.* ¿Quién es responsable de la limpieza del edificio?	**verantwortlich, haftbar** Wer ist für die Reinigung des Gebäudes verantwortlich?
robar [rro'ƀar] *v.* ¡Me han robado el reloj!	**stehlen; bestehlen** Man hat mir meine Uhr gestohlen!

«2001–4000»

acusar [aku'sar] *v.*
Julio Gordillo fue acusado de robo.

anklagen
Julio Gordillo wurde wegen Diebstahls angeklagt.

castigar [kasti'ɡar] *v.* (-gu-)
Los ladrones deben ser castigados severamente.

bestrafen
Diebe müssen streng bestraft werden.

cometer [kome'ter] *v.*
Quien haya cometido este crimen, tendría que pagar por él.

begehen
Wer dieses Verbrechen begangen hat, sollte dafür büßen.

condenar [konde'nar] *v.*
El acusado fue condenado a tres años de prisión.

verurteilen
Der Angeklagte wurde zu drei Jahren Haft verurteilt.

confesar [komfe'sar] *v.* (*irr.* 22)
Por fin este hombre ha confesado sus delitos.

gestehen
Endlich hat dieser Mann seine Straftaten gestanden.

crimen ['krimen] *m*
Por su crimen condenaron a Juan Ros a cinco años de prisión.

Verbrechen *n*
Für sein Verbrechen wurde Juan Ros zu fünf Jahren Haft verurteilt.

criminal [krimi'nal] *m*
Los terroristas deben ser tratados como criminales.

Verbrecher *m*
Terroristen müssen als Verbrecher behandelt werden.

criminalidad [kriminali'đađ] *f*
En los últimos años la criminalidad ha aumentado.

Kriminalität *f*
In den letzten Jahren hat die Kriminalität zugenommen.

detener [dete'ner] *v.* (*irr.* 32)
¿Por qué han detenido a este vagabundo?

verhaften
Warum wurde der Landstreicher verhaftet?

inocente [ino'θente] *adj.*
¿Por qué me detienen?, soy inocente.

unschuldig
Warum verhaften Sie mich? Ich bin unschuldig.

juez ['xŭeθ] *m*
El juez ha puesto en libertad a este ladrón.

Richter *m*
Der Richter hat den Dieb auf freien Fuß gesetzt.

jurar [xu'rar] *v.*
¿Jura Vd. decir la verdad y nada más que la verdad?

schwören
Schwören Sie, die Wahrheit und nichts als die Wahrheit zu sagen?

juzgar [xuθ'gar] *v.* (-gu-)
Los hombres que secuestraron al hijo del notario serán juzgados mañana.

aburteilen, richten
Die Männer, die den Sohn des Notars entführt haben, werden morgen abgeurteilt.

---

ladrón [la'ðron] *m*
La ocasión hace al ladrón. (*Sprichwort*)

Dieb *m*, **Räuber** *m*
Gelegenheit macht Diebe.

---

pena ['pena] *f*
En España la pena de muerte fue abolida.

Strafe *f*
In Spanien wurde die Todesstrafe abgeschafft.

---

prisión [pri'sĭon] *f*
Si sigues así, un día te meterán en prisión.

Gefängnis *n*
Wenn du so weitermachst, wirst du eines Tages im Gefängnis landen.

---

robo ['rroβo] *m*
¿Confiesa Vd. haber cometido estos robos?

Diebstahl *m*
Gestehen Sie, diese Diebstähle begangen zu haben?

---

testigo [tes'tigo] *m,f*
La testigo declaró no haber visto nada.

Zeuge *m*, **Zeugin** *f*
Die Zeugin sagte aus, sie habe nichts gesehen.

---

tribunal [triβu'nal] *m*
El abogado se ha ido al tribunal.

Gericht *n*
Der Rechtsanwalt ist zum Gericht gegangen.

---

víctima ['biktima] *f*
Las víctimas del robo identificaron al ladrón.

Opfer *n*
Die Diebstahlsopfer identifizierten den Dieb.

1.2.8 ARZT UND KRANKENHAUS

(*Siehe auch KÖRPER 1.1.1.1, GESUNDHEIT UND KRANKHEIT 1.1.1.7*)

«1–2000»

curar [ku'rar] *v.*
Aún existen enfermedades que no se pueden curar.

heilen, ärztlich behandeln
Es gibt immer noch Krankheiten, die nicht geheilt werden können.

---

dentista [den'tista] *m,f*
Por lo general, los niños tienen miedo al dentista.

Zahnarzt *m*, **-ärztin** *f*
Meist haben Kinder Angst vor dem Zahnarzt.

doctor [dok'tor] *m*, **-a** *f* Esta doctora me hizo un examen detenido.	**Arzt** *m*, **Ärztin** *f*; **Doktor** *m* Diese Ärztin hat mich gründlich untersucht.
especialista [espeθĭa'lista] *m* Mi hermano es especialista en enfermedades de la piel.	**Facharzt** *m* Mein Bruder ist Facharzt für Hautkrankheiten.
farmacia [far'maθĭa] *f* ¿Dónde hay una farmacia de turno?	**Apotheke** *f* Wo ist eine Apotheke, die Notdienst hat?
hospital [ospi'tal] *m* Los heridos fueron llevados al hospital.	**Krankenhaus** *n* Die Verletzten wurden ins Krankenhaus gebracht.
medicina [međi'θina] *f* ¿Qué año de medicina cursa tu hijo? El doctor me recetó una medicina muy fuerte.	**Medizin** *f* Im wievielten Jahr studiert dein Sohn Medizin? Der Arzt hat mir eine starke Medizin verschrieben.
médico ['međiko] *m* Tuve que llevar a mi hijo al médico.	**Arzt** *m* Ich mußte meinen Sohn zum Arzt bringen.
médico ['međiko], **-a** *adj.* Necesito presentar un certificado médico.	**ärztlich** Ich muß ein ärztliches Zeugnis vorlegen.
operación [opera'θĭon] *f* Paco fue sometido a una operación muy delicada.	**Operation** *f* Paco mußte sich einer schwierigen Operation unterziehen.
operar [ope'rar] *v.* Mañana me opero de las amígdalas.	**operieren** Morgen werde ich an den Mandeln operiert.
seguro [se'guro] *m* Este tratamiento no lo paga el seguro.	**Versicherung** *f* Diese Behandlung bezahlt die Versicherung nicht.
tratar [tra'tar] *v.* Actualmente tratan el cáncer con quimioterapia.	**behandeln** Gegenwärtig wird Krebs mit Chemotherapie behandelt.

«2001–4000»

ambulancia [ambu'lanθĭa] *f* Se llevaron a Pedro en una ambulancia a la clínica.	**Krankenwagen** *m* Pedro wurde im Krankenwagen in die Klinik gebracht.

asistir [asis'tir] *v.* El doctor Pérez asiste a los enfermos de cinco pueblos.	**beistehen, behandeln** Dr. Pérez behandelt die Kranken von fünf Dörfern.
cirujano [θiru'xano] *m* Este caso es para un cirujano.	**Chirurg** *m* Das ist ein Fall für einen Chirurgen.
cita ['θita] *f* Por favor, necesito una cita para hoy mismo.	**Termin** *m* Bitte, ich brauche noch für heute einen Termin.
comprimido [kompri'miđo] *m* El doctor me ha recetado estos comprimidos.	**Tablette** *f* Der Arzt hat mir diese Tabletten verschrieben.
cuidar [kŭi'đar] *v.* Carmen cuidó a su madre durante su enfermedad.	**pflegen** Carmen pflegte ihre Mutter während ihrer Krankheit.
cuidarse [kŭi'đarse] *v.* Después del infarto de miocardio, Antonio se cuida mucho.	**sich schonen, auf sich aufpassen** Seit seinem Herzinfarkt paßt Antonio sehr auf sich auf.
enfermera [emfer'mera] *f* Este paciente necesita una enfermera permanente.	**Krankenschwester** *f* Dieser Patient braucht eine ständige Krankenschwester.
inyección [injek'θĭon] *f* Antes de la operación me pusieron una inyección.	**Spritze** *f*, **Injektion** *f* Vor der Operation bekam ich eine Spritze.
pastilla [pas'tiʎa] *f* No me gusta tomar pastillas, prefiero aguantar el dolor.	**Tablette** *f* Ich nehme nicht gern Tabletten, lieber halte ich den Schmerz aus.
píldora ['pildora] *f* La píldora (anticonceptiva) no es cien por cien segura.	**Pille** *f* Die (Antibaby)Pille ist nicht hundertprozentig sicher.
receta [rre'θeta] *f* Para esta medicina Vd. necesita receta.	**Rezept** *n* Für dieses Medikament brauchen Sie ein Rezept.
remedio [rre'međĭo] *m* Este remedio sabe a diablos.	**(Heil)Mittel** *n* Dieses Mittel schmeckt scheußlich.
vacunar [baku'nar] *v.* Es necesario vacunar a toda la población.	**impfen** Die ganze Bevölkerung muß geimpft werden.

venda ['benda] *f* — **Binde** *f*
¿Por qué llevas una venda en el brazo? — Warum trägst du eine Binde am Arm?

1.3 Interessen

1.3.1 KUNST

1.3.1.1 THEATER, FILM, BILDENDE KUNST

«1–2000»

arte ['arte] *m und f* (el), (*pl.* las artes) — **Kunst** *f*
La crítica es fácil, el arte es difícil. — Die Kritik ist leicht, die Kunst ist schwierig.

artista [ar'tista] *m,f* — **Künstler(in)** *m(f)*
Este café es frecuentado por muchos artistas. — In diesem Café verkehren viele Künstler.

artístico [ar'tistiko], **-a** *adj.* — **künstlerisch, Kunst...**
Este hombre no tiene ningún talento artístico. — Dieser Mann hat keinerlei künstlerische Begabung.

cine ['θine] *m* — **Kino** *n*
¿Quieres ir al cine esta noche? — Möchtest du heute abend ins Kino gehen?

cuadro ['kŭađro] *m* — **Bild** *n*, **Gemälde** *n*
Este cuadro me gusta mucho. ¿Cuánto vale? — Dieses Bild gefällt mir sehr. Wieviel kostet es?

entrada [en'trađa] *f* — **Eintrittskarte** *f*
Tengo dos entradas para «Aída». — Ich habe zwei Eintrittskarten für „Aida“.

espectáculo [espek'takulo] *m* — **Veranstaltung** *f*, **Vorstellung** *f*
¿Hasta qué hora dura el espectáculo? — Bis wieviel Uhr dauert die Vorstellung?

estilo [es'tilo] *m* — **Stil** *m*
Esta iglesia es de puro estilo gótico. — Diese Kirche ist von rein gotischem Stil.

exposición [esposi'θĭon] *f* — **Ausstellung** *f*
¿Has visto la última exposición de Dalí? — Hast du die letzte Ausstellung von Dalí gesehen?

función [fun'θĭon] *f* — **Vorstellung** *f* (*Theater*)
La función de noche termina a las 11.50^{h}. — Die Nachtvorstellung ist um 11.50^{h} zu Ende.

museo [mu'seo] *m* — **Museum** *n*
Madrid posee muchos museos interesantes. — Madrid besitzt viele interessante Museen.

película [pe'likula] *f* — **Film** *m*
Las películas de Buñuel me gustan mucho. — Die Filme von Buñuel gefallen mir sehr.

programa [pro'ɡrama] *m* — **Programm** *n*
¿Cuál es el programa de la ópera en junio? — Wie ist das Opernprogramm im Juni?

público ['puƀliko] *m* — **Publikum** *n*
El público aplaudió durante más de 10 minutos. — Das Publikum klatschte mehr als 10 Minuten lang Beifall.

representar [rrepresen'tar] *v.* — **darstellen**
¿Quién representa el papel de Mefistófeles? — Wer spielt die Rolle des Mephisto?

taquilla [ta'kiʎa] *f* — **Theater-, Kinokasse** *f*
En la taquilla se ha formado una cola larga. — An der Kasse hat sich eine lange Schlange gebildet.

teatro [te'atro] *m* — **Theater** *n*
Me gusta ir al teatro. — Ich gehe gern ins Theater.

«2001–4000»

acto ['akto] *m* — **Akt** *m*
El héroe del drama muere en el último acto. — Der Held des Dramas stirbt im letzten Akt.

actor, actriz [ak'tor, ak'triz] *m,f* — **Schauspieler(in)** *m*(*f*)
Nuria Espert es una actriz extraordinaria. — Nuria Espert ist eine außergewöhnliche Schauspielerin.

butaca [bu'taka] *f* — **Parkettplatz** *m*
¿Le quedan tres butacas para esta noche? — Haben Sie noch drei Parkettplätze für heute abend?

cartel [kar'tel] *m* — **Plakat** *n*
Muchos pintores han dibujado también carteles. — Viele Maler haben auch Plakate gezeichnet.

célebre ['θeleƀre] *adj.* — **berühmt**
Enrique Caruso fue uno de los tenores más célebres. — Enrico Caruso war einer der berühmtesten Tenöre.

comedia [ko'međĭa] *f* He leído todas las comedias de Goldoni.	**Komödie** *f*, **Lustspiel** *n* Ich habe alle Komödien von Goldoni gelesen.
dibujar [điƀu'xar] *v.* Tu hijo dibuja verdaderamente bien.	**zeichnen** Dein Sohn zeichnet wirklich gut.
dibujo [di'ƀuxo] *m* Este dibujo de Picasso es genial.	**Zeichnung** *f* Diese Zeichnung von Picasso ist genial.
director (de cine) [direk'tor] *m* René Clair fue uno de los mejores directores del cine francés.	**Regisseur** *m* René Clair war einer der besten französischen Filmregisseure.
escena [es'θena] *f* Por favor, tenemos que repetir esta escena.	**Szene** *f* Wir müssen diese Szene wiederholen, bitte.
escultor [eskul'tor] *m* Rodin fue un escultor extraordinario.	**Bildhauer** *m* Rodin war ein außergewöhnlicher Bildhauer.
estatua [es'tatŭa] *f* ¿Conoces la estatua de Pizarro en Lima?	**Statue** *f*, **Standbild** *n* Kennst du das Standbild von Pizarro in Lima?
estrella [es'treʎa] *f* Al baile del club de prensa vinieron muchas estrellas de cine.	**Star** *m* Zum Ball des Presseklubs kamen viele Filmstars.
fama ['fama] *f* Julio Iglesias es un cantante de fama.	**Ruhm** *m* Julio Iglesias ist ein berühmter Sänger.
pantalla [pan'taʎa] *f* Me gusta este cine, porque tiene una pantalla grande.	**(Kino)Leinwand** *f* Dieses Kino gefällt mir, weil es eine große Leinwand hat.
pintar [pin'tar] *v.* Tiziano pintó un retrato de Carlos Quinto.	**malen** Tizian malte ein Porträt von Karl V.
pintor [pin'tor] *m* España ha dado al mundo muchos grandes pintores.	**Maler** *m* Spanien hat der Welt viele große Maler geschenkt.
pintura [pin'tura] *f* He comprado un libro sobre la pintura flamenca.	**Malerei** *f*; **Gemälde** *n* Ich habe ein Buch über flämische Malerei gekauft.

representación [rrepresenta'θĭon] *f* Mañana es la última representación de «Fidelio».	**Aufführung** *f* Morgen ist die letzte Aufführung von „Fidelio“.
sesión [se'sĭon] *f* ¿Cuándo empieza la última sesión de hoy?	**Vorstellung** *f* (*Kino*) Wann beginnt die letzte Vorstellung heute?

1.3.1.2 MUSIK

«1–2000»

canción [kan'θĭon] *f* ¿Quién es el autor de la letra de esta canción?	**Lied** *n* Wer hat den Text zu diesem Lied geschrieben?
cantar [kan'tar] *v.* Este tenor canta muy bien.	**singen** Dieser Tenor singt sehr gut.
concierto [kon'θĭerto] *m* Esta noche vamos a un concierto.	**Konzert** *n* Heute abend gehen wir ins Konzert.
guitarra [gi'tarra] *f* Me he comprado una guitarra española.	**Gitarre** *f* Ich habe mir eine spanische Gitarre gekauft.
instrumento [instru'mento] *m* Mi hijo sabe tocar varios instrumentos.	**Instrument** *n* Mein Sohn spielt mehrere Instrumente.
música ['musika] *f* ¿Le gusta la música clásica?	**Musik** *f* Lieben Sie klassische Musik?
popular [popu'lar] *adj.* Las canciones populares castellanas son sencillas y profundas.	**populär, volkstümlich, Volks...** Die kastilischen Volkslieder sind schlicht und tiefgründig.
sonar [so'nar] *v.* (*irr.* 7) Este piano suena horrible, está desafinado.	**klingen** Dieses Klavier klingt gräßlich, es ist verstimmt.
tocar [to'kar] *v.* (-qu-) ¿Sabías que Pili toca muy bien el violín?	**spielen** Wußtest du, daß Pili sehr gut Geige spielt?

«2001–4000»

banda ['banda] *f*	**(Blas)Musikkapelle** *f*
¿Tocas en la banda de tu pueblo?	Spielst du in der Blaskapelle deines Dorfes?
canto ['kanto] *m*	**Gesang** *m*; **Lied** *n*
Mi hijo estudia canto.	Mein Sohn studiert Gesang.
compositor [komposi'tor] *m*	**Komponist** *m*
Bach fue el compositor más genial de todos los tiempos.	Bach war der genialste Komponist aller Zeiten.
conjunto [koŋ'xunto] *m*	**Ensemble** *n*, **(Tanz-, Unterhaltungs)Kapelle** *f*
¿Qué te parece este conjunto de jazz?	Wie gefällt dir dieses Jazzensemble?
director de orquesta [direk'tor đe or'kesta] *m*	**Dirigent** *m*, **Kapellmeister** *m*
¿Cómo se llama este director de orquesta?	Wie heißt dieser Dirigent?
flamenco [fla'meŋko] *m*	**Flamenco** *m*
Me gusta escuchar flamenco en una taberna andaluza.	Ich höre gern Flamenco in einer andalusischen Weinstube.
orquesta [or'kesta] *f*	**Orchester** *n*, (größere) **Kapelle** *f*
Mañana la orquesta de la radio da un concierto.	Morgen gibt das Rundfunkorchester ein Konzert.
piano ['pĭano] *m*	**Klavier** *n*
¿Aún tocas el piano?	Spielst du immer noch Klavier?
sonido [so'niđo] *m*	**Ton** *m*, **Klang** *m*
Este violín italiano tiene un sonido maravilloso.	Diese italienische Geige hat einen wunderbaren Klang.
tono ['tono] *m*	**Ton** *m*; **Tonart** *f*
El tono hace la música.	Der Ton macht die Musik.
¿En qué tono quiere Vd. cantar esta canción?	In welcher Tonart möchten Sie dieses Lied singen?
violín [bĭo'lin] *m*	**Geige** *f*, **Violine** *f*
Este violín suena muy bien.	Diese Geige klingt sehr gut.

1.3.2 MEDIEN

«1–2000»

cas(s)et(t)e [ka'sete] *m und f* He grabado un casete con música española.	**Kassette** *f* Ich habe eine Kassette mit spanischer Musik bespielt.
cas(s)et(t)e [ka'sete] *f und m* Esta cassette tiene un sonido muy bueno.	**Kassettenrecorder** *m* Dieser Kassettenrecorder hat einen sehr guten Klang.
diario ['dĭarĭo] *m* ¿Has leído ya el diario de hoy?	**Zeitung** *f* Hast du schon die heutige Zeitung gelesen?
disco ['disko] *m* ¿Cuánto cuesta este disco?	**Schallplatte** *f* Wieviel kostet diese Schallplatte?
entrevista [entre'bista] *f* ¿Puedo hacerle una entrevista mañana?	**Interview** *n* Darf ich Sie morgen interviewen?
noticias [no'tiθĭas] *fpl.* Quiero escuchar las noticias de las nueve.	**Nachrichten** *fpl.* Ich möchte die Neun-Uhr-Nachrichten hören.
periódico [pe'rĭođiko] *m* Voy al quiosco a comprar periódicos.	**Zeitung** *f* Ich geh zum Kiosk, um Zeitungen zu kaufen.
prensa ['prensa] *f* ¿Habéis leído ya la prensa de la mañana?	**Presse** *f* Habt ihr schon die Morgenpresse gelesen?
publicar [puƀli'kar] *v.* (-qu-) El «ABC» ha publicado una foto del papa.	**veröffentlichen** Das „ABC" hat ein Foto des Papstes veröffentlicht.
radio ['rrađĭo] *f* El programa de la radio ha mejorado desde que hay la televisión.	**Radio** *n*, **Rundfunk** *m*, **Hörfunk** *m* Das Rundfunkprogramm ist besser geworden, seit es Fernsehen gibt.
radio ['rrađĭo] *f* ¿Puedes prestarme tu radio?	**Radio(gerät)** *n* Kannst du mir dein Radio leihen?
revista [rre'ƀista] *f* Muchas revistas ilustradas tienen un nivel bajo.	**Zeitschrift** *f* Viele Illustrierte haben ein niedriges Niveau.

tele ['tele] *f* (F)	**Fernsehen** *n*
Esta noche hay una película policíaca en la tele.	Heute abend kommt ein Krimi im Fernsehen.
televisión [teleƀi'sĭon] *f*	**Fernsehen** *n*
Varios países han introducido la televisión privada.	Mehrere Länder haben das Privatfernsehen eingeführt.
tocadiscos [toka'điskos] *m* (*pl. inv.*)	**Plattenspieler** *m*
Por Navidad me han regalado un tocadiscos.	Zu Weihnachten bekam ich einen Plattenspieler geschenkt.
vídeo ['biđeo] *m*	**Video** *n*; **Videorecorder** *m*
Paco grabó un vídeo de nuestra boda.	Paco hat eine Videoaufzeichnung von unserer Hochzeit gemacht.
El vídeo que tenemos ya es antiguo.	Der Videorecorder, den wir haben, ist schon alt.

«2001–4000»

anuncio [a'nunθĭo] *m*	**Anzeige** *f*, **Annonce** *f*, **Inserat** *n*
Voy a poner un anuncio en el «ABC».	Ich werde ein Inserat im „ABC“ aufgeben.
cinta (magnética) ['θinta (mag'netika)] *f*	**Tonband** *n*, **Magnetband** *n*
Los casetes son más prácticos que las cintas.	Kassetten sind praktischer als Tonbänder.
emisión [emi'sĭon] *f*	**Sendung** *f*
Escuchen ahora nuestra emisión para niños.	Sie hören jetzt unsere Kindersendung.
emisora [emi'sora] *f*	**Sender** *m*
En la montaña se cogen sólo unas pocas emisoras.	Im Gebirge bekommt man nur wenige Sender herein.
grabar [gra'ƀar] *v.*	**bespielen, aufzeichnen**
Este disco fue grabado en 1957.	Diese Platte wurde 1957 aufgezeichnet.
imagen [i'maxen] *f*	**Bild** *n*
¿Qué le pasa al televisor? La imagen no es clara.	Was ist mit dem Fernseher los? Das Bild ist nicht klar.

imprimir [impri'mir] *v.* (*p.* impreso) La última novela de Cela ya se está imprimiendo.	**drucken** Der letzte Roman von Cela ist bereits im Druck.
magnetofón, magnetófono [magneto'fon, magne'tofono] *m* Este magnetofón es muy bueno, pero pesa mucho.	**Tonbandgerät** *n* Dieses Tonbandgerät ist sehr gut, aber es ist sehr schwer.
medios de comunicación (social) ['međĭoz đe komunika'θĭon (so'θĭal)] *mpl.* Los medios de comunicación tienen un poder enorme.	**Massenmedien** *npl.* Die Massenmedien haben eine ungeheure Macht.
pantalla [pan'taʎa] *f* Voy a comprarme un televisor de pantalla grande.	**Bildschirm** *m* Ich kaufe mir einen Fernseher mit großem Bildschirm.
propaganda [propa'ganda] *f* En la televisión española hay demasiada propaganda.	**Werbung** *f*, **Reklame** *f* Im spanischen Fernsehen gibt es zuviel Werbung.
publicación [publika'θĭon] *f* La lista de publicaciones de este autor es larga.	**Veröffentlichung** *f* Die Liste der Veröffentlichungen dieses Autors ist lang.
radiocassette [rrađĭoka'sete] *m* Me han robado el radiocassette del coche.	**Radiorecorder** *m* Man hat mir den Radiorecorder aus dem Auto gestohlen.
televisor [telebi'sor] *m* Hemos comprado para los niños un segundo televisor.	**Fernsehgerät** *n*, **-seher** *m* Wir haben für die Kinder einen zweiten Fernseher gekauft.

1.3.3 ERHOLUNG UND FREIZEIT

1.3.3.1 FREIZEITBESCHÄFTIGUNGEN

«1–2000»

bailar [baĭ'lar] *v.* ¿Le gusta a Vd. bailar?	**tanzen** Tanzen Sie gern?
bañarse [ba'ɲarse] *v.* Prefiero bañarme en un lago antes que en una piscina.	**baden** Ich bade lieber in einem See als in einem Schwimmbecken.

cámara ['kamara] *f* ¡No te olvides de llevar la cámara!	**Fotoapparat** *m* Vergiß nicht, den Fotoapparat mitzunehmen!
carrete [ka'rrete] *m* Se me han acabado los carretes.	**(Roll)Film** *m* Die Filme sind mir ausgegangen.
colección [koleɣ'θĭon] *f* Mi padre tiene una colección de minerales.	**Sammlung** *f* Mein Vater hat eine Mineraliensammlung.
coleccionar [koleɣθĭo'nar] *v.* ¿Alguno de Vds. colecciona sellos?	**sammeln** Sammelt jemand von Ihnen Briefmarken?
descansar [deskan'sar] *v.* En la montaña descanso mejor que en la playa.	**(sich) ausruhen, sich erholen** Im Gebirge erhole ich mich besser als am Strand.
divertirse [diber'tirse] *v.* (*irr.* 30) Voy a una fiesta. – Pues, ¡que te diviertas!	**sich amüsieren, sich unterhalten** Ich gehe zu einer Party. – Dann amüsier dich gut!
excursión [eskur'sĭon] *f* Mañana vamos a hacer una excursión a Toledo.	**Ausflug** *m* Morgen machen wir einen Ausflug nach Toledo.
foto ['foto] *f* Las fotos de tu cumpleaños han salido muy bien.	**Foto** *n*, **Bild** *n*, **Aufnahme** *f* Die Fotos von deinem Geburtstag sind gut geworden.
jardín [xar'đin] *m* A mí me gustaría vivir en una casa con jardín.	**Garten** *m* Ich würde gern in einem Haus mit Garten wohnen.
juego ['xŭeɣo] *m* Hemos traído unos juegos para los niños.	**Spiel** *n* Wir haben ein paar Spiele für die Kinder mitgebracht.
jugar [xu'ɣar] *v.* (*irr.* 18; -gu-) Los niños están jugando a la pelota en el patio.	**spielen** Die Kinder spielen Ball im Hof.
máquina (fotográfica) ['makina (foto'ɣrafika)] *f* Tengo una máquina (fotográfica) con teleobjetivo.	**Fotoapparat** *m* Ich habe einen Fotoapparat mit Teleobjektiv.
paseo [pa'seo] *m* ¿Vamos a dar un paseo por el (parque del) Retiro?	**Spaziergang** *m* Machen wir einen Spaziergang durch den Retiro-Park?

vuelta ['bŭelta] *f* Voy a dar una vuelta por el centro de la ciudad.	**Spaziergang** *m*, **Bummel** *m* Ich mache einen Bummel durch das Stadtzentrum.

«2001–4000»

afición [afi'θĭon] *f* Juan no tiene ninguna afición.	**Liebhaberei** *f*, **Hobby** *n* Juan hat keinerlei Hobby.
aficionado [afiθĭo'nađo] *m* Vd. parece ser un fotógrafo profesional. – No, soy un simple aficionado.	**Liebhaber** *m*, **Amateur** *m* Sie sind wohl Berufsfotograf? – Nein, ich bin nur Amateur.
baile ['baĭle] *m* El baile preferido de Pepe es el tango.	**Tanz** *m* Pepes Lieblingstanz ist der Tango.
broma ['broma] *f* Al tío Alberto le gusta gastar bromas.	**Scherz** *m*, **Spaß** *m* Onkel Alberto macht gern Späße.
carta ['karta] *f* A Antonio no le gusta jugar a las cartas.	**(Spiel)Karte** *f* Antonio spielt nicht gern Karten.
copia ['kopĭa] *f* ¿Puede Vd. hacerme dos copias de este negativo?	**Abzug** *m* Können Sie mir zwei Abzüge von diesem Negativ machen?
descanso [des'kanso] *m* Este pueblo es un lugar ideal para el descanso.	**Ruhe** *f*, **Erholung** *f* Dieses Dorf ist ein idealer Erholungsort.
distraerse [distra'erse] *v.* (*irr.* 33) Los niños han traído unos juegos para distraerse.	**sich die Zeit vertreiben, sich unterhalten** Die Kinder haben Spiele mitgebracht, um sich die Zeit zu vertreiben.
juguete [xu'gete] *m* Le he traído unos juguetes a Juanito.	**Spielzeug** *n* Ich habe Juanito ein paar Spielsachen mitgebracht.
partida [par'tiđa] *f* ¿Quién ganó anoche la partida de ajedrez?	**Partie** *f*, **Spiel** *n* Wer hat gestern abend die Schachpartie gewonnen?
pasear(se) [pase'ar(se)] *v.* ¿Le gusta a Vd. pasear en el bosque?	**spazierengehen** Gehen Sie gern im Wald spazieren?

pesca ['peska] *f* — **Fischen** *n*, **Angeln** *n*
Prefiero la pesca a la caza. — Ich ziehe Angeln der Jagd vor.

pescar (con caña) [pes'kar (koŋ 'kaɲa)] *v.* (-qu-) — **angeln**
Cuando me voy a pescar, me levanto muy temprano. — Wenn ich angeln gehe, stehe ich sehr früh auf.

1.3.3.2 SPORT

«1–2000»

campo de deportes ['kampo đe đe'portes] *m* — **Sportplatz** *m*
En este pueblo hay un campo de deportes moderno. — In diesem Dorf gibt es einen modernen Sportplatz.

correr [ko'rrer] *v.* — **laufen, rennen**
¡Cómo corre este hombre! — Wie schnell dieser Mann laufen kann!

deporte [de'porte] *m* — **Sport** *m*
¿Practica Vd. algún deporte? — Treiben Sie Sport?

deportista [depor'tista] *m,f* — **Sportler(in)** *m(f)*
Mi hija es una gran deportista. — Meine Tochter ist eine große Sportlerin.

deportivo [depor'tiƀo], **-a** *adj.* — **sportlich, Sport...**
Nuestro hotel le ofrece una serie de actividades deportivas. — Unser Hotel bietet Ihnen eine Reihe sportlicher Betätigungsmöglichkeiten.

equipo [e'kipo] *m* — **Mannschaft** *f*
Mañana nuestro equipo juega contra el Real Madrid. — Morgen spielt unsere Mannschaft gegen Real Madrid.

fútbol ['futƀol] *m* — **Fußball** *m*
El Sr. Gutiérrez es un gran aficionado al fútbol. — Herr Gutiérrez ist ein großer Fußballiebhaber.

ganar [ga'nar] *v.* — **gewinnen**
¿Qué equipo ganó en el mundial? — Welche Mannschaft hat bei der Weltmeisterschaft gewonnen?

nadar [na'đar] *v.* — **schwimmen**
¿Vamos a nadar? – ¡Encantado! — Gehen wir schwimmen? – Gern!

partido [par'tiđo] *m* — **Spiel** *n*
¿Vamos a ver el partido (de fútbol) en la tele? — Sehen wir uns das Fußballspiel im Fernsehen an?

pelota [pe'lota] *f* — **Ball** *m*
¿Me puedes prestar tu pelota? — Kannst du mir deinen Ball leihen?

pelota [pe'lota] *f* — (*baskisches*) **Pelotaspiel** *n*
El juego de pelota (vasca) es muy popular en España. — Das Pelotaspiel ist in Spanien sehr beliebt.

perder [per'đer] *v.* (*irr.* 23) — **verlieren**
En el deporte como en la vida hay que saber perder. — Im Sport wie im Leben muß man verlieren können.

piscina [pis'θina] *f* — **Schwimmbecken** *n*; **Schwimmbad** *n*
En nuestro hotel hay una piscina. — In unserem Hotel gibt es ein Schwimmbecken.

practicar [prakti'kar] *v.* (-qu-) — **(be)treiben**
Vd. debería practicar algún deporte. — Sie sollten irgendeinen Sport treiben.

«2001–4000»

árbitro ['arbitro] *m* — **Schiedsrichter** *m*
¿Quién será el árbitro en el partido de mañana? — Wer ist Schiedsrichter beim morgigen Spiel?

balón [ba'lon] *m* — **Ball** *m (bes. Fußball)*
Tienes que inflar el balón. — Du mußt den Ball aufpumpen.

campeón [kampe'on] *m* — **Meister** *m*
¿Quién es actualmente campeón mundial de fútbol? — Wer ist zur Zeit Fußballweltmeister?

carrera [ka'rrera] *f* — **Lauf** *m*; **Rennen** *n*
¿Hacemos una carrera de 500 metros? — Machen wir einen 500-Meter-Lauf?
Mi primo corre en las carreras de coches. — Mein Vetter fährt Autorennen.

caza ['kaθa] *f* — **Jagd** *f*
El Sr. Herrera es muy aficionado a la caza. — Herr Herrera ist ein passionierter Jäger.

cazador [kaθa'đor] *m* — **Jäger** *m*
En general los cazadores se levantan temprano. — Jäger stehen meistens früh auf.

cazar [ka'θar] *v.* (-c-) ¿Le gusta a Vd. ir a cazar?	**jagen** Gehen Sie gern auf die Jagd?
corrida de toros [ko'rriđa đe 'toros] *f* La corrida de toros de ayer fue maravillosa.	**Stierkampf** *m* Der gestrige Stierkampf war großartig.
estadio [es'tađĭo] *m* ¿Conoces el estadio de fútbol Bernabéu?	**Stadion** *n* Kennst du das Bernabéu-Fußballstadion?
forma ['forma] *f* ¿Qué te pasa? No estás en forma hoy.	**Form** *f* Was ist mit dir los? Du bist heute nicht in Form.
meta ['meta] *f* Cuando los corredores llegaron a la meta, estaban agotados.	**Ziel** *n* Als die Läufer im Ziel ankamen, waren sie erschöpft.
meta ['meta] *f* Con un cabezazo Sánchez metió el balón en la meta.	**Tor** *n* (*Fußball*) Mit einem Kopfball schoß Sánchez den Ball ins Tor.
plaza de toros ['plaθa đe 'toros] *f* En Barcelona hay dos plazas de toros.	**Stierkampfarena** *f* In Barcelona gibt es zwei Stierkampfarenen.
portería [porte'ria] *f* ¿Quién está hoy en la portería de nuestro equipo?	**Tor** *n* Wer steht heute bei unserer Mannschaft im Tor?
salida [sa'liđa] *f* El árbitro dio la señal de salida.	**Start** *m* Der Schiedsrichter gab das Startsignal.
saltar [sal'tar] *v.* ¡Mira con qué elegancia salta este caballo!	**springen** Sieh mal, wie elegant dieses Pferd springt!
tenis ['tenis] *m* Nuestro jefe juega al tenis todos los días.	**Tennis** *n* Unser Chef spielt jeden Tag Tennis.

1.4 Öffentliches Leben

1.4.1 STAATSWESEN

1.4.1.1 STAAT UND POLITIK

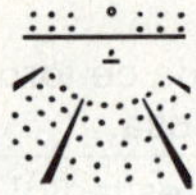

«1–2000»

capital [kapi'tal] *f* La capital de Venezuela es Caracas.	**Hauptstadt** *f* Die Hauptstadt von Venezuela ist Caracas.
derecha [de'retʃa] *f* La derecha ha perdido muchos votos.	**Rechte** *f* Die Rechte hat viele Stimmen verloren.
elegir [ele'xir] *v.* (*irr.* 21; -j-) Los españoles han elegido un nuevo parlamento.	**wählen** Die Spanier haben ein neues Parlament gewählt.
emigrante [emi'grante] *m* Argentina ha acogido a muchos emigrantes.	**Emigrant** *m*, **Auswanderer** *m* Argentinien hat viele Auswanderer aufgenommen.
Estado [es'tađo] *m* Casi todas las antiguas colonias son ahora Estados independientes.	**Staat** *m* Fast alle früheren Kolonien sind jetzt unabhängige Staaten.
extranjero [estraŋ'xero], **-a** *adj.* Cada año vienen más turistas extranjeros.	**ausländisch, fremd** Jedes Jahr kommen mehr ausländische Touristen.
extranjero [estraŋ'xero] *m*, **-a** *f* En Madrid y en Barcelona viven muchos extranjeros.	**Ausländer(in)** *m*(*f*) In Madrid und Barcelona leben viele Ausländer.
extranjero [estraŋ'xero] *m* Muchos alemanes pasan sus vacaciones en el extranjero.	**Ausland** *n* Viele Deutsche verbringen ihre Ferien im Ausland.
extremo [es'tremo], **-a** *adj.* En España hay algunos grupos de extrema derecha.	**radikal, äußerst(e)** In Spanien gibt es einige rechtsradikale Gruppen.
frontera [fron'tera] *f* La frontera entre España y Gibraltar está ahora abierta.	**Grenze** *f* Die Grenze zwischen Spanien und Gibraltar ist jetzt offen.

gobierno [go'ƀierno] *m* El gobierno no hace nada contra el paro.	**Regierung** *f* Die Regierung tut nichts gegen die Arbeitslosigkeit.
internacional [internaθĭo'nal] *adj.* Cada país tiene que respetar sus obligaciones internacionales.	**international** Jedes Land muß seine internationalen Verpflichtungen einhalten.
izquierda [iθ'kĭerđa] *f* En Francia la izquierda perdió las elecciones de 1985.	**Linke** *f* In Frankreich verlor die Linke die Wahlen von 1985.
libertad [liƀer'tađ] *f* La libertad es uno de los derechos humanos.	**Freiheit** *f* Die Freiheit ist eines der Menschenrechte.
ministro [mi'nistro] *m* El ministro de Educación visitó nuestra universidad.	**Minister** *m* Der Erziehungsminister besuchte unsere Universität.
mundo ['mundo] *m* Los hombres del mundo entero quieren la paz.	**Welt** *f* Die Menschen der ganzen Welt wollen den Frieden.
nacional [naθĭo'nal] *adj.* Los gastos para la defensa nacional han subido mucho.	**national, staatlich, Landes...** Die Kosten für die Landesverteidigung sind stark gestiegen.
país [pa'is] *m* En la mayoría de los países de América se habla español.	**Land** *n* In den meisten Ländern Amerikas wird Spanisch gesprochen.
partido [par'tiđo] *m* ¿A qué partido vas a votar?	**Partei** *f* Für welche Partei wirst du stimmen?
poder [po'đer] *m* El presidente de los Estados Unidos tiene un poder enorme.	**Macht** *f* Der Präsident der Vereinigten Staaten hat ungeheure Macht.
política [po'litika] *f* La política del gobierno actual no me convence.	**Politik** *f* Die Politik der jetzigen Regierung überzeugt mich nicht.
político [po'litiko], **-a** *adj.* Este problema no es jurídico, sino político.	**politisch** Das ist keine Rechtsfrage, sondern eine politische Frage.
político [po'litiko] *m* Este político es muy ambicioso.	**Politiker** *m* Dieser Politiker ist sehr ehrgeizig.

provincia [pro'ƀinθĭa] *f*
La Plata es la capital de la provincia de Buenos Aires.

Provinz *f*
La Plata ist die Hauptstadt der Provinz Buenos Aires.

---

público ['puƀliko], **-a** *adj.*
Esta piscina no es pública, es privada.

öffentlich
Dieses Schwimmbecken ist nicht öffentlich, es ist privat.

---

pueblo ['pŭeƀlo] *m*
El pueblo español se compone de varios grupos étnicos.

Volk *n*
Das spanische Volk besteht aus mehreren Volksgruppen.

---

región [rre'xĭon] *f*
En la región Cantábrica llueve mucho.

Region *f*
In der Kantabrischen Region regnet es viel.

---

revolución [rreƀolu'θĭon] *f*
El Paraguay ha vivido muchas revoluciones.

Revolution *f*
Paraguay hat viele Revolutionen erlebt.

---

revolucionario [rreƀoluθĭo'narĭo], **-a** *adj.*
En Perú hay actualmente dos movimientos revolucionarios.

revolutionär, Revolutions...
In Peru gibt es zur Zeit zwei revolutionäre Bewegungen.

---

rey [rreĭ] *m*
El rey de España es muy popular.

König *m*
Der König von Spanien ist sehr beliebt.

«2001–4000»

bandera [ban'dera] *f*
La bandera francesa tiene los colores azul, blanco y rojo.

Fahne *f*, **Flagge** *f*
Die französische Fahne hat die Farben blau, weiß, rot.

---

capitalismo [kapita'lizmo] *m*
El capitalismo tiene también sus inconvenientes.

Kapitalismus *m*
Auch der Kapitalismus hat seine Nachteile.

---

capitalista [kapita'lista] *adj.*
La base del sistema capitalista es la libre competencia.

kapitalistisch
Die Grundlage des kapitalistischen Systems ist der freie Wettbewerb.

---

civil [θi'ƀil] *adj.*
La población civil sufre también los horrores de la guerra.

zivil, Zivil...
Auch die Zivilbevölkerung leidet unter den Schrecken des Krieges.

---

comunidad autónoma [komuni'đađ au'tonoma] *f*
Hoy Cataluña es una comunidad autónoma.

autonome Region *f*
Heute ist Katalonien eine autonome Region.

comunismo [komu'nizmo] *m* El comunismo italiano es diferente del ruso.	**Kommunismus** *m* Der italienische Kommunismus ist anders als der russische.
comunista [komu'nista] *adj.* ¿Existe en su país un partido comunista?	**kommunistisch** Gibt es in Ihrem Land eine kommunistische Partei?
conservador [konserƀa'đor], **-a** *adj.* El partido conservador inglés es el más antiguo de Europa.	**konservativ** Die englische konservative Partei ist die älteste Europas.
democracia [demo'kraθĭa] *f* En Suiza la democracia tiene una larga tradición.	**Demokratie** *f* In der Schweiz hat die Demokratie eine lange Tradition.
democrático [demo'kratiko], **-a** *adj.* Hoy España es una monarquía democrática.	**demokratisch** Heute ist Spanien eine demokratische Monarchie.
dictadura [dikta'đura] *f* El paso de la dictadura a la democracia es difícil.	**Diktatur** *f* Der Übergang von der Diktatur zur Demokratie ist schwierig.
elecciones [eleg̡'θĭones] *fpl.* Sin elecciones libres no puede haber democracia.	**Wahlen** *fpl.* Ohne freie Wahlen kann es keine Demokratie geben.
independiente [indepen'dĭente] *adj.* El número de los estados independientes ha aumentado mucho.	**unabhängig** Die Zahl der unabhängigen Staaten hat sich sehr erhöht.
liberal [liƀe'ral] *adj.* Nuestro partido liberal ha perdido votos.	**liberal** Unsere liberale Partei hat Stimmenverluste erlitten.
manifestación [manifesta'θĭon] *f* La manifestación de ayer era ilegal.	**Demonstration** *f*, **Kundgebung** *f* Die gestrige Demonstration war illegal.
manifestar(se) [manifes'tar(se)] *v.* (*irr.* 22) Los estudiantes se manifestaron ayer en contra del gobierno.	**demonstrieren** Die Studenten demonstrierten gestern gegen die Regierung.

ministerio [minis'terĭo] *m*
Lola trabaja como secretaria en un ministerio.

Ministerium *n*
Lola arbeitet als Sekretärin in einem Ministerium.

---

moderado [mođe'rađo], **-a** *adj.*
Julio Ramírez es un socialista moderado.

gemäßigt
Julio Ramírez ist ein gemäßigter Sozialist.

---

nación [na'θĭon] *f*
El presidente dirigió un mensaje a la nación.

Nation *f*, **Volk** *n*
Der Präsident richtete eine Botschaft an die Nation.

---

oposición [oposi'θĭon] *f*
La oposición ha votado contra el plan del gobierno.

Opposition *f*
Die Opposition stimmte gegen den Plan der Regierung.

---

parlamento [parla'mento] *m*
El parlamento británico es el más antiguo del mundo.

Parlament *n*
Das britische Parlament ist das älteste der Welt.

---

patria ['patrĭa] *f*
Heine vivió muchos años lejos de su patria.

Vaterland *n*, **Heimat** *f*
Heine lebte viele Jahre fern von seiner Heimat.

---

población [poƀla'θĭon] *f*
La población mundial va aumentando cada vez más.

Bevölkerung *f*
Die Weltbevölkerung wächst immer mehr.

---

presidente [presi'đente] *m*
¿Quién es el actual presidente de Bolivia?

Präsident *m*
Wer ist zur Zeit Präsident von Bolivien?

---

radical [rrađi'kal] *adj.*
Este político tiene ideas muy radicales.

radikal
Dieser Politiker hat sehr radikale Ansichten.

---

reforma [rre'forma] *f*
El gobierno quiere realizar una reforma agraria.

Reform *f*
Die Regierung will eine Agrarreform durchführen.

---

régimen ['rreximen] *m* (*pl.* regímenes)
El régimen de Franco duró casi cuarenta años.

Regime *n*, **Regierungsform** *f*
Das Franco-Regime dauerte fast vierzig Jahre.

---

reina ['rreĭna] *f*
La reina de Inglaterra celebra mañana su cumpleaños.

Königin *f*
Morgen feiert die Königin von England Geburtstag.

---

república [rre'puƀlika] *f*
La mayoría de los países europeos son repúblicas.

Republik *f*
Die meisten europäischen Länder sind Republiken.

socialismo [soθĭa'lizmo] *m*
Hay varias formas de socialismo.

Sozialismus *m*
Es gibt verschiedene Formen von Sozialismus.

---

socialista [soθĭa'lista] *adj.*
España tiene actualmente un gobierno socialista.

sozialistisch
Spanien hat zur Zeit eine sozialistische Regierung.

---

terrorismo [terro'rizmo] *m*
El terrorismo de ETA surgió en la época de Franco.

Terrorismus *m*
Der Terrorismus der ETA entstand in der Franco-Zeit.

---

terrorista [terro'rista] *m,f*
Ayer la policía detuvo a tres terroristas.

Terrorist(in) *m(f)*
Gestern verhaftete die Polizei drei Terroristen.

---

votar [bo'tar] *v.*
Los diputados liberales votaron contra el plan del gobierno.

(ab)stimmen
Die liberalen Abgeordneten stimmten gegen den Plan der Regierung.

1.4.1.2 KRIEG UND FRIEDEN

«1–2000»

arma ['arma] *f* (el)
Las armas son cada vez más terribles.

Waffe *f*
Die Waffen werden immer schrecklicher.

---

ataque [a'take] *m*
Nuestros soldados rechazaron el ataque del enemigo.

Angriff *m*
Unsere Soldaten wehrten den Angriff des Feindes ab.

---

bomba ['bomba] *f*
La primera bomba atómica fue lanzada el 6 de agosto de 1945.

Bombe *f*
Die erste Atombombe wurde am 6. August 1945 abgeworfen.

---

defender [defen'der] *v.* (*irr.* 23)
En 1936, los nacionales defendieron heroicamente el Alcázar de Toledo.

verteidigen
1936 verteidigten die Nationalen den Alkazar von Toledo heldenhaft.

---

destruir [des'trŭir] *v.* (*irr.* 6)
Nuestros aviones destruyeron dos submarinos.

zerstören, vernichten
Unsere Flugzeuge vernichteten zwei U-Boote.

---

ejército [e'xerθito] *m*
En 1945, el Ejército Rojo conquistó Berlín.

Armee *f*, **Heer** *n*
1945 nahm die Rote Armee Berlin ein.

enemigo [ene'migo] *m* En Europa, muchos enemigos de ayer hoy son amigos.	**Feind** *m* In Europa sind viele Feinde von gestern heute Freunde.
enemigo [ene'migo], **-a** *adj.* La aviación enemiga ha bombardeado varias ciudades.	**feindlich** Die feindliche Luftwaffe hat mehrere Städte bombardiert.
guerra ['gerra] *f* La guerra civil española duró tres años.	**Krieg** *m* Der spanische Bürgerkrieg dauerte drei Jahre.
lucha ['lutʃa] *f* La lucha contra el terrorismo es un grave problema.	**Kampf** *m* Der Kampf gegen den Terrorismus ist ein schweres Problem.
militar [mili'tar] *adj.* La policía militar ha detenido a un desertor.	**militärisch, Militär...** Die Militärpolizei hat einen Deserteur verhaftet.
paz [paθ] *f* La Paz de Westfalia puso fin a la guerra de los treinta años.	**Friede(n)** *m* Der Westfälische Frieden beendete den Dreißigjährigen Krieg.
soldado [sol'dađo] *m* Este soldado necesita ayuda, está herido.	**Soldat** *m* Dieser Soldat braucht Hilfe, er ist verwundet.
tirar [ti'rar] *v.* ¡No tiren! Nos rendimos.	**schießen** Nicht schießen! Wir ergeben uns.
vencer [ben'θer] *v.* (-z-) Napoleón fue vencido en la batalla de Waterloo.	**(be)siegen** In der Schlacht von Waterloo wurde Napoleon besiegt.

«2001–4000»

atacar [ata'kar] *v.* (-qu-) El enemigo ha vuelto a atacar al amanecer.	**angreifen** Der Feind hat im Morgengrauen wieder angegriffen.
batalla [ba'taʎa] *f* En la batalla de Lepanto, los turcos fueron derrotados.	**Schlacht** *f* In der Schlacht von Lepanto wurden die Türken besiegt.
cañón [ka'ɲon] *m* Este cañón se usó en la guerra civil española.	**Kanone** *f*, **Geschütz** *n* Dieses Geschütz wurde im spanischen Bürgerkrieg eingesetzt.

cohete [ko'ete] *m* Los alemanes lanzaron los primeros cohetes en 1944.	**Rakete** *f* Die Deutschen schossen die ersten Raketen 1944 ab.
conquista [koŋ'kista] *f* La conquista de Méjico fue obra de Hernán Cortés.	**Eroberung** *f* Die Eroberung von Mexiko war das Werk von Hernando Cortez.
conquistar [koŋkis'tar] *v.* Los árabes conquistaron casi toda España en un año.	**erobern** Die Araber eroberten fast ganz Spanien in einem Jahr.
defensa [de'fensa] *f* Después de una defensa heroica, Zaragoza tuvo que rendirse.	**Verteidigung** *f* Nach heldenhafter Verteidigung mußte sich Saragossa ergeben.
fusil [fu'sil] *m* Ahora los soldados tienen que limpiar sus fusiles.	**Gewehr** *n* Jetzt müssen die Soldaten die Gewehre reinigen.
general [xene'ral] *m* El general Franco murió en 1975.	**General** *m* General Franco starb 1975.
héroe ['eroe] *m* El héroe de la batalla de Trafalgar fue Nelson.	**Held** *m* Der Held der Schlacht von Trafalgar war Nelson.
huir [ŭir] *v.* (*irr.* 6) Al llegar las tropas, los guerrilleros huyeron.	**fliehen** Als die Truppen ankamen, flohen die Guerrilleros.
luchar [lu'tʃar] *v.* Los soldados de ambos bandos lucharon con heroísmo.	**kämpfen** Auf beiden Seiten kämpften die Soldaten mit Heldenmut.
ocupar [oku'par] *v.* En 1945, las tropas aliadas ocuparon toda Alemania.	**besetzen** 1945 besetzten die alliierten Truppen ganz Deutschland.
oficial [ofi'θĭal] *m* Mi primo es oficial de infantería.	**Offizier** *m* Mein Vetter ist Infanterieoffizier.
orden ['orđen] *f* El general dio la orden de evacuar la ciudad.	**Befehl** *m* Der General gab den Befehl, die Stadt zu räumen.
pistola [pis'tola] *f* ¡Cuidado!, esta pistola está cargada.	**Pistole** *f* Vorsicht, diese Pistole ist geladen!

tropas ['tropas] *fpl.*
Nuestras tropas están avanzando rápidamente.

Truppen *fpl.*
Unsere Truppen dringen rasch vorwärts.

---

victoria [bik'torĭa] *f*
La victoria de El-Alamein decidió la guerra en Africa de Norte.

Sieg *m*
Der Sieg von El-Alamein entschied den Krieg in Nordafrika.

1.4.2 KIRCHE UND RELIGION

«1–2000»

católico [ka'toliko], **-a** *adj.*
La mayoría de los españoles son católicos.

katholisch
Die meisten Spanier sind katholisch.

---

cielo ['θĭelo] *m*
Los ángeles son los mensajeros del cielo.

Himmel *m*
Die Engel sind die Boten des Himmels.

---

conciencia [kon'θĭenθĭa] *f*
Este hombre no tiene conciencia.

Gewissen *n*
Dieser Mensch hat kein Gewissen.

---

creer [kre'er] *v.* (-y-)
Julián es ateo, no cree en nada.

glauben
Julian ist Atheist, er glaubt an nichts.

---

cristiano [kris'tĭano], **-a** *adj.*
En Europa predominan las religiones cristianas.

christlich
In Europa herrschen die christlichen Religionen vor.

---

cristiano [kris'tĭano] *m*, **-a** *f*
Entre los primeros cristianos hubo muchos mártires.

Christ(in) *m(f)*
Unter den ersten Christen gab es viele Märtyrer.

Dios [dĭos] *m*
Dios es todopoderoso.

Gott *m*
Gott ist allmächtig.

---

dios [dĭos] *m*
Los dioses de los griegos tenían debilidades muy humanas.

(*heidnischer*) **Gott** *m*
Die Götter der Griechen hatten sehr menschliche Schwächen.

---

iglesia [i'glesĭa] *f*
En los Pirineos hay muchas iglesias románicas.

Kirche *f* (*Gebäude*)
In den Pyrenäen gibt es viele romanische Kirchen.

Iglesia [i'glesĭa] *f* La Iglesia (católica) está en contra del aborto.	**katholische Kirche** *f* (*Institution*) Die katholische Kirche ist gegen die Abtreibung.
misa ['misa] *f* ¿Quién va a decir hoy la misa de las diez?	**Messe** *f* Wer wird heute die Zehn-Uhr-Messe lesen?
Navidad [naƀi'đađ] *f* En Navidad, toda la familia se reúne en casa del abuelo.	**Weihnachten** *n* Zu Weihnachten kommt die ganze Familie beim Großvater zusammen.
Pascua (de Resurrección) ['paskŭa (đe rresurreg'θĭon)] *f* Queremos pasar las vacaciones de Pascua en Málaga.	**Ostern** *n* Wir möchten die Osterferien in Malaga verbringen.
religión [rreli'xĭon] *f* La religión y la política no se deberían mezclar.	**Religion** *f* Religion und Politik sollte man nicht vermischen.
santo ['santo], **-a** *adj.* Santo Tomás de Aquino murió en 1274.	**heilig** Der heilige Thomas von Aquin starb im Jahre 1274.
santo ['santo] *m*, **-a** *f* El protestantismo rechaza el culto a los santos.	**Heilige(r)** *f*(*m*) Der Protestantismus lehnt die Heiligenverehrung ab.
Semana Santa [se'mana 'santa] *f* En Semana Santa hay muchas procesiones.	**Karwoche** *f* In der Karwoche finden viele Prozessionen statt.

«2001–4000»

alma ['alma] *f* (el) Los cristianos creen en la inmortalidad del alma.	**Seele** *f* Die Christen glauben an die Unsterblichkeit der Seele.
comunión [komu'nĭon] *f* Mañana mi sobrino hace su primera comunión.	**Kommunion** *f* Morgen hat mein Neffe Erstkommunion.
confesarse [komfe'sarse] *v.* (*irr.* 22) ¿Hay alguien más que quiere confesarse?	**beichten** Ist noch jemand da, der beichten möchte?

cura ['kura] *m*	(*katholischer*) **Pfarrer** *m*, **Geistlicher** *m*
Nuestro cura tiene setenta años.	Unser Pfarrer ist siebzig Jahre alt.
diablo ['đĭablo] *m*	**Teufel** *m*
En torno al diablo hay muchas supersticiones.	Um den Teufel gibt es viel Aberglauben.
fe [fe] *f*	**Glaube** *m*
La fe de este hombre es admirable.	Der Glaube dieses Mannes ist bewundernswert.
monja ['moŋxa] *f*	**Nonne** *f*
Una hermana mía es monja.	Eine Schwester von mir ist Nonne.
obispo [o'bispo] *m*	**Bischof** *m*
El obispo visitará nuestra parroquia mañana.	Der Bischof besucht morgen unsere Pfarrei.
oración [ora'θĭon] *f*	**Gebet** *n*
El padrenuestro es una profunda oración.	Das Vaterunser ist ein Gebet mit tiefem Sinn.
papa ['papa] *m*	**Papst** *m*
El papa es la cabeza de la Iglesia católica.	Der Papst ist das Oberhaupt der katholischen Kirche.
pastor [pas'tor] *m*	(evangelischer) **Pfarrer** *m*
Los sacerdotes protestantes se llaman pastores.	Die evangelischen Geistlichen heißen Pastoren.
pecado [pe'kado] *m*	**Sünde** *f*
¡Perdónanos, Señor, nuestros pecados!	Herr, vergib uns unsere Sünden!
protestante [protes'tante] *adj.*	**protestantisch**
Mi padre es católico, pero yo soy protestante.	Mein Vater ist katholisch, aber ich bin protestantisch.
religioso [rreli'xĭoso], **-a** *adj.*	**religiös**
Esta película hiere los sentimientos religiosos.	Dieser Film verletzt die religiösen Gefühle.
rezar [rre'θar] *v.* (-c-)	**beten**
¡Vamos a rezar antes de comer!	Wir wollen vor dem Essen beten!
sacerdote [saθer'đote] *m*	**Priester** *m*, **Geistlicher** *m*
Mi tío es sacerdote.	Mein Onkel ist Priester.
Virgen ['birxen] *f*	**Jungfrau** *f* **(Maria)**
Mayo es el mes de la Virgen (María).	Der Mai ist der Monat der Jungfrau Maria.

1.5 Umwelt

1.5.1 STADT UND DORF

«1–2000»

agricultura [agrikul'tura] *f*
En el Canadá la agricultura tiene gran importancia.

Landwirtschaft *f*
In Kanada hat die Landwirtschaft große Bedeutung.

---

ayuntamiento [ajunta'mĭento] *m*
¿Ha visitado Vd. ya el ayuntamiento?

Rathaus *n*
Haben Sie schon das Rathaus besichtigt?

---

barrio ['barrĭo] *m*
En nuestro barrio no hay muchas tiendas.

(Stadt)Viertel *n*, **Stadtteil** *m*
In unserem Viertel gibt es nicht viele Geschäfte.

---

calle ['kaʎe] *f*
¡No juguéis en la calle, niños!

Straße *f* (*in Ortschaften*)
Spielt nicht auf der Straße, Kinder!

---

campo ['kampo] *m*
Me gusta más vivir en el campo que en la ciudad.

Land *n* (*im Gegensatz zur Stadt*)
Ich lebe lieber auf dem Land als in der Stadt.

---

carretera [karre'tera] *f*
La carretera de Barcelona a Zaragoza pasa por Lérida.

(Land)Straße *f*
Die Straße von Barcelona nach Saragossa geht über Lérida.

---

castillo [kas'tiʎo] *m*
En España hay muchos castillos antiguos.

Schloß *n* (*mittelalterlich*); **Burg** *f*
In Spanien gibt es viele alte Schlösser.

---

catedral [kate'đral] *f*
¿Conoces la catedral de Burgos?

Kathedrale *f*
Kennst du die Kathedrale von Burgos?

---

centro ['θentro] *m*
Mi padre vive en el centro de la ciudad.

Zentrum *n*, **Stadt-, Ortsmitte** *f*
Mein Vater wohnt im Stadtzentrum.

---

ciudad [θĭu'đađ] *f*
Venecia es una ciudad extraordinaria.

Stadt *f*
Venedig ist eine außergewöhnliche Stadt.

---

edificio [eđi'fiθĭo] *m*
Este edificio moderno es muy feo.

Gebäude *n*
Dieses moderne Gebäude ist sehr häßlich.

fuente ['fŭente] *f* En Augsburgo hay muchas fuentes hermosas.	**Brunnen** *m* In Augsburg gibt es viele schöne Brunnen.
habitante [abi'tante] *m* ¿Cuántos habitantes tiene Madrid?	**Einwohner** *m* Wieviel Einwohner hat Madrid?
palacio [pa'laθĭo] *m* Luis II de Baviera construyó una serie de palacios.	**Palast** *m*, **Schloß** *n* Ludwig II. von Bayern erbaute eine Reihe von Schlössern.
parque ['parke] *m* El parque de Aranjuez es muy hermoso.	**Park** *m* Der Park von Aranjuez ist sehr schön.
plaza ['plaθa] *f* Nos encontramos a las cuatro en esta plaza.	**Platz** *m* Wir treffen uns um 4 Uhr auf diesem Platz hier.
pueblo ['pŭeblo] *m* Me gusta pasar las vacaciones en un pueblo de montaña.	**Dorf** *n* Ich verbringe meine Ferien gern in einem Gebirgsdorf.
puente ['pŭente] *m* ¿Has visto ya el famoso puente de Córdoba?	**Brücke** *f* Hast du die berühmte Brücke von Córdoba schon gesehen?
torre ['torre] *f* Se dice que Toledo es la ciudad de las torres.	**Turm** *m* Es heißt, Toledo sei die Stadt der Türme.

«2001–4000»

afueras [a'fŭeras] *fpl.* Trabajo en Madrid, pero vivo en las afueras.	*(nähere)* **Umgebung** *f* Ich arbeite in Madrid, aber ich wohne außerhalb.
alrededores [alrređe'đores] *mpl.* En los alrededores de Madrid hay varios palacios reales.	**Umgebung** *f* In der Umgebung von Madrid gibt es mehrere Königspaläste.
avenida [aƀe'niđa] *f* La Castellana es la avenida más ancha de Madrid.	**Allee** *f*, **Prachtstraße** *f* Die Castellana ist die breiteste Allee von Madrid.
cementerio [θemen'terĭo] *m* ¿Me acompañas al cementerio?	**Friedhof** *m* Begleitest du mich zum Friedhof?

centro comercial ['θentro komer'θĭal] *m* — **Einkaufszentrum** *n*
En nuestro barrio hay un nuevo centro comercial. — In unserem Stadtviertel gibt es ein neues Einkaufszentrum.

finca ['fiŋka] *f* — **Bauernhof** *m*, **Landgut** *n*
En Andalucía hay todavía grandes fincas. — In Andalusien gibt es noch große Landgüter.

local [lo'kal] *adj.* — **Orts..., lokal**
El avión llega a Caracas a las 11 h, hora local. — Die Maschine kommt in Caracas um 11 Uhr Ortszeit an.

monumento [monu'mento] *m* — **Denkmal** *n*, **Bauwerk** *n*
En muchas ciudades hay un monumento a Colón. — In vielen Städten gibt es ein Kolumbus-Denkmal.

municipal [muniθi'pal] *adj.* — **Gemeinde..., Stadt..., städtisch**
Los sueldos de los funcionarios municipales son bajos. — Die Gehälter der Gemeindebeamten sind niedrig.

vecino [be'θino] *m* — **Bewohner** *m*, **Einwohner** *m*
Los vecinos de nuestro barrio celebran una fiesta mañana. — Die Bewohner unseres Stadtviertels feiern morgen ein Fest.

1.5.2 LANDSCHAFT

«1–2000»

bosque ['boske] *m* — **Wald** *m*
En Baviera hay muchos bosques. — In Bayern gibt es viele Wälder.

camino [ka'mino] *m* — **Weg** *m*
¿Adónde lleva este camino? — Wohin führt dieser Weg?

campo ['kampo] *m* — **Feld** *n*
No hay nadie en casa. Todos trabajan en el campo. — Es ist niemand zu Hause. Alle arbeiten auf dem Feld.

costa ['kosta] *f* — **Küste** *f*
España tiene 3.300 kilómetros de costas. — Spanien hat 3300 km Küste.

fuente ['fŭente] *f* — **Quelle** *f*
Debajo de esta roca hay una fuente. — Unter diesem Felsen ist eine Quelle.

isla ['izla] *f* — **Insel** *f*
Mallorca es la isla más grande de las Baleares. — Mallorca ist die größte Insel der Balearen.

lago ['lago] *m* En los Alpes hay muchos lagos.	**See** *m* In den Alpen gibt es viele Seen.
montaña [mon'taɲa] *f* Me gusta caminar en la montaña.	**Gebirge** *n*, **Berg** *m* Ich wandere gern im Gebirge.
paisaje [paĭ'saxe] *m* El paisaje de Galicia es verde.	**Landschaft** *f* Die Landschaft Galiciens ist grün.
parque ['parke] *m* En España hay una serie de parques nacionales.	**Park** *m* In Spanien gibt es eine Reihe von Nationalparks.
península [pe'ninsula] *f* Los Pirineos separan la Península Ibérica de Francia.	**Halbinsel** *f* Die Pyrenäen trennen die Iberische Halbinsel von Frankreich.
playa ['plaja] *f* En verano hay mucha gente en las playas.	**Strand** *m* Im Sommer sind viele Menschen an den Stränden.
región [rre'xĭon] *f* En nuestra región no hay mucha industria.	**Region** *f*, **Gebiet** *n*, **Gegend** *f* In unserer Region gibt es nicht viel Industrie.
río ['rrio] *m* ¿Te gustaría bañarte en el río?	**Fluß** *m* Möchtest du im Fluß baden?
terreno [te'rreno] *m* Me he comprado un terreno cerca de Alicante.	**Gelände** *n*, **Grundstück** *n* Ich habe mir ein Grundstück bei Alicante gekauft.
valle ['baʎe] *m* Para ir a Andorra, podemos pasar por el valle del Segre.	**Tal** *n* Wir können nach Andorra durch das Segre-Tal fahren.
vista ['bista] *f* La vista desde esta montaña es muy hermosa.	**Aussicht** *f* Von diesem Berg hat man eine herrliche Aussicht.

«2001–4000»

cabo ['kabo] *m* El cabo de Creus es el punto más oriental de España.	**Kap** *n* Kap Creus ist der östlichste Punkt Spaniens.
colina [ko'lina] *f* Vamos a merendar en esta colina.	**Hügel** *m* Wir wollen auf diesem Hügel Picknick machen.

corriente [ko'rrĭente] *f* ¡Cuidado! La corriente de este río es muy fuerte.	**Strömung** *f* Vorsicht! Dieser Fluß hat eine starke Strömung.
cueva ['kŭeƀa] *f* En las cuevas de Altamira hay pinturas prehistóricas.	**Höhle** *f* In den Höhlen von Altamira gibt es prähistorische Malereien.
cumbre ['kumbre] *f* La cumbre más alta de los Pirineos es el Pico de Aneto.	**Gipfel** *m* Der höchste Gipfel der Pyrenäen ist der Pico de Aneto.
desierto [de'sĭerto] *m* El Sáhara es el mayor desierto del mundo.	**Wüste** *f* Die Sahara ist die größte Wüste der Welt.
estanque [es'taŋke] *m* En los jardines del palacio hay un estanque.	**Teich** *m* Im Schloßpark ist ein Teich.
meseta [me'seta] *f* La altura media de la meseta castellana es de 600 metros.	**Hochebene** *f* Die mittlere Höhe der kastilischen Hochebene beträgt 600 Meter.
monte ['monte] *m* En el monte de Monfragüe anida una colonia de buitres. Mi padre está de caza en el monte.	**Berg** *m* (*meist mit Eigennamen*); **Wald** *m* Auf dem Berg von Monfragüe nistet eine Geierkolonie. Mein Vater ist im Wald auf der Jagd.
orilla [o'riʎa] *f* ¿Cómo pasamos a la otra orilla del río?	**Ufer** *n* Wie kommen wir auf das andere Flußufer hinüber?
pico ['piko] *m* Desde el avión vimos los picos de los Alpes.	**(Berg)Gipfel** *m* Vom Flugzeug aus sahen wir die Gipfel der Alpen.
puerto ['pŭerto] *m* Podemos pasar por el puerto de Roncesvalles.	**(Gebirgs)Paß** *m* Wir können über den Paß von Roncevaux fahren.
roca ['rroka] *f* En medio del río hay una roca que no se ve.	**Felsen** *m* Mitten im Fluß ist ein Felsen, den man nicht sieht.

1.5.3 NATUR

1.5.3.1 ALLGEMEINES

«1–2000»

agua ['agŭa] *f* (el) El agua de este lago está muy fría.	**Wasser** *n* Das Wasser dieses Sees ist sehr kalt.
aire ['aĭre] *m* Aquí en la montaña el aire es puro.	**Luft** *f* Hier im Gebirge ist die Luft rein.
ambiente [am'bĭente] *m* Es hermoso ver los animales en su ambiente natural.	**Umwelt** *f* Es ist schön, die Tiere in ihrer natürlichen Umwelt zu sehen.
cielo ['θĭelo] *m* No hay ni una nube en el cielo.	**Himmel** *m* Es ist nicht ein Wölkchen am Himmel.
estrella [es'treʎa] *f* Hoy se ven sólo pocas estrellas.	**Stern** *m* Heute sieht man nur wenig Sterne.
fuego ['fŭego] *m* Los cazadores hicieron un fuego para calentarse.	**Feuer** *n* Die Jäger machten ein Feuer an, um sich zu wärmen.
luna ['luna] *f* En 1969 un hombre pisó por primera vez la luna.	**Mond** *m* 1969 betrat zum ersten Mal ein Mensch den Mond.
luz [luθ] *f* ¡Enciende la lámpara!, aquí hay poca luz.	**Licht** *n* Mach die Lampe an, hier ist wenig Licht.
mar [mar] *m und f* Hoy nos vamos a bañar en el mar.	**Meer** *n*, **See** *f* Heute baden wir im Meer.
natural [natu'ral] *adj.* ¿Este lago es natural o artificial?	**natürlich** Ist dies ein natürlicher oder ein künstlicher See?
sol [sol] *m* Hoy el sol quema mucho.	**Sonne** *f* Heute brennt die Sonne stark.
sombra ['sombra] *f* Ven aquí a la sombra, al sol hace demasiado calor.	**Schatten** *m* Komm her in den Schatten, in der Sonne ist es zu heiß.

tierra ['tïerra] *f* (*auch*: Tierra) La Tierra gira alrededor del sol.	**Erde** *f* (*unser Planet*) Die Erde dreht sich um die Sonne.
tierra ['tïerra] *f* Aquí hay mucha niebla porque la tierra está húmeda.	**Erde** *f*, **(Erd)Boden** *m* Hier ist viel Nebel, weil der Boden feucht ist.
tierra ['tïerra] *f* Por fin los marineros llegaron a tierra.	**Land** *n* Endlich kamen die Matrosen an Land.
tierra ['tïerra] *f* Esta tierra es muy fértil.	**Erde** *f*, **Erdart** *f* Diese Erde ist sehr fruchtbar.

«2001–4000»

contaminación [kontamina'θïon] *f* La contaminación del medio ambiente se considera un delito.	**Verschmutzung** *f* (*bes. der Umwelt*) Umweltverschmutzung gilt als eine Straftat.
elemento [ele'mento] *m* ¿Puedes nombrarme algunos elementos (químicos)?	**Element** *n* Kannst du mir einige Elemente nennen?
espacio [es'paθïo] *m* La conquista del espacio es algo espectacular.	**(Welt)Raum** *m* Die Eroberung des Weltraums ist etwas Aufsehenerregendes.
gas [gas] *m* En esta casa huele a gas.	**Gas** *n* In diesem Haus riecht es nach Gas.
humo ['umo] *m* Hay mucho humo en la cocina, ¡abre la ventana!	**Rauch** *m* In der Küche ist viel Rauch, mach das Fenster auf!
líquido ['likiđo] *m* ¿Qué es este líquido?	**Flüssigkeit** *f* Was ist diese Flüssigkeit?
llama ['ʎama] *f* En el bosque hay un incendio, las llamas son muy altas.	**Flamme** *f* Im Wald brennt es, die Flammen schlagen hoch.
medio ambiente ['međïo am'bïente] *m* La protección del medio ambiente es un deber cívico.	**Umwelt** *f* Umweltschutz ist Bürgerpflicht.

naturaleza [natura'leθa] *f* El hombre, en parte, ha transformado la naturaleza.	**Natur** *f* Der Mensch hat die Natur zum Teil verändert.
ola ['ola] *f* Las olas son muy altas hoy.	**Welle** *f*, **Woge** *f* Die Wellen sind heute sehr hoch.
onda ['onda] *f* El radar utiliza las ondas electromagnéticas.	**(Licht-, Schall)Welle** *f* Das Radar arbeitet mit elektromagnetischen Wellen.
rayo ['rrajo] *m* Un rayo de luz penetró por la ventana.	**Strahl** *m* Ein Lichtstrahl fiel durch das Fenster herein.
vapor [ba'por] *m* Cuando hierve el agua, se va transformando en vapor.	**Dampf** *m* Wenn Wasser siedet, verwandelt es sich in Dampf.

1.5.3.2 TIERE

«1–2000»

animal [ani'mal] *m* A mi hijo le gustan los animales.	**Tier** *n* Mein Sohn liebt Tiere.
caballo [ka'ƀaʎo] *m* ¡Mira, qué hermoso caballo!	**Pferd** *n* Sieh mal, was für ein schönes Pferd!
cerdo ['θerđo] *m* La carne de cerdo es generalmente grasa.	**Schwein** *n* Schweinefleisch ist im allgemeinen fett.
cola ['kola] *f* Ciertos monos tienen la cola muy larga.	**Schwanz** *m* Manche Affen haben einen sehr langen Schwanz.
conejo [ko'nexo] *m* Mi padre se ha ido a cazar conejos.	**Kaninchen** *n* Mein Vater ist auf Kaninchenjagd gegangen.
cordero [kor'đero] *m* Estos corderos nacieron en Pascua.	**Lamm** *n* Diese Lämmer wurden zu Ostern geboren.
gato ['gato] *m* Tenéis un gato precioso.	**Katze** *f* Ihr habt eine schöne Katze.

insecto [in'sekto] *m* En este bosque hay muchos insectos molestos.	**Insekt** *n* In diesem Wald gibt es viele lästige Insekten.
mosquito [mos'kito] *m* ¡Dios mío, cómo te han picado los mosquitos!	**(Stech)Mücke** *f* Mein Gott, wie dich die Mücken zerstochen haben!
pájaro ['paxaro] *m* El colibrí es el más pequeño de todos los pájaros.	**Vogel** *m* Der Kolibri ist der kleinste von allen Vögeln.
pato ['pato] *m* He comprado seis patos para nuestra finca.	**Ente** *f* Ich habe sechs Enten für unseren Bauernhof gekauft.
perro ['perro] *m* El perro es el mejor amigo del hombre.	**Hund** *m* Der Hund ist der beste Freund des Menschen.
pez [peθ] *m* En el estanque del parque hay muchos peces.	**Fisch** *m* Im Parkteich sind viele Fische.
pollo ['poʎo] *m* Estos pollos comen sólo maíz.	**Hähnchen** *n*, **Huhn** *n* Diese Hähnchen fressen nur Mais.
ratón [rra'ton] *m* Muchas mujeres les tienen miedo a los ratones.	**Maus** *f* Viele Frauen haben Angst vor Mäusen.
ternero [ter'nero] *m* Hoy he vendido dos terneros.	**Kalb** *n* Heute habe ich zwei Kälber verkauft.
toro ['toro] *m* ¡Cuidado!, este toro es peligroso.	**Stier** *m*, **Bulle** *m* Vorsicht, dieser Stier ist gefährlich!
vaca ['baka] *f* Mi padre tiene quince vacas.	**Kuh** *f* Mein Vater hat fünfzehn Kühe.

«2001–4000»

águila ['agila] *f* (el) En Europa quedan pocas águilas.	**Adler** *m* In Europa gibt es nur noch wenige Adler.
ala ['ala] *f* (el) Las alas del cóndor tienen casi tres metros de ancho.	**Flügel** *m* Die Flügel des Kondors sind fast drei Meter breit.

bestia ['bestĭa] *f* — **Vieh** *n*, **Tier** *n*
En España casi no se ven ya bestias de carga. — In Spanien sieht man kaum noch Lasttiere.

bicho ['bitʃo] *m* — **Tier** *n*, **Ungeziefer** *n*
La pulga es un bicho desagradable. — Der Floh ist ein unangenehmes Tier.
En este cuarto hay bichos. — In diesem Zimmer gibt es Ungeziefer.

buey ['bŭeĭ] *m* — **Ochse** *m*
En muchos países aún se ara con bueyes. — In vielen Ländern wird noch mit Ochsen gepflügt.

burro ['burro] *m* — **Esel** *m*
¡Qué gracioso es este burro! — Wie niedlich ist dieser Esel!

cabra ['kaƀra] *f* — **Ziege** *f*
En las regiones secas de España hay muchas cabras. — In den Trockengebieten Spaniens gibt es viele Ziegen.

criar [kri'ar] *v.* (*irr.* 12) — **aufziehen, züchten**
Mi hermano quiere criar palomas. — Mein Bruder möchte gern Tauben züchten.

gallina [ga'ʎina] *f* — **Huhn** *n*, **Henne** *f*
Voy a dar de comer a las gallinas. — Ich füttere jetzt die Hühner.

gallo ['gaʎo] *m* — **Hahn** *m*
El plumaje de este gallo es muy hermoso. — Das Federkleid dieses Hahns ist sehr schön.

ganado [ga'nađo] *m* — **Vieh** *n* (*als Kollektivbegriff*)
En esta finca hay mucho ganado. — Auf diesem Bauernhof gibt es viel Vieh.

hembra ['embra] *f* — **Weibchen** *n*
¿Este loro es hembra o macho? — Ist dieser Papagei ein Weibchen oder ein Männchen?

macho ['matʃo] *m* — **Männchen** *n*
Esta águila es un macho. — Dieser Adler ist ein Männchen.

mono ['mono] *m* — **Affe** *m*
Yo no quisiera tener un mono en casa. — Ich möchte keinen Affen im Haus halten.

morder [mor'đer] *v.* (*irr.* 37) — **beißen**
¡No tengas miedo!, este perro no muerde. — Hab keine Angst! Dieser Hund beißt nicht.

mosca ['moska] *f*
Cierra la ventana para que no entren las moscas.

Fliege *f*
Schließ das Fenster, damit keine Fliegen hereinkommen.

---

mula ['mula] *f*
Las mulas pueden llevar cargas pesadas.

Maultier *n*
Maultiere können schwere Lasten tragen.

---

oveja [o'bexa] *f*
¿Cuándo esquilan estas ovejas?

Schaf *n*
Wann werden diese Schafe geschoren?

---

paloma [pa'loma] *f*
Una paloma blanca es el símbolo de la paz.

Taube *f*
Eine weiße Taube ist das Symbol des Friedens.

---

pata ['pata] *f*
¡Mira!, el perro te da la pata.

Pfote *f*
Schau mal, der Hund gibt dir die Pfote!

---

pavo ['paƀo] *m*
Los pavos suelen ser agresivos.

Truthahn *m*, **Puter** *m*
Truthähne sind meist angriffslustig.

---

picar [pi'kar] *v.* (-qu-)
Me ha picado una abeja.

stechen
Eine Biene hat mich gestochen.

---

pico ['piko] *m*
El tucán tiene un pico largo.

Schnabel *m*
Der Tukan hat einen langen Schnabel.

---

pluma ['pluma] *f*
Esta paloma está perdiendo plumas. ¿Qué le pasará?

Feder *f*
Diese Taube verliert Federn. Was mag mit ihr los sein?

---

rabo ['rraƀo] *m*
A este perro le han cortado el rabo.

Schwanz *m*
Diesem Hund wurde der Schwanz gestutzt.

1.5.3.3 PFLANZEN

«1–2000»

árbol ['arbol] *m*
En nuestro jardín hay muchos árboles viejos.

Baum *m*
In unserem Garten sind viele alte Bäume.

---

coger [ko'xer] *v.* (-j-)
Vamos a coger unas flores para adornar la mesa.

pflücken
Wir wollen ein paar Blumen als Tischschmuck pflücken.

flor [flor] *f* Pablo me ha traído un ramo de flores.	**Blume** *f* Pablo hat mir einen Blumenstrauß gebracht.
flor [flor] *f* Muchos árboles tropicales tienen flores hermosísimas.	**Blüte** *f* Viele tropische Bäume haben wunderschöne Blüten.
fruto ['fruto] *m* Estos frutos no son comestibles.	**Frucht** *f* Diese Früchte sind nicht eßbar.
hoja ['oxa] *f* Ya caen las hojas de los árboles.	**Blatt** *n* Die Blätter fallen schon von den Bäumen.
planta ['planta] *f* Me gusta tener muchas plantas en casa.	**Pflanze** *f* Ich habe gern viele Pflanzen im Haus.
rosa ['rrosa] *f* La rosa es la reina de las flores.	**Rose** *f* Die Rose ist die Königin der Blumen.

«2001–4000»

cosecha [ko'setʃa] *f* Este año la cosecha ha sido abundante.	**Ernte** *f* Dieses Jahr hatten wir eine reiche Ernte.
cultivar [kulti'bar] *v.* En España se cultiva mucho trigo.	**anbauen, züchten** In Spanien wird viel Weizen angebaut.
hierba ['jerba] *f* Tendremos que cortar la hierba, está muy alta.	**Gras** *n* Wir müssen das Gras mähen, es ist sehr hoch.
olivo [o'libo] *m* En el valle del Ebro hay muchos olivos.	**Oliven-, Ölbaum** *m* Im Ebrotal gibt es viele Olivenbäume.
pino ['pino] *m* En la región de Nuremberg hay bosques de pinos. Vamos a merendar debajo de este pino.	**Kiefer** *f*; **Pinie** *f* In der Gegend von Nürnberg gibt es Kiefernwälder. Wir wollen unter dieser Pinie picknicken.
plantar [plan'tar] *v.* Ahora es la época de plantar rosas.	**(an-, be)pflanzen** Jetzt ist die richtige Zeit, um Rosen zu pflanzen.

raíz [rra'iθ] *f*	**Wurzel** *f*
¡Arranca las malas hierbas con las raíces!	Reiß das Unkraut mit den Wurzeln aus.
rama ['rrama] *f*	**Zweig** *m*
El sauce tiene ramas delgadas.	Die Weide hat dünne Zweige.
ramo ['rramo] *m*	**(dicker) Ast** *m*; **(Blumen)Strauß** *m*
Voy a fotografiar este ramo de rosas.	Ich will diesen Rosenstrauß fotografieren.
regar [rre'ɡar] *v.* (*irr.* 22; -gu-)	**gießen**
Tenemos que regar los rosales.	Wir müssen die Rosen gießen.
sembrar [sem'brar] *v.* (*irr.* 22)	**(aus)säen**
Mañana tengo que sembrar zanahorias.	Morgen muß ich Mohrrüben säen.
trigo ['triɡo] *m*	**Weizen** *m*
En Europa el trigo se siembra generalmente en otoño.	In Europa wird der Weizen meist im Herbst gesät.
tronco ['troŋko] *m*	**(Baum)Stamm** *m*
Este tronco es muy grueso, lo tienes que cortar con la sierra.	Dieser Baumstamm ist sehr dick, du mußt ihn absägen.
viña ['biɲa] *f*	**Weinberg** *m*, **Weingarten** *m*
En la Mancha hay muchas viñas.	In der Mancha gibt es viele Weingärten.

1.5.3.4 WETTER UND KLIMA

«1–2000»

caliente [ka'lĭente] *adj.*	**warm, heiß**
¡Cuidado!, esta agua está muy caliente.	Vorsicht, dieses Wasser ist sehr heiß.
Esta habitación está muy caliente. ¡Cierra la calefacción del todo!	Dieses Zimmer ist sehr warm. Stell die Heizung ganz ab!
calor [ka'lor] *m*	**Wärme** *f*; **Hitze** *f*
Hoy no hace mucho calor.	Heute ist es nicht sehr warm.
Con este calor yo no salgo a la calle.	Bei dieser Hitze gehe ich nicht auf die Straße.
clima ['klima] *m*	**Klima** *n*
El clima de Mallorca es muy suave.	Das Klima von Mallorca ist sehr mild.

fresco ['fresko], **-a** *adj.*	**frisch, kühl**
Hace fresco, ¡ponte un jersey!	Es ist kühl, zieh dir einen Pullover an!
frío ['frio], **-a** *adj.*	**kalt**
Ayer el día estuvo muy frío.	Gestern war sehr kaltes Wetter.
frío ['frio] *m*	**Kälte** *f*
No aguanto este frío.	Ich halte diese Kälte nicht aus.
hacer [a'θer] *v.* (*irr.* 15)	**sein** (*Wetter*)
Hoy hace mucho viento.	Heute ist es sehr windig.
húmedo ['umeđo], **-a** *adj.*	**feucht**
El aire de esta región es muy húmedo.	In dieser Gegend ist die Luft sehr feucht.
llover [ʎo'ƀer] *v.* (*irr.* 37)	**regnen**
Gracias a Dios hoy no llueve.	Zum Glück regnet es heute nicht.
lluvia ['ʎubĭa] *f*	**Regen** *m*
Anoche ha caído una lluvia fina.	Letzte Nacht ist ein feiner Regen niedergegangen.
nevar [ne'ƀar] *v.* (*irr.* 22)	**schneien**
Ayer nevó todo el día.	Gestern hat es den ganzen Tag geschneit.
niebla ['nĭeƀla] *f*	**Nebel** *m*
Con esta niebla espesa no se ve nada.	Bei diesem dichten Nebel sieht man nichts.
nieve ['nĭeƀe] *f*	**Schnee** *m*
En los Alpes hay una capa de nieve de un metro.	In den Alpen liegt eine meterdicke Schneedecke.
seco ['seko], **-a** *adj.*	**trocken**
El clima de la Mancha es caluroso, pero muy seco.	Das Klima der Mancha ist heiß, aber sehr trocken.
tiempo ['tĭempo] *m*	**Wetter** *n*
En nuestra excursión tuvimos buen tiempo.	Auf unserem Ausflug hatten wir gutes Wetter.
viento ['bĭento] *m*	**Wind** *m*
Hoy el viento sopla muy fuerte.	Heute weht ein sehr starker Wind.

«2001–4000»

calma ['kalma] *f* Con esta calma no podemos hacer surfing.	**(Wind)Stille** *f* Bei dieser Windstille können wir nicht surfen.
cubierto [ku'ƀierto], **-a** *adj.* El cielo está cubierto.	**bedeckt** Der Himmel ist bedeckt.
espléndido [es'plendiđo], **-a** *adj.* En Mallorca nos hizo un tiempo espléndido.	**prächtig, herrlich** Auf Mallorca hatten wir herrliches Wetter.
fresco ['fresko] *m* ¡Abrígate!, ahora viene el fresco de la tarde.	**Frische** *f*, **Kühle** *f* Zieh dich warm an, jetzt kommt die abendliche Kühle.
helado [e'lađo], **-a** *adj.* El agua de los charcos está helada hoy. Este cuarto está helado.	**gefroren; eiskalt** Das Wasser der Pfützen ist heute gefroren. In diesem Zimmer ist es eiskalt.
mojarse [mo'xarse] *v.* ¡No salgas sin paraguas!, si no te vas a mojar.	**naß werden** Geh nicht ohne Schirm fort, sonst wirst du naß.
nube ['nuƀe] *f* Una nube negra está tapando el sol.	**Wolke** *f* Eine schwarze Wolke verhüllt gerade die Sonne.
nublado [nu'ƀlađo], **-a** *adj.* El cielo está nublado; creo que va a llover.	**bewölkt** Der Himmel ist bewölkt; ich glaube, es regnet bald.
rayo ['rrajo] *m* Ayer un rayo mató a un caminante.	**Blitz(strahl)** *m* Gestern wurde ein Wanderer vom Blitz erschlagen.
refrescar [rrefres'kar] *v.* (-qu-) El tiempo ha refrescado.	**abkühlen, kühl(er) werden** Das Wetter ist kühler geworden.
relámpago [rre'lampago] *m* Estos relámpagos me dan miedo.	**Blitz** *m* Diese Blitze machen mir Angst.
temperatura [tempera'tura] *f* En abril tenemos una temperatura muy agradable.	**Temperatur** *f* Im April haben wir eine sehr angenehme Temperatur.

tempestad [tempes'tađ] *f*
Cuando empezó la tempestad, corrimos al refugio.

Unwetter *n*
Als das Unwetter losbrach, rannten wir zur Hütte.

---

termómetro [ter'mometro] *m*
El termómetro marca 12 grados bajo cero.

Thermometer *n*
Das Thermometer zeigt 12 Grad unter Null an.

---

tormenta [tor'menta] *f*
Una gran tormenta me despertó.

Sturm *m*, **Gewitter** *n*
Ein schweres Gewitter hat mich (auf)geweckt.

---

trueno ['trŭeno] *m*
Hay muchos truenos, ya se acerca la tormenta.

Donner *m*
Es donnert stark, das Gewitter kommt näher.

1.6 Technik und Materialien

1.6.1 TECHNIK

«1–2000»

aparato [apa'rato] *m*
Esta clínica tiene aparatos muy modernos.

Gerät *n*, **Apparat** *m*
Diese Klinik hat hochmoderne Apparate.

---

arreglar [arre'glar] *v.*
¿Puede Vd. arreglarme esta lámpara?

reparieren, richten
Können Sie mir diese Lampe reparieren?

---

automático [aŭto'matiko], **-a** *adj.*
Muchos grandes almacenes tienen puertas automáticas.

automatisch
Viele Kaufhäuser haben automatische Türen.

---

construcción [konstrug'θĭon] *f*
La construcción del hospital duró casi dos años.

Bau *m*; **Konstruktion** *f*
Der Bau des Krankenhauses dauerte fast zwei Jahre.

---

construir [kons'trŭir] *v.* (*irr.* 6)
Hemos decidido construir una casa.

bauen, konstruieren
Wir haben beschlossen, ein Haus zu bauen.

---

eléctrico [e'lektriko], **-a** *adj.*
Hoy en día se usan sólo planchas eléctricas.

elektrisch
Heute werden nur noch elektrische Bügeleisen verwendet.

---

energía [ener'xia] *f*
Todos tenemos que ahorrar energía.

Energie *f*
Wir müssen alle Energie sparen.

funcionar [funθĭo'nar] *v.*
Este aparato no funciona.

funktionieren
Dieses Gerät funktioniert nicht.

---

industria [in'dustrĭa] *f*
La industria alemana exporta muchos productos.

Industrie *f*
Die deutsche Industrie exportiert viele Erzeugnisse.

---

industrial [indus'trĭal] *adj.*
Barcelona es una importante ciudad industrial.

industriell, Industrie...
Barcelona ist eine wichtige Industriestadt.

---

máquina ['makina] *f*
Hemos equipado nuestra fábrica con máquinas modernas.

Maschine *f*
Wir haben unser Werk mit modernen Maschinen ausgerüstet.

---

mecánico [me'kaniko], **-a** *adj.*
Mi secretaria prefiere su máquina de escribir mecánica.

mechanisch, maschinell
Meine Sekretärin schreibt lieber auf ihrer mechanischen Schreibmaschine.

---

modelo [mo'đelo] *m*
Este modelo de Ford ya no se fabrica.

Modell *n*
Dieses Modell von Ford wird nicht mehr hergestellt.

---

motor [mo'tor] *m*
Este coche tiene un motor diesel.

Motor *m*
Dieses Auto hat einen Dieselmotor.

---

reparación [rrepara'θĭon] *f*
La reparación del televisor te va a costar mucho dinero.

Reparatur *f*
Die Reparatur des Fernsehers wird dich viel Geld kosten.

---

técnico ['tekniko], **-a** *adj.*
El progreso técnico ha sido espectacular en el siglo XX.

technisch
Der technische Fortschritt im 20. Jh. war spektakulär.

«2001–4000»

computador(a) [komputa'đor(a)] *m(f)*
En todas partes se usan cada vez más computadores.

Computer *m*
Überall werden immer mehr Computer verwendet.

---

corriente [ko'rrĭente] *f*
¿Qué pasa? Este cable no tiene corriente.

Strom *m*
Was ist los? Dieses Kabel hat keinen Strom.

---

electricidad [elektriθi'đađ] *f*
Ya no podríamos vivir hoy en día sin electricidad.

Elektrizität *f*
Wir könnten heute nicht mehr ohne Elektrizität leben.

electrónico [elek'troniko], **-a** *adj.* — **elektronisch, Elektronik...**
La industria electrónica está en auge. — Die Elektronikindustrie befindet sich im Aufschwung.

escala [es'kala] *f* — **Maßstab** *m*
Este mapa tiene una escala de 1 por 100.000. — Diese Karte hat einen Maßstab von 1:100 000.

invento [im'bento] *m* — **Erfindung** *f*
Debemos a Edison inventos importantes. — Edison verdanken wir wichtige Erfindungen.

mina ['mina] *f* — **Bergwerk** *n*
En Asturias hay importantes minas de carbón. — In Asturien gibt es wichtige Kohlenbergwerke.

nuclear [nukle'ar] *adj.* — **Kern..., Atom...**
En Francia hay muchas centrales nucleares. — In Frankreich gibt es viele Kernkraftwerke.

ordenador [orđena'đor] *m* — **Computer** *m*, **Rechner** *m*
Ayer me compré un ordenador personal. — Gestern kaufte ich mir einen Personalcomputer.

presión [pre'sĭon] *f* — **Druck** *m*
La presión atmosférica va subiendo. — Der Luftdruck steigt langsam an.

serie ['serĭe] *f* — **Serie** *f*, **Reihe** *f*
Este aparato se fabrica en serie. — Dieser Apparat wird serienmäßig hergestellt.

técnica ['teknika] *f* — **Technik** *f*
No tengo la menor idea de técnica. — Ich habe keine Ahnung von Technik.

tensión [ten'sĭon] *f* — **Spannung** *f*
¡Cuidado! Esto es un cable de alta tensión. — Vorsicht, das ist ein Hochspannungskabel!

tubo ['tubo] *m* — **Rohr** *n*, **Röhre** *f*
Un tubo de desagüe se ha roto. — Ein Abwasserrohr ist gebrochen.

1.6.2 MATERIALIEN

«1–2000»

algodón [algo'đon] *m* — **Baumwolle** *f*
Esta tela de algodón es muy bonita. — Dieser Baumwollstoff ist sehr hübsch.

cristal [kris'tal] *m* En la entrada vamos a poner una puerta de cristal.	**Glas** *n* Am Eingang bringen wir eine Glastür an.
de [de] *prep.* Esta pulsera es de plata pura.	**aus** Dieses Armband ist aus reinem Silber.
duro ['duro], **-a** *adj.* La madera de roble es muy dura.	**hart** Eichenholz ist sehr hart.
elástico [e'lastiko], **-a** *adj.* Los bañadores son generalmente de tejido elástico.	**elastisch** Badeanzüge sind meist aus elastischem Gewebe.
lana ['lana] *f* Quiero un jersey de lana pura.	**Wolle** *f* Ich möchte einen Pullover aus reiner Wolle.
madera [ma'đera] *f* Hoy en día se usa en la construcción menos madera que antes.	**Holz** *n* Beim Bauen wird heutzutage weniger Holz verwendet als früher.
material [mate'rĭal] *m* ¿De qué material es esta placa? – De hierro.	**Material** *n* Aus welchem Material ist diese Platte? – Aus Eisen.
metal [me'tal] *m* ¿Quiere Vd. un cubo de metal o uno de plástico?	**Metall** *n* Möchten Sie einen Metall- oder einen Plastikeimer?
mezclar [meθ'klar] *v.* Voy a mezclar el vino con agua mineral.	**mischen** Ich mische den Wein mit Mineralwasser.
oro ['oro] *m* Esta cadena es de oro puro.	**Gold** *n* Diese Kette ist aus reinem Gold.
papel [pa'pel] *m* En nuestra ciudad hay una fábrica de papel.	**Papier** *n* In unserer Stadt gibt es eine Papierfabrik.
piedra ['pĭeđra] *f* Este viejo puente de piedra me gusta.	**Stein** *m* Diese alte steinerne Brücke gefällt mir.
piel ['pĭel] *f* Me gustaría tener ese bolso de piel de cocodrilo.	**Leder** *n* Ich hätte gern diese Handtasche aus Krokodilleder.

plástico ['plastiko] *m*	**Plastik** *n*, **Kunststoff** *m*
Necesito un nuevo cubo de plástico.	Ich brauche einen neuen Plastikeimer.
plata ['plata] *f*	**Silber** *n*
En Méjico se trabaja muy bien la plata.	In Mexiko werden schöne Silberarbeiten hergestellt.
puro ['puro], **-a** *adj.*	**rein**
Esta agua es pura. Puedes beberla sin miedo.	Dieses Wasser ist rein, du kannst es unbesorgt trinken.
sintético [sin'tetiko], **-a** *adj.*	**synthetisch, künstlich, Kunst(stoff)...**
¿Esta esmeralda es natural o sintética?	Ist dieser Smaragd echt oder synthetisch?

«2001–4000»

acero [a'θero] *m*	**Stahl** *m*
Actualmente existe una crisis internacional del acero.	Gegenwärtig herrscht eine internationale Stahlkrise.
arena [a'rena] *f*	**Sand** *m*
Esta arena es especial para construcción.	Dies ist besonderer Sand für Bauzwecke.
carbón [kar'ƀon] *m*	**Kohle** *f*
Esta central eléctrica aún funciona con carbón.	Dieses Kraftwerk wird noch mit Kohle betrieben.
cemento [θe'mento] *m*	**Zement** *m*
Necesitamos cinco sacos más de cemento.	Wir brauchen weitere fünf Säkke Zement.
cobre ['koƀre] *m*	**Kupfer** *n*
Chile es uno de los mayores productores de cobre.	Chile ist einer der größten Kupfererzeuger.
cuero ['kŭero] *m*	**Leder** *n*
Estos zapatos son de cuero auténtico.	Diese Schuhe sind aus echtem Leder.
espeso [es'peso], **-a** *adj.*	**dick, dicht; dick-, zähflüssig**
Este aceite es muy espeso.	Dieses Öl ist sehr dickflüssig.
goma ['goma] *f*	**Gummi** *m, n*
Muchas mangueras ya no son de goma.	Viele Schläuche sind nicht mehr aus Gummi.
hierro ['jerro] *m*	**Eisen** *n*
Este mineral contiene más del 30% de hierro.	Dieses Erz enthält mehr als 30% Eisen.

ladrillo [la'đriʎo] *m*	**Ziegel(stein)** *m*
¿Por qué no quieres construir tu casa con ladrillos?	Warum willst du dein Haus nicht aus Ziegeln bauen?
líquido ['likiđo], **-a** *adj.*	**flüssig**
En el mercado se ofrecen muchos jabones líquidos.	Auf dem Markt werden viele Arten flüssiger Seife angeboten.
paja ['paxa] *f*	**Stroh** *n*
En mi pueblo hay todavía casas con tejados de paja.	In meinem Dorf gibt es noch Häuser mit Strohdächern.
petróleo [pe'troleo] *m*	**Erdöl** *n*
Los precios del petróleo han bajado este año.	Die Erdölpreise sind in diesem Jahr gesunken.
seda ['seđa] *f*	**Seide** *f*
Esta blusa es de seda natural.	Diese Bluse ist aus Naturseide.
sólido ['soliđo], **-a** *adj.*	**fest, solide**
Este muro es muy sólido.	Diese Mauer ist sehr fest.
tela ['tela] *f*	**Gewebe** *n*, **Stoff** *m*
¿Cuánta tela necesito para hacerme una camisa?	Wieviel Stoff brauche ich für ein Hemd?

1.7 Reise und Verkehr

1.7.1 REISE

«1–2000»

agencia de viajes [a'xenθĭa đe bi'axes] *f*	**Reisebüro** *n*
¿Puedes recomendarme una buena agencia de viajes?	Kannst du mir ein gutes Reisebüro empfehlen?
camping ['kampiŋ] *m*	**Camping** *n*; **Campingplatz** *m*
El camping es cada vez más popular.	Camping wird immer beliebter.
En la Costa Brava hay muchos campings.	An der Costa Brava gibt es viele Campingplätze.
completo [kom'pleto], **-a** *adj.*	**besetzt, belegt, voll**
Lo siento, señor. El hotel está completo.	Tut mir leid, das Haus ist voll belegt.
cuenta ['kŭenta] *f*	**Rechnung** *f*
Por favor, ¡prepáreme la cuenta!	Bereiten Sie mir bitte die Rechnung vor!

distancia [dis'tanθĭa] *f* ¿Cuál es la distancia de Madrid a Sevilla?	**Entfernung** *f* Wieviel beträgt die Entfernung von Madrid nach Sevilla?
equipaje [eki'paxe] *m* ¿Puede bajarme el equipaje, por favor?	**Gepäck** *n* Können Sie bitte mein Gepäck hinunterbringen?
folleto [fo'ʎeto] *m* ¿Tiene Vd. un folleto sobre vuelos chárter?	**Prospekt** *m* Haben Sie einen Prospekt über Charterflüge?
guía ['gia] *m,f* Nuestro guía habla muy bien español.	**Reiseleiter(in)** *m(f)*, **(Fremden-) Führer(in)** *m(f)* Unser Reiseleiter spricht sehr gut Spanisch.
guía ['gia] *f* ¿Tiene Vd. una guía de la Costa Brava?	**Reiseführer** *m* (*Buch*) Haben Sie einen Reiseführer über die Costa Brava?
hotel [o'tel] *m* ¿Cuál es el mejor hotel de esta ciudad?	**Hotel** *n* Welches ist das beste Hotel in dieser Stadt?
ir [ir] *v.* (*irr.* 17) ¿Vamos a la exposición de Dalí? ¿Le gusta ir en tren?	**gehen; fahren, reisen** Wollen wir in die Dali-Ausstellung gehen? Fahren Sie gern mit dem Zug?
llegada [ʎe'gađa] *f* A nuestra llegada nos esperaba toda la familia.	**Ankunft** *f* Bei unserer Ankunft erwartete uns die ganze Familie.
maleta [ma'leta] *f* Esta maleta pesa más de veinte kilos.	**Koffer** *m* Dieser Koffer wiegt mehr als 20 Kilo.
ocupado [oku'pađo], **-a** *adj.* El wáter está aún ocupado.	**besetzt** Die Toilette ist noch besetzt.
oficina de turismo [ofi'θina đe tu'rizmo] *f* ¿Dónde está la oficina de turismo, por favor?	**Fremdenverkehrsamt** *n* Wo ist bitte das Fremdenverkehrsamt?
pasajero [pasa'xero] *m* ¿Cuántos pasajeros viajan en este barco?	**Reisender** *m*, **Fahrgast** *m* Wie viele Passagiere reisen auf diesem Schiff?

pensión [pen'sĭon] *f*
¿Puedes recomendarme una pensión barata?
¿Quiere Vd. pensión completa o media pensión?

Pension *f*
Kannst du mir eine billige Pension empfehlen?
Möchten Sie Voll- oder Halbpension?

perder [per'đer] *v.* (*irr.* 23)
Si no te das prisa, vamos a perder el tren.

versäumen, verpassen
Wenn du dich nicht beeilst, verpassen wir den Zug.

recuerdo [rre'kŭerđo] *m*
Muchos recuerdos típicos son de mal gusto.

Andenken *n*, **Souvenir** *n*
Viele Andenken sind kitschig.

reservar [rreser'ƀar] *v.*
Quisiera reservar una habitación doble para mañana.

reservieren (lassen); buchen
Ich möchte ein Doppelzimmer für morgen reservieren.

retraso [rre'traso] *m*
Nuestro tren lleva 30 minutos de retraso.

Verspätung *f*
Unser Zug hat 30 Minuten Verspätung.

salida [sa'liđa] *f*
En vía 11: ¡atención a la salida del tren!

Abreise *f*; **Abfahrt** *f*
Auf Gleis 11, Vorsicht bei Abfahrt des Zuges!

turismo [tu'rizmo] *m*
El turismo es una importante fuente de divisas.

Fremdenverkehr *m*
Der Fremdenverkehr ist ein wichtiger Devisenbringer.

turista [tu'rista] *m,f*
En Semana Santa hay muchos turistas en Sevilla.

Tourist(in) *m*(*f*)
In der Karwoche sind viele Touristen in Sevilla.

viajar [bia'xar] *v.*
¿Le gusta a Vd. viajar?
Esta vez vamos a viajar a Barcelona en avión.

reisen; fahren
Reisen Sie gern?
Dieses Mal fliegen wir nach Barcelona.

viaje [bi'axe] *m*
¿Cómo os ha ido en vuestro viaje por Italia?

Reise *f*, **Fahrt** *f*
Wie ist es euch auf eurer Italienreise ergangen?

viajero [bia'xero] *m*
Se ruega a los señores viajeros que ocupen sus asientos.

Reisender *m*, **Fahrgast** *m*
Die Fahrgäste werden gebeten, ihre Plätze einzunehmen.

visita [bi'sita] *f*
Una visita al Prado es siempre interesante.

Besuch *m*; **Besichtigung** *f*
Ein Besuch des Prado ist immer interessant.

visitar [bisi'tar] *v.*
Tiene que visitar Toledo sin falta.

besuchen; besichtigen
Sie müssen unbedingt Toledo besuchen.

volver [bol'ƀer] *v.* (*irr.* 37) — **zurückkehren; zurückfahren**
¿Qué día piensa Vd. volver? — An welchem Tag wollen Sie zurückfahren?

vuelta ['bŭelta] *f* — **Rückkehr** *f*, **Rückreise** *f*
Pasaremos por Burgos a la vuelta. — Wir fahren auf der Rückreise über Burgos.

«2001–4000»

autostop [aŭto'sto(p)] *m* — **Trampen** *n*, **Fahren** *n* **per Anhalter**
No te aconsejo viajar en autostop. — Ich rate dir, nicht per Anhalter zu fahren.

destino [des'tino] *m* — **(Reise)Ziel** *n*
Señoras, hemos llegado a nuestro destino. — Meine Damen, wir sind an unserem Reiseziel angelangt.

llamar [ʎa'mar] *v.* — **wecken** (*im Hotel*)
¿Me puede llamar a las 6, por favor? — Können Sie mich bitte um 6 Uhr wecken?

mapa ['mapa] *m* — **(Land-, Straßen)Karte** *f*
Voy a marcar nuestro itinerario en el mapa. — Ich werde unsere Reiseroute auf der Karte einzeichnen.

partir [par'tir] *v.* — **abreisen, abfahren**
Ayer el Rey partió para Londres. — Gestern reiste der König nach London ab.

plano ['plano] *m* — **(Stadt)Plan** *m*
Voy a comprarme un plano de Madrid. — Ich kaufe mir einen Stadtplan von Madrid.

prospecto [pros'pekto] *m* — **Prospekt** *m*
¿Tiene Vd. un prospecto sobre cruceros en el Mediterráneo? — Haben Sie einen Prospekt über Kreuzfahrten im Mittelmeer?

regreso [rre'greso] *m* — **Rückfahrt** *f*; **Rückkehr** *f*
Nos veremos a mi regreso de Valencia. — Wir sehen uns nach meiner Rückkehr aus Valencia.

reserva [rre'serba] *f* — **Reservierung** *f*, **Buchung** *f*
Gracias a Dios tenemos reserva de habitación. — Zum Glück haben wir ein Zimmer reservieren lassen.

temporada [tempo'rađa] *f* — **Saison** *f*
En temporada alta los hoteles son más caros. — Während der Hochsaison sind die Hotels teurer.

tienda (de campaña) ['tĭenda (đe kam'paɲa)] *f*
Vamos a armar la tienda antes de que oscurezca.

Zelt *n*
Schlagen wir das Zelt auf, bevor es dunkel wird.

---

turístico [tu'ristiko], **-a** *adj.*
Benidorm es un centro turístico importante.

Fremdenverkehrs..., touristisch
Benidorm ist ein wichtiges Fremdenverkehrszentrum.

---

visado [bi'sađo] *m*
Para ir a Cuba necesitas visado.

Visum *n*
Für Kuba brauchst du ein Visum.

1.7.2 VERKEHR

1.7.2.1 STRASSENVERKEHR

(*Siehe auch KRAFTFAHRZEUGE 1.7.2.2*)

«1–2000»

accidente [agθi'đente] *m*
Ayer se produjo un accidente delante de nuestra casa.

Unfall *m*
Gestern kam es zu einem Unfall vor unserem Haus.

---

arrancar [arraŋ'kar] *v.* (-qu-)
En invierno los coches arrancan bastante mal.

anfahren, starten
Im Winter starten die Autos ziemlich schlecht.

---

atravesar [atrabe'sar] *v.* (*irr.* 22)
¡No atravieses la calle cuando el semáforo está en rojo!

überqueren, durchqueren
Geh nie über die Straße, wenn die Ampel auf rot steht!

---

autopista [aŭto'pista] *f*
Alemania tiene una amplia red de autopistas.

Autobahn *f*
Deutschland hat ein ausgedehntes Autobahnnetz.

---

bici (F), **bicicleta** ['biθi('kleta)] *f*
Este niño no sabe montar en bicicleta.

Fahrrad *n*
Dieses Kind kann nicht radfahren.

---

cruce ['kruθe] *m*
Este cruce es peligroso.

Kreuzung *f*
Diese Kreuzung ist gefährlich.

---

cruzar [kru'θar] *v.* (-c-)
Es peligroso cruzar la calle aquí.

kreuzen, überqueren
Es ist gefährlich, hier die Straße zu überqueren.

chocar [tʃo'kar] *v.* (-qu-) Ayer chocaron dos coches, pero no pasó nada.	**zusammenstoßen** Gestern stießen zwei Autos zusammen, aber es ist nichts passiert.
derecho [de'retʃo] *adv.* Para ir al centro de la ciudad, ¡siga derecho!	**geradeaus** Zur Stadtmitte fahren Sie immer geradeaus.
entrada [en'trađa] *f* ¿Dónde está la entrada de este aparcamiento?	**Einfahrt** *f* Wo ist die Einfahrt zu diesem Parkplatz?
obras ['ođras] *fpl.* Allí hay un letrero que dice: Precaución, obras.	**Bauarbeiten** *fpl.*, **Baustelle** *f* Dort ist ein Schild: Vorsicht, Baustelle.
parada [pa'rađa] *f* Tiene que bajar en la próxima parada.	**Haltestelle** *f* Sie müssen an der nächsten Haltestelle aussteigen.
parar [parar] *v.* ¡Para un momento!, quiero bajar aquí.	**(an)halten** Halt einen Moment, ich will hier aussteigen.
pasar [pa'sar] *v.* Delante de nuestra casa pasan autobuses día y noche.	**vorbeifahren** An unserem Haus fahren Tag und Nacht Busse vorbei.
paso ['paso] *m* Lo mejor es cruzar las calles por el paso cebra.	**Durchfahrt** *f*; **Übergang** *m* Am besten ist es, beim Zebrastreifen über die Straße zu gehen.
peatón [pea'ton] *m* Este camino es exclusivo para los peatones.	**Fußgänger** *m* Dieser Weg ist ausschließlich für Fußgänger.
señal (de tráfico) [se'ɲal (de 'trafiko)] *f* ¿Conoces todas las señales ‘e tráfico?	**Verkehrszeichen** *n* Kennst du alle Verkehrszeichen?
tráfico ['trafiko] *m* En esta calle hay siempre mucho tráfico.	**Verkehr** *m* In dieser Straße ist immer viel Verkehr.
velocidad [beloθi'đađ] *f* Vamos a una velocidad de 130 kilómetros por hora.	**Geschwindigkeit** *f*, **Tempo** *n* Wir fahren mit einer Geschwindigkeit von 130 Stundenkilometern.

zona azul ['θona a'θul] *f* Puedes dejar tu coche en la zona azul.	**Kurzparkzone** *f* Du kannst deinen Wagen in der Kurzparkzone stehen lassen.

«2001–4000»

acera [a'θera] *f* No puede aparcar su coche en la acera.	**Gehsteig** *m* Sie dürfen Ihr Auto nicht auf dem Gehsteig parken.
adelantar [ađelan'tar] *v.* Tenemos que adelantar este camión.	**überholen** Wir müssen diesen Lastwagen überholen.
calzada [kal'θađa] *f* Niños, no podéis jugar al fútbol en la calzada.	**Fahrbahn** *f* Kinder, ihr könnt nicht auf der Fahrbahn Fußball spielen.
ciclista [θi'klista] *m,f* En Madrid los ciclistas se juegan el pellejo.	**Radfahrer(in)** *m(f)* In Madrid riskieren Radfahrer ihr Leben.
circulación [θirkula'θi̯on] *f* A las 6 de la tarde, la circulación es muy densa.	**Verkehr** *m* Um 6 Uhr abends ist der Verkehr sehr dicht.
cortar [kor'tar] *v.* Esta carretera está cortada por obras.	**sperren** Diese Straße ist wegen Bauarbeiten gesperrt.
curva ['kurba] *f* ¡Ten cuidado!, esta curva es muy cerrada.	**Kurve** *f* Fahr vorsichtig! Diese Kurve ist sehr eng.
choque ['tʃoke] *m* Ayer se produjo un choque entre un autobús y un taxi.	**Zusammenstoß** *m* Gestern kam es zu einem Zusammenstoß zwischen einem Bus und einem Taxi.
disco ['disko] *m* ¡No pases ahora!, el disco está en rojo.	**(Verkehrs)Ampel** *f* Geh jetzt nicht hinüber, die Ampel steht auf Rot!
paso de peatones ['paso đe pea'tones] *m* Vamos a cruzar la calle por el paso de peatones.	**Fußgängerüberweg** *m* Wir wollen beim Fußgängerüberweg über die Straße gehen.
peaje [pe'axe] *m* En esta autopista hay que pagar peaje.	**Autobahngebühr** *f* Auf dieser Autobahn muß man eine Gebühr bezahlen.

puesto de socorro ['pŭesto đe so'korro] *m*
Por favor, ¿dónde está el puesto de socorro más cercano?

Rettungs-, Unfallstation *f*
Wo ist bitte die nächste Unfallstation?

---

salida [sa'liđa] *f*
¡Ve despacio! Ahí hay una salida de fábrica.

Ausfahrt *f*
Fahr langsam! Dort ist eine Werksausfahrt.

---

semáforo [se'maforo] *m*
Hay que acostumbrar a los niños a respetar los semáforos.

(Verkehrs)Ampel *f*
Man muß Kinder daran gewöhnen, auf die Ampeln zu achten.

---

torcer [tor'θer] *v.* (*irr.* 37; -z-)
En este cruce está prohibido torcer a la izquierda.

abbiegen
An dieser Kreuzung ist Linksabbiegen verboten.

---

transporte [trans'porte] *m*
El transporte del piano me costó una fortuna.

Transport *m*, **Beförderung** *f*
Der Klaviertransport hat mich ein Vermögen gekostet.

1.7.2.2 KRAFTFAHRZEUGE

«1–2000»

aceite [a'θeĭte] *m*
¿Quiere Vd. mirarme el nivel del aceite, por favor?

Öl *n*
Würden Sie bitte den Ölstand nachschauen?

---

aparcamiento [aparka'mĭento] *m*
¿Dónde hay un aparcamiento por aquí?

Parken *n*; **Parkplatz** *m*
Wo gibt es hier einen Parkplatz?

---

aparcar [apar'kar] *v.* (-qu-)
Vd. puede aparcar su coche en el patio de la escuela.

parken
Sie können Ihren Wagen im Schulhof parken.

---

asiento [a'sĭento] *m*
¡Siéntate en el asiento delantero!, estarás más cómodo.

Sitz *m*
Setz dich auf den Vordersitz, da sitzt du bequemer.

---

autobús [aŭto'bus] *m*
Para ir al Ayuntamiento, puede coger el autobús 21.

(Auto)Bus *m*
Zum Rathaus können Sie den Bus Nr. 21 nehmen.

---

auto(móvil) ['aŭto('mobil)] *m*
¿Prefieres viajar en tren o en automóvil?

Auto *n*
Reist du lieber mit der Bahn oder mit dem Auto?

automovilista [aŭtomoƀi'lista] *m* Los automovilistas tendrían que fijarse más en los peatones.	**Autofahrer** *m*, **Kraftfahrer** *m* Die Autofahrer sollten mehr auf die Fußgänger achten.
avería [aƀe'ria] *f* Ayer tuvimos una avería en la autopista.	**Panne** *f* Gestern hatten wir eine Panne auf der Autobahn.
camión [ka'mĭon] *m* ¿Eres capaz de conducir un camión?	**Lastwagen** *m*, **Lkw** *m* Bist du imstande, einen Lkw zu fahren?
carné de conducir [kar'ne đe kondu'θir] *m* Está prohibido conducir sin carné.	**Führerschein** *m* Es ist verboten, ohne Führerschein zu fahren.
cinturón de seguridad [θintu'ron de seguri'đađ] *m* En Alemania es obligatorio llevar cinturón de seguridad.	**Sicherheitsgurt** *m* In Deutschland ist das Anlegen des Sicherheitsgurtes Vorschrift.
coche ['kotʃe] *m* Voy a lavar el coche, está muy sucio.	**Wagen** *m*, **Auto** *n* Ich lasse das Auto waschen, es ist sehr schmutzig.
conducir [kondu'θir] *v.* (*irr.* 4) ¿Vd. sabe conducir?	**(Auto) fahren** Können Sie Auto fahren?
conductor [konduk'tor] *m* Mi padre es un conductor muy prudente.	**Fahrer** *m* Mein Vater ist ein sehr vorsichtiger Fahrer.
estación de servicio [esta'θĭon de ser'ƀiθĭo] *f* Vamos a una estación de servicio, tengo que echar gasolina.	**(Groß)Tankstelle** *f* Fahren wir zu einer Tankstelle, ich muß tanken.
frenar [fre'nar] *v.* Cuando hay hielo, es peligroso frenar.	**bremsen** Bei Eis ist Bremsen gefährlich.
freno ['freno] *m* Los frenos de tu coche funcionan muy bien.	**Bremse** *f* Die Bremsen deines Autos funktionieren sehr gut.
garaje [ga'raxe] *m* ¡Meta su coche en el garaje!	**Garage** *f* Stellen Sie Ihren Wagen in die Garage!

gasolina [gaso'lina] *f* La gasolina es muy cara en España.	**Benzin** *n* Benzin ist in Spanien sehr teuer.
moto ['moto] *f* Ir en moto es más peligroso que ir en coche.	**Motorrad** *n* Motorradfahren ist gefährlicher als Autofahren.
motor [mo'tor] *m* Este motor aún funciona bien.	**Motor** *m* Dieser Motor läuft noch gut.
neumático [neŭ'matiko] *m* Los neumáticos de su coche están muy gastados.	**Reifen** *m* Die Reifen Ihres Autos sind stark abgefahren.
permiso de conducir [per'miso đe kondu'θir] *m* Necesito un permiso de conducir internacional.	**Führerschein** *m* Ich brauche einen internationalen Führerschein.
taller [ta'ʎer] *m* Tengo mi moto en el taller.	**Werkstatt** *f* Ich habe mein Motorrad in der Werkstatt.
taxi ['taksi] *m* ¿Vamos a coger un taxi?	**Taxi** *n* Wollen wir ein Taxi nehmen?

«2001–4000»

autocar [aŭto'kar] *m* Vamos a hacer un viaje a Venecia en autocar.	**Reise-, Überlandbus** *m* Wir machen eine Busreise nach Venedig.
camioneta [kamĭo'neta] *f* Le voy a mandar los paquetes con nuestra camioneta.	**Lieferwagen** *m* Ich schicke Ihnen die Pakete mit unserem Lieferwagen.
depósito [de'posito] *m* Tengo que arreglar el depósito del coche.	**Tank** *m* Ich muß den Tank meines Wagens richten lassen.
estropeado [estrope'ađo], **-a** *adj.* Mi coche tiene los frenos estropeados.	**defekt, beschädigt, kaputt** (F) Die Bremsen meines Autos sind defekt.
gas-oil, gasóleo [gas'oĭl, gas'oleo] *m* En España el gas-oil es más barato que la gasolina.	**Diesel(kraftstoff)** *m* In Spanien ist Diesel billiger als Benzin.

marcha ['martʃa] *f* — **Gang** *m*
Este coche tiene cinco marchas. — Dieses Auto hat fünf Gänge.

---

rueda ['rrŭeđa] *f* — **Rad** *n*, **Reifen** *m*
¡No te olvides de llevar la rueda de recambio! — Vergiß nicht, das Ersatzrad mitzunehmen!

---

súper ['super] *m* — **Super** *n*
¿Qué gasolina quiere Vd., súper o normal? — Was für Benzin möchten Sie, Super oder Normal?

1.7.2.3 EISENBAHN

«1–2000»

billete [bi'ʎete] *m* — **Fahrkarte** *f*, **Fahrschein** *m*
¡Espera un momento!, voy a sacar los billetes. — Wart einen Augenblick, ich löse die Fahrkarten!

---

billete de ida y vuelta [bi'ʎete đe 'iđa i 'ƀŭelta] *m* — **Rückfahrkarte** *f*
Dos billetes de ida y vuelta para Granada, por favor. — Zwei Rückfahrkarten nach Granada bitte.

---

cambiar de tren [kam'bĭar đe tren] — **umsteigen**
¡Qué molestia! Tenemos que cambiar de tren dos veces. — Wie lästig! Wir müssen zweimal umsteigen.

---

coche ['kotʃe] *m* — **Wagen** *m*
Vd. tiene reserva de asiento en el coche núm. 21. — Sie haben einen reservierten Platz im Wagen 21.

---

coche-cama ['kotʃe 'kama] *m* — **Schlafwagen** *m*
Vamos a París en coche-cama. — Wir fahren im Schlafwagen nach Paris.

---

estación [esta'θĭon] *f* — **Bahnhof** *m*
Este tren para en todas las estaciones. — Dieser Zug hält an allen Bahnhöfen.

---

horario [o'rarĭo] *m* — **Fahrplan** *m*
Perdón, ¿tiene Vd. ya el nuevo horario de verano? — Verzeihung, haben Sie schon den neuen Sommerfahrplan?

---

ida ['iđa] *f* — **Hinfahrt** *f*
El viaje de ida fue más agradable que el de regreso. — Die Hinfahrt war angenehmer als die Rückfahrt.

metro ['metro] *m*
Para llegar al Retiro, lo más rápido es coger el metro.

U-Bahn *f*
Am schnellsten kommen Sie mit der U-Bahn zum Retiro.

tren [tren] *m*
El tren procedente de Murcia viene con una hora de retraso.

Zug *m*
Der Zug aus Murcia hat eine Stunde Verspätung.

vía ['bia] *f*
El tren para Barcelona entra en este momento en la vía 2.

Gleis *n*
Der Zug nach Barcelona fährt eben auf Gleis 2 ein.

«2001–4000»

andén [an'den] *m*
¿De qué andén sale nuestro tren?

Bahnsteig *m*
Von welchem Bahnsteig fährt unser Zug ab?

coche-litera(s) ['kotʃe li'tera(s)] *m*
¿Este tren lleva coche-literas?

Liegewagen *m*
Führt dieser Zug Liegewagen?

coche-restaurante ['kotʃe rrestaŭ'rante] *m*
Vamos a comer al coche-restaurante.

Speisewagen *m*
Gehen wir in den Speisewagen zum Essen.

consigna [kon'sig̯na] *f*
Voy a retirar mi maleta en la consigna.
¿Hay consigna automática en esta estación?

Gepäckaufbewahrung *f*
Ich hole meinen Koffer von der Gepäckaufbewahrung.
Gibt es auf diesem Bahnhof Schließfächer?

correspondencia [korrespon'denθĭa] *f*
Este tren tiene correspondencia con el expreso de Bilbao.

Anschluß *m*
Der Zug hat Anschluß an den D-Zug nach Bilbao.

expreso [es'preso] *m*
Voy a coger esta noche el expreso para Sevilla.

Schnellzug *m*
Ich nehme heute den Nachtschnellzug nach Sevilla.

ferrocarril [ferroka'rril] *m*
En Colombia el ferrocarril no tiene mucha importancia como medio de transporte.

Eisenbahn *f*
In Kolumbien ist die Eisenbahn als Verkehrsmittel unbedeutend.

hacer tra(n)sbordo [a'θer tra(n)z'ƀorđo]
Tiene que hacer trasbordo en Gerona.

umsteigen
Sie müssen in Gerona umsteigen.

mozo ['moθo] *m* En Europa central ha desaparecido el oficio de mozo de estación.	**Gepäckträger** *m* In Mitteleuropa gibt es den Beruf des Gepäckträgers nicht mehr.
rápido ['rrapiđo] *m* ¿A qué hora llega el rápido de Bilbao?	**D-Zug** *m* Um wieviel Uhr kommt der D-Zug aus Bilbao an?
Renfe (*Red nacional de los ferrocarriles españoles*) ['rrenfe] *f* La Renfe quiere modernizar su red ferroviaria.	**Spanische Staatseisenbahn** *f* Die „Renfe" will ihr Eisenbahnnetz modernisieren.
reserva (de asiento) [rre'serƀa (đe a'sĭento)] *f* ¿Tiene Vd. su reserva de asiento?	**Platzreservierung** *f*, **Platzkarte** *f* Haben Sie Ihre Platzkarte?
suplemento [suple'mento] *m* Para este tren necesita suplemento.	**Zuschlag** *m* Für diesen Zug brauchen Sie einen Zuschlag.
tranvía [tram'bia] *m* En España prácticamente ya no quedan tranvías.	**Straßenbahn** *f* In Spanien gibt es praktisch keine Straßenbahnen mehr.
vagón [ba'ɡon] *m* Este tren se compone de la locomotora y de 15 vagones.	**Waggon** *m*, **Wagen** *m* Dieser Zug besteht aus der Lokomotive und 15 Waggons.
ventanilla [benta'niʎa] *f* Los billetes para el extranjero se despachan en la ventanilla 3.	**Schalter** *m* Auslandsfahrkarten gibt es an Schalter 3.

1.7.2.4 FLUGZEUG, SCHIFF

«1–2000»

aéreo [a'ereo], **-a** *adj.* ¿En qué compañía aérea viaja Vd.?	**Flug..., Luft...** Mit welcher Fluggesellschaft fliegen Sie?
aeropuerto [aero'pŭerto] *m* Los aeropuertos están por lo general fuera de las ciudades.	**Flughafen** *m* Flughäfen liegen meistens außerhalb der Städte.
avión [a'ƀĭon] *m* No me gusta viajar en avión.	**Flugzeug** *n* Ich fliege nicht gern.

barco ['barko] *m* Ir en barco a Mallorca es muy agradable.	**Schiff** *n* Mit dem Schiff nach Mallorca zu fahren ist sehr angenehm.
billete (de avión) [bi'ʎete] *m* Aquí tiene Vd. su billete, el avión sale a las 19.15.	**Flugschein** *m* Hier ist Ihr Flugschein, die Maschine startet um 19.15.
puerto ['pŭerto] *m* ¿A qué hora llega el barco de Tánger al puerto de Algeciras?	**Hafen** *m* Um wieviel Uhr kommt das Schiff aus Tanger im Hafen von Algeciras an?
volar [bo'lar] *v.* (*irr.* 7) Estamos volando a una altura de 8.000 metros.	**fliegen** Unsere Flughöhe beträgt 8000 Meter.
vuelo ['bŭelo] *m* Iberia anuncia la llegada de su vuelo 382.	**Flug** *m* Iberia gibt die Landung ihres Fluges 382 bekannt.

«2001–4000»

aterrizar [aterri'θar] *v.* (-c-) En este aeropuerto no pueden aterrizar Jumbos.	**landen** Auf diesem Flughafen können keine Jumbos landen.
azafata [aθa'fata] *f* La azafata me dijo que llegaremos con retraso.	**Stewardeß** *f* Die Stewardeß sagte mir, wir würden mit Verspätung ankommen.
buque ['buke] *m* Sólo quedan unos pocos buques transatlánticos.	**Schiff** *n* Es gibt nur noch wenige Überseeschiffe.
capitán [kapi'tan] *m* El capitán dio la bienvenida a todos los pasajeros.	**Kapitän** *m* Der Kapitän begrüßte alle Passagiere.
cubierta [ku'bĭerta] *f* Voy a salir a la cubierta.	**Deck** *n* Ich gehe jetzt aufs Deck hinauf.
despacho [des'patʃo] *m* Hoy el despacho del equipaje es muy lento.	**Abfertigung** *f* Heute ist die Gepäckabfertigung sehr langsam.
despegar [despe'gar] *v.* (-gu-) En este momento despega el avión de Sevilla.	**abheben, starten** Gerade hebt die Maschine nach Sevilla ab.

embarcarse [embar'karse] *v.* (-qu-)	**an Bord gehen** (*Schiff*)
¿A qué hora tenemos que embarcarnos?	Um wieviel Uhr müssen wir an Bord gehen?
escala [es'kala] *f*	**Zwischenlandung** *f*
Este avión hace escala en Caracas.	Diese Maschine macht eine Zwischenlandung in Caracas.
helicóptero [eli'koptero] *m*	**Hubschrauber** *m*
Me da miedo volar en helicóptero.	Ich habe Angst, in einem Hubschrauber zu fliegen.
marinero [mari'nero] *m*	**Seemann** *m*, **Matrose** *m*
Los marineros de este barco son todos españoles.	Die Matrosen auf diesem Schiff sind alle Spanier.
pasaje [pa'saxe] *m*	**Schiffskarte** *f*; **Flugschein** *m*
No te olvides de llevar el pasaporte y los pasajes.	Vergiß nicht, den Paß und die Flugscheine mitzunehmen.
plan de vuelos [plan de 'ƀŭelos] *m*	**Flugplan** *m*
¿Tienen ya el plan de vuelos para el verano?	Haben Sie schon den Sommerflugplan?
terminal [termi'nal] *f*	**Flughafengebäude** *n*, **Terminal** *m*
Os esperamos en la terminal de los vuelos chárter.	Wir erwarten euch im Charter-Terminal.

1.8 Länder und Völker

1.8.1 GEOGRAPHISCHE NAMEN

«1–2000»

Africa ['afrika] *f*	**Afrika** *n*
Alemania [ale'manĭa] *f*	**Deutschland** *n*
América [a'merika] *f*	**Amerika** *n*
América Central [a'merika θen'tral] *f*	**Mittelamerika** *n*
América Latina [a'merika la'tina] *f*	**Lateinamerika** *n*
América del Norte [a'merika đel 'norte] *f*	**Nordamerika** *n*
América del Sur [a'merika đel sur] *f*	**Südamerika** *n*

Austria ['aŭstrĭa] *f*	**Österreich** *n*
España [es'paɲa] *f*	**Spanien** *n*
Estados Unidos [es'tađos u'niđos] (los)	**Vereinigten Staaten** (die) *pl.*
Europa [eŭ'ropa] *f*	**Europa** *n*
Francia ['franθĭa] *f*	**Frankreich** *n*
Gran Bretaña [gram bre'taɲa] *f*	**Großbritannien** *n*
Inglaterra [iŋgla'terra] *f*	**England** *n*
Latinoamérica [latinoa'merika] *f*	**Lateinamerika** *n*
R.D.A. [eređe'a] (la) (= República Democrática Alemana)	**DDR** (die)
R.F.A. [ereefe'a] (la) (= República Federal de Alemania)	**Bundesrepublik (Deutschland)** (die)
Rusia ['rrusĭa] *f*	**Rußland** *n*
Suiza ['sŭiθa] *f*	**Schweiz** (die)
U.R.S.S. [uerreese'ese] (la) (= Unión de Repúblicas Socialistas Soviéticas)	**UdSSR** (die)

«2001–4000»

Andalucía [andalu'θia] *f*	**Andalusien** *n*
Aragón [ara'gon] *m*	**Aragonien** *n*
Argentina [arxen'tina] *f*	**Argentinien** *n*
Asia ['asĭa] *f*	**Asien** *n*
Asturias [as'turĭas] *fpl.*	**Asturien** *n*
Atlántico [a'tlantiko] (el)	**Atlantik** (der)
Australia [aŭs'tralĭa] *f*	**Australien** *n*
Baleares [bale'ares] (las)	**Balearen** (die) *pl.*
Bélgica ['belxika] *f*	**Belgien** *n*
Bolivia [bo'liƀia] *f*	**Bolivien** *n*
Brasil [bra'sil] *m*	**Brasilien** *n*
Canarias [ka'narĭas] (las)	**Kanarischen Inseln** (die) *pl.*, **Kanaren** (die) *pl.*
Castilla [kas'tiʎa] *f*	**Kastilien** *n*
Cataluña [kata'luɲa] *f*	**Katalonien** *n*
Colombia [ko'lombĭa] *f*	**Kolumbien** *n*
Cuba ['kuƀa] *f*	**Kuba** *n*
Chile ['tʃile] *m*	**Chile** *n*
China ['tʃina] *f*	**China** *n*
Dinamarca [dina'marka] *f*	**Dänemark** *n*
Euskadi [eŭs'kađi]	**Baskenland** (das)
Extremadura [estrema'đura] *f*	**Estremadura** *f*
Galicia [ga'liθĭa] *f*	**Galicien** *n*

Grecia ['greθĭa] *f*	**Griechenland** *n*
Holanda [o'landa] *f*	**Holland** *n*
Hungría [uŋ'gria] *f*	**Ungarn** *n*
Irlanda [ir'landa] *f*	**Irland** *n*
Italia [i'talĭa] *f*	**Italien** *n*
Japón [xa'pon] *m*	**Japan** *n*
Marruecos [ma'rrŭekos] *m*	**Marokko** *n*
Mediterráneo [međite'rraneo] (el)	**Mittelmeer** (das)
Méjico, México ['mexiko] *m*	**Mexiko** *n*
Noruega [no'rŭega] *f*	**Norwegen** *n*
Países Bajos [pa'isez 'ƀaxos] (los)	**Niederlande** (die) *pl.*
Perú [pe'ru] *m*	**Peru** *n*
Pirineos [piri'neos] (los)	**Pyrenäen** (die) *pl.*
Portugal [portu'gal] *m*	**Portugal** *n*
Rumania [rru'manĭa] *f*	**Rumänien** *n*
Suecia ['sŭeθĭa] *f*	**Schweden** *n*
Turquía [tur'kia] *f*	**Türkei** (die)
Vascongadas [baskoŋ'gađas] *fpl.*	**Baskenland** (das)
Yugoslavia [jugo'slaƀĭa] *f*	**Jugoslawien** *n*

1.8.2 NATIONALITÄTEN, BEWOHNER, SPRACHEN

«1–2000»

alemán [ale'man], **-ana** *adj. u. subst. m,f*	**deutsch; Deutscher** *m*, **Deutsche** *f*
alemán [ale'man] *m*	**Deutsch** *n*, (das) **Deutsche**
americano [ameri'kano], **-a** *adj. u. subst. m,f*	**amerikanisch; Amerikaner(in)** *m(f)* (*meist* = *lateinamerikanisch*)
andaluz [anda'luθ], **-a** *adj. u. subst. m,f*	**andalusisch; Andalusier(in)** *m(f)*
austríaco [aŭs'triako], **-a** *adj. u. subst. m,f*	**österreichisch; Österreicher(in)** *m(f)*
belga ['belga] *adj. u. subst. m,f*	**belgisch; Belgier(in)** *m(f)*
castellano [kaste'ʎano], **-a** *adj. u. subst. m,f*	**kastilisch; Kastilier(in)** *m(f)*
castellano [kaste'ʎano] *m*	**Spanisch** *n*, (das) **Spanische**
catalán [kata'lan], **-ana** *adj. u. subst. m,f*	**katalanisch; Katalane** *m*, **Katalanin** *f*
catalán [kata'lan] *m*	**Katalanisch** *n*, (das) **Katalanische**

español [espa'ɲol], **-a** *adj. u. subst m,f*	**spanisch; Spanier(in)** *m(f)*
español [espa'ɲol] *m*	**Spanisch** *n,* (das) **Spanische**
europeo [eŭro'peo], **-a** *adj. u. subst. m,f*	**europäisch; Europäer(in)** *m(f)*
eusquera [eŭs'kera] *m*	**Baskisch** *n,* (das) **Baskische**
francés [fran'θes], **-esa** *adj. u. subst. m,f*	**französisch; Franzose** *m,* **Französin** *f*
francés [fran'θes] *m*	**Französisch** *n,* (das) **Französische**
gallego [ga'ʎego], **-a** *adj. u. subst. m,f*	**galicisch; Galicier(in)** *m(f)*
gallego [ga'ʎego] *m*	**Galicisch** *n,* (das) **Galicische**
inglés [iŋ'gles], **-esa** *adj. u. subst. m,f*	**englisch; Engländer(in)** *m(f)*
inglés [iŋ'gles] *m*	**Englisch** *n,* (das) **Englische**
latinoamericano [latinoameri'kano], **-a** *adj. u. subst. m,f*	**lateinamerikanisch; Lateinamerikaner(in)** *m(f)*
vasco ['basko], **-a** *adj. u. subst. m,f*	**baskisch; Baske** *m,* **Baskin** *f*
vascuence [bas'kŭenθe] *m*	**Baskisch** *n,* (das) **Baskische**

«2001–4000»

africano [afri'kano], **-a** *adj.*	**afrikanisch**
argentino [arxen'tino], **-a** *adj.*	**argentinisch**
boliviano [boli'bĭano], **-a** *adj.*	**bolivi(ani)sch**
brasileño [brasi'leɲo], **-a** *adj.*	**brasilianisch**
colombiano [kolom'bĭano], **-a** *adj.*	**kolumbianisch**
chileno [tʃi'leno], **-a** *adj.*	**chilenisch**
chino ['tʃino], **-a** *adj.*	**chinesisch**
danés [da'nes], **-esa** *adj.*	**dänisch**
estadounidense [estađouni'đense] *adj.*	**(US-)amerikanisch**
griego ['grĭego], **-a** *adj.*	**griechisch**
holandés [olan'des], **-esa** *adj.*	**holländisch**
irlandés [irlan'des], **-esa** *adj.*	**irisch**
italiano [ita'lĭano], **-a** *adj.*	**italienisch**
japonés [xapo'nes], **-esa** *adj.*	**japanisch**
marroquí [marro'ki] (*pl.* -íes)	**marokkanisch**
mejicano, mexicano [mexi'kano], **-a** *adj.*	**mexikanisch**
norteamericano [norteameri'kano], **-a** *adj.*	**(nord)amerikanisch**

peruano [pe'rŭano], **-a** *adj.*	**peruanisch**
portugués [portu'ges], **-esa** *adj. u. subst. m,f*	**portugiesisch; Portugiese** *m*, **Portugiesin** *f*
portugués [portu'ges] *m*	**Portugiesisch** *n*, (das) **Portugiesische**
ruso ['rruso], **-a** *adj. u. subst. m,f*	**russisch; Russe** *m*, **Russin** *f*
ruso ['rruso] *m*	**Russisch** *n*, (das) **Russische**
sudamericano [suđameri'kano], **-a** *adj.*	**südamerikanisch**
suizo ['sŭiθo], **-a** *adj.*	**Schweizer, schweizerisch**
turco ['turko], **-a** *adj.*	**türkisch**

2 ALLGEMEINE BEGRIFFE

2.1 Zeit

2.1.1 JAHRESEINTEILUNG

«1–2000»

año ['aɲo] *m*	**Jahr** *n*
Mi abuela tiene 94 años.	Meine Großmutter ist 94 Jahre alt.
Este año es bisiesto.	Dies Jahr ist ein Schaltjahr.
día ['dia] *m*	**Tag** *m*
En verano los días son más largos.	Im Sommer sind die Tage länger.
diario ['dĭarĭo], **-a** *adj.*	**täglich**
La vida diaria no debe ser rutinaria.	Der Alltag soll nicht routinemäßig ablaufen.
estación del año [esta'θĭon del 'aɲo] *f*	**Jahreszeit** *f*
En Colombia no existen las cuatro estaciones del año.	In Kolumbien gibt es keine vier Jahreszeiten.
invierno [im'bĭerno] *m*	**Winter** *m*
En este invierno ha habido poca nieve.	In diesem Winter gab es wenig Schnee.
mes [mes] *m*	**Monat** *m*
Llevamos ya tres meses en Madrid.	Wir sind schon seit drei Monaten in Madrid.

otoño [o'toɲo] *m* Para mí la mejor estación del año es el otoño.	**Herbst** *m* Für mich ist die beste Jahreszeit der Herbst.
primavera [prima'bera] *f* En la primavera pasada estuvimos en los Pirineos.	**Frühling** *m*, **Frühjahr** *n* Letztes Frühjahr waren wir in den Pyrenäen.
semana [se'mana] *f* La próxima semana saldremos de vacaciones.	**Woche** *f* Nächste Woche gehen wir in Urlaub.
verano [be'rano] *m* El verano de 1976 fue muy caluroso.	**Sommer** *m* Der Sommer 1976 war sehr heiß.

«2001–4000»

anual [a'nŭal] *adj.* La suscripción anual de la revista cuesta 7.000 ptas.	**jährlich, Jahres...** Das Jahresabonnement der Zeitschrift kostet 7000 Peseten.
fin de semana [fin de se'mana] *m* ¡Qué mala suerte!, siempre llueve el fin de semana.	**Wochenende** *n* So ein Pech! Immer regnet es am Wochenende.
mensual [men'sŭal] *adj.* Mi sueldo mensual es de 100.000 pesetas.	**monatlich, Monats...** Mein Monatsgehalt beträgt 100 000 Peseten.
semanal [sema'nal] *adj.* Tengo dos clases de inglés semanales.	**wöchentlich, Wochen...** Ich habe zwei Englischstunden pro Woche.
temporada [tempo'rađa] *f* En este balneario la temporada empieza el 15 de mayo.	**Saison** *f*, **Zeit** *f* In diesem Kurort beginnt die Saison am 15. Mai.

2.1.2 MONATSNAMEN, DATUM

«1–2000»

enero [e'nero] *m* Lola nació el dos de enero de 1935. En enero vamos a esquiar. El primero de enero es mi cumpleaños.	**Januar** *m* Lola wurde am 2. Januar 1935 geboren. Im Januar gehen wir Schi fahren. Am 1. Januar ist mein Geburtstag.

febrero [fe'ƀrero] *m*	**Februar** *m*
marzo ['marθo] *m*	**März** *m*
abril [a'ƀril] *m*	**April** *m*
mayo ['majo] *m*	**Mai** *m*
junio ['xunĭo] *m*	**Juni** *m*
julio ['xulĭo] *m*	**Juli** *m*
agosto [a'ɡosto] *m*	**August** *m*
se(p)tiembre [se(p)'tĭembre] *m*	**September** *m*
octubre [ok'tuƀre] *m*	**Oktober** *m*
noviembre [no'ƀĭembre] *m*	**November** *m*
diciembre [di'θĭembre] *m*	**Dezember** *m*

«2001–4000»

fecha ['fetʃa] *f*	**Datum** *n*
¡Ponga aquí su fecha de nacimiento!	Setzen Sie hier Ihr Geburtsdatum ein!
a cuántos [a 'kŭantos]	**der Wievielte**
¿A cuántos estamos hoy? – Hoy es el cinco de mayo.	Der Wievielte ist heute? – Heute ist der 5. Mai.

2.1.3 WOCHENTAGE

«1–2000»

lunes ['lunes] *m* (*pl. inv.*)	**Montag** *m*
Si no hay novedad, nos veremos el lunes que viene.	Wenn nichts dazwischenkommt, sehen wir uns nächsten Montag.
Los lunes las peluquerías están cerradas.	Am Montag (*oder* montags) sind die Friseursalons geschlossen.
martes ['martes] *m* (*pl. inv.*)	**Dienstag** *m*
miércoles ['mĭerkoles] *m* (*pl. inv.*)	**Mittwoch** *m*
jueves ['xŭeƀes] *m* (*pl. inv.*)	**Donnerstag** *m*
viernes ['bĭernes] *m* (*pl. inv.*)	**Freitag** *m*
sábado ['saƀađo] *m*	**Samstag** *m*, **Sonnabend** *m*
domingo [do'miŋgo] *m*	**Sonntag** *m*

2.1.4 TAGESZEIT

«1–2000»

día ['dia] *m*	**Tag** *m*
¡Qué día más hermoso hace hoy!	Was haben wir heute für einen schönen Tag!
mañana [ma'ɲana] *f*	**Morgen** *m*; **Vormittag** *m*
Empiezo a trabajar a las 8 de la mañana.	Ich beginne mit der Arbeit um 8 Uhr früh.
Mañana por la mañana vamos a pescar.	Morgen früh gehen wir fischen.
El partido de fútbol será mañana por la tarde.	Das Fußballspiel ist morgen nachmittag.
medianoche [međĭa'notʃe] *f*	**Mitternacht** *f*
Nuestro vuelo a Río sale a medianoche.	Unser Flug nach Rio geht um Mitternacht ab.
mediodía [međĭo'đia] *m*	**Mittag** *m*
Tenemos una pausa de media hora a(l) mediodía.	Wir haben zu Mittag eine halbstündige Pause.
noche ['notʃe] *f*	**Nacht** *f*; (später) **Abend** *m*
Este soldado ha estado de guardia toda la noche.	Dieser Soldat hat die ganze Nacht Wachdienst gemacht.
El baile empieza a las 9 de la noche.	Der Ball beginnt um 9 Uhr abends.
tarde ['tarđe] *f*	**Nachmittag** *m*; (früher) **Abend** *m*
En nuestra escuela no hay clases por la tarde.	In unserer Schule ist nachmittags kein Unterricht.
Yo salgo de la oficina a las 7 de la tarde.	Ich gehe um 7 Uhr abends aus dem Büro.

2.1.5 UHRZEIT

(*Siehe auch GRUNDZAHLEN 2.3.2*)

«1–2000»

a [a] *prep.*	**um**
Te espero a las siete en la entrada del teatro.	Ich erwarte dich um sieben Uhr am Theatereingang.
cuarto ['kŭarto] *m*	**Viertel** *n*
¡Son ya las doce y cuarto!	Es ist schon Viertel nach zwölf.

cuarto de hora ['kŭarto đe 'ora] *m* En un cuarto de hora Ana saldrá de la escuela.	**Viertelstunde** *f* In einer Viertelstunde kommt Ana aus der Schule.
hora ['ora] *f* Mi padre trabaja ocho horas diarias.	**Stunde** *f* Mein Vater arbeitet täglich acht Stunden.
hora(s) ['ora(s)] *f(pl.)* ¿Qué hora es? – Son las tres y cuarto. ¿A qué hora vienes?	**Uhr** *f* Wie spät ist es? – Es ist Viertel nach drei. Um wieviel Uhr kommst du?
media ['međĭa] *adj.* En este momento son las cuatro y media. La misa duró media hora.	**halb** In diesem Augenblick ist es halb fünf. Die Messe dauerte eine halbe Stunde.
menos ['menos] *adv.* Tenemos que salir de casa a las ocho menos diez.	**vor** Wir müssen 10 vor 8 aus dem Haus gehen.
minuto [mi'nuto] *m* En cinco minutos no podrás hacer tus deberes.	**Minute** *f* In fünf Minuten kannst du deine Aufgaben nicht machen.
segundo [se'gundo] *m* Faltan 30 segundos para que comience el año nuevo.	**Sekunde** *f* In 30 Sekunden beginnt das neue Jahr.
y [i] *conj.* El tren para Valencia sale a las 10.20 (diez y veinte).	**nach** Der Zug nach Valencia fährt zwanzig nach zehn.

2.1.6 SONSTIGE ZEITBEGRIFFE

2.1.6.1 SUBSTANTIVE

«1–2000»

fin [fin] *m* Para celebrar el fin de curso, se organizará una fiesta.	**Ende** *n*, **Schluß** *m* Um das Ende des Studienjahres zu feiern, gibt es ein Fest.
futuro [fu'turo] *m* Tienes que ahorrar un poco. ¡Piensa en tu futuro!	**Zukunft** *f* Du solltest etwas sparen. Denk an deine Zukunft!

momento [mo'mento] *m* — **Augenblick** *m*, **Moment** *m*
Le llamaré más tarde. En este momento estoy ocupado. — Ich rufe Sie später an. Im Moment bin ich beschäftigt.

pasado [pa'sađo] *m* — **Vergangenheit** *f*
Pedro dice que en el pasado se vivía mejor. — Pedro sagt, in früheren Zeiten habe man besser gelebt.

presente [pre'sente] *m* — **Gegenwart** *f*
Esperemos que el futuro no sea peor que el presente. — Hoffentlich wird die Zukunft nicht schlimmer als die Gegenwart.

principio [prin'θipĭo] *m* — **Anfang** *m*, **Beginn** *m*
Sólo me gustó el principio de la película. — Mir hat nur der Anfang des Films gefallen.

rato ['rrato] *m* — **Weile** *f*, **Augenblick** *m*
Nos veremos dentro de un rato. — Wir sehen uns gleich.

retraso [rre'traso] *m* — **Verspätung** *f*
Nuestros invitados llegaron con retraso. — Unsere Gäste trafen mit Verspätung ein.

siglo ['siglo] *m* — **Jahrhundert** *n*
En el siglo XIX, España perdió sus colonias americanas. — Im 19. Jahrhundert verlor Spanien seine amerikanischen Kolonien.

tiempo ['tĭempo] *m* — **Zeit** *f*
¿Qué?, ya es día 31. ¡Cómo corre el tiempo! — Was, heute ist schon der 31! Wie die Zeit vergeht!

vez [beθ] *f* — **Mal** *n*
¿Es la primera vez que Vd. viene a Caracas? — Kommen Sie zum ersten Mal nach Caracas?

«2001–4000»

comienzo [ko'mĭenθo] *m* — **Anfang** *m*, **Beginn** *m*
Este hombre trabajó muy bien sólo al comienzo. — Dieser Mann arbeitete nur am Anfang sehr gut.

duración [dura'θĭon] *f* — **Dauer** *f*
La duración de esta película es de 90 minutos. — Die Dauer dieses Films beträgt 90 Minuten.

época ['epoka] *f* — **Zeitraum** *m*, **Epoche** *f*
¿Qué época es la mejor para ir a España? — Welches ist die beste Zeit für eine Spanienreise?

final [fi'nal] *m* A finales de marzo fuimos a Cádiz.	**Ende** *n*, **Schluß** *m* Ende März fuhren wir nach Cádiz.
instante [ins'tante] *m* Espera un instante, te doy la dirección de Luisa.	**Augenblick** *m* Warte einen Augenblick, ich gebe dir Luisas Adresse.
período [pe'riođo] *m* Este es el período de la historia que conozco mejor.	**Periode** *f*, **Zeitraum** *m* Diese Zeit der Geschichte kenne ich am besten.
plazo ['plaθo] *m* Tengo un plazo de un mes para pagar mis deudas.	**Frist** *f* Ich habe einen Monat Frist, um meine Schulden zu bezahlen.
porvenir [porƀe'nir] *m* Con este puesto tienes el porvenir asegurado.	**Zukunft** *f* Mit diesem Arbeitsplatz ist deine Zukunft gesichert.

2.1.6.2 VERBEN

«1–2000»

acabar [aka'ƀar] *v.* ¿A qué hora acaba la película?	**(be)enden, aufhören** Um wieviel Uhr ist der Film aus?
comenzar [komen'θar] *v.* (*irr.* 22; -c-) Entremos, comienza a llover.	**anfangen, beginnen** Gehen wir hinein, es beginnt zu regnen.
continuar [kontinu'ar] *v.* (*irr.* 8) Continuaremos el trabajo mañana.	**fortsetzen, weitermachen** Wir machen morgen mit der Arbeit weiter.
durar [du'rar] *v.* El régimen de Franco duró casi cuarenta años.	**dauern** Das Franco-Regime dauerte fast vierzig Jahre.
empezar [empe'θar] *v.* (*irr.* 22; -c-) ¿A qué hora empezamos a trabajar mañana?	**anfangen, beginnen** Um wieviel Uhr fangen wir morgen mit der Arbeit an?
parar [pa'rar] *v.* ¡Qué tiempo! No para de llover desde ayer.	**aufhören** Was für ein Wetter! Seit gestern regnet es unaufhörlich.

pasar [pa'sar] *v.* Carlos ya va a la escuela. ¡Cómo pasa el tiempo!	**vergehen** Carlos geht schon in die Schule. Wie die Zeit vergeht!
pasar [pa'sar] *v.* ¿Cómo has pasado el fin de semana?	**verbringen** Wie hast du das Wochenende verbracht?
ponerse (a) [po'nerse] *v.* (*irr.* 25) Sin saber por qué, Carmen se puso a llorar.	**anfangen, beginnen** (zu) Ohne zu wissen warum, begann Carmen zu weinen.
seguir (a) [se'gir] *v.* (*irr.* 21; -g-) Al buen tiempo del verano siguió un otoño malo.	**folgen** (auf) Auf das schöne Wetter im Sommer folgte ein schlechter Herbst.
seguir [se'gir] *v.* (*irr.* 21; -g-) Has trabajado bien. Espero que sigas así.	**fortsetzen, weitermachen** Du hast gut gearbeitet. Ich hoffe, du machst so weiter.
tardar [tar'đar] *v.* De aquí a la estación tardo diez minutos andando.	(Zeit) **brauchen** Von hier zum Bahnhof brauche ich 10 Minuten zu Fuß.
tener prisa [te'ner 'prisa] Tengo prisa, mi autobús sale dentro de diez minutos.	**es eilig haben, in Eile sein** Ich habe es eilig, mein Bus fährt in 10 Minuten.
terminar [termi'nar] *v.* Espero terminar esta traducción mañana.	**(be)enden, aufhören** Ich hoffe, mit der Übersetzung morgen fertig zu werden.

«2001–4000»

correr prisa [ko'rrer 'prisa] ¡No te preocupes! Este trabajo no corre prisa.	**eilig sein** Sei unbesorgt! Diese Arbeit ist nicht eilig.
interrumpir [interrum'pir] *v.* No quiero interrumpir tu trabajo.	**unterbrechen** Ich will dich nicht bei der Arbeit unterbrechen.
prolongar [proloŋ'gar] *v.* (-gu-) No podemos prolongar nuestra estancia en Río.	**verlängern** Wir können unseren Aufenthalt in Rio nicht verlängern.
suceder (a) [suθe'đer] *v.* Al franquismo sucedió un régimen democrático.	**folgen** (auf) Auf die Franco-Diktatur folgte ein demokratisches Regime.

2.1.6.3 ADJEKTIVE

«1–2000»

actual [ak'tŭal] — **gegenwärtig, aktuell**
La situación actual de la economía es muy difícil. — Die gegenwärtige Wirtschaftslage ist sehr schwierig.

anterior [ante'rĭor] — **vorhergehend, frühere(r, -s)**
El nuevo jefe no es tan simpático como el anterior. — Der neue Chef ist nicht so nett wie sein Vorgänger.

antiguo [an'tiguŭo], **-a** — **ehemalig, alt**
Aquel señor es el antiguo director del colegio. — Der Herr dort ist der ehemalige Schuldirektor.
Esta es la casa más antigua de nuestra ciudad. — Dies ist das älteste Haus in unserer Stadt.

corto ['korto], **-a** — **kurz**
¿Ya se van? Su visita ha sido muy corta. — Sie gehen schon? Ihr Besuch war aber sehr kurz.

final [fi'nal] — **abschließend, End..., Schluß...**
Dentro de poco tendremos los exámenes finales. — Wir haben bald unsere Schlußprüfungen.

frecuente [fre'kŭente] — **häufig**
En esta época del año las lluvias son frecuentes. — In dieser Jahreszeit regnet es häufig.

futuro [fu'turo], **-a** — **zukünftig**
Hoy voy a comer con mi futuro suegro. — Heute esse ich mit meinem zukünftigen Schwiegervater.

largo ['largo], **-a** — **lang**
La conferencia de anoche fue larga y aburrida. — Der Vortrag gestern abend war lang und langweilig.

lento ['lento], **-a** — **langsam**
Este tren es muy lento. — Dieser Zug ist sehr langsam.

listo (para) ['listo], **-a** — **fertig; bereit** (zu)
¿Están todos listos para salir? — Sind alle bereit zur Abfahrt?

moderno [mo'đerno], **-a** — **modern, neuzeitlich**
La pintura moderna no me gusta mucho. — Die moderne Malerei gefällt mir nicht sehr.

nuevo ['nŭeƀo], **-a** — **neu**
Tienes un traje muy bonito, ¿es nuevo? – ¡No, qué va! — Du hast einen schönen Anzug, ist er neu? – Ach wo!

pasado [pa'sađo], **-a** La semana pasada trabajamos mucho.	**vergangen** Vergangene Woche haben wir viel gearbeitet.
presente [pre'sente] En las circunstancias presentes no quiero irme de viaje.	**gegenwärtig** Unter den gegenwärtigen Umständen will ich nicht verreisen.
rápido ['rrapiđo], **-a** Este coche es muy rápido.	**schnell, rasch** Dieses Auto ist sehr schnell.
raro ['rraro], **-a** Es raro que llueva en el desierto.	**selten** In der Wüste regnet es selten.
urgente [ur'xente] He recibido un telegrama urgente de Carlos.	**dringend, eilig** Ich habe ein dringendes Telegramm von Carlos bekommen.

«2001–4000»

breve ['breƀe] Nuestra estancia en Madrid fue muy breve.	**kurz** Unser Aufenthalt in Madrid war sehr kurz.
constante [kons'tante] Su constante esfuerzo es digno de admiración.	**ständig, dauernd** Seine ständigen Bemühungen sind bewundernswert.
definitivo [defini'tibo], **-a** Este es el plano definitivo de mi nueva casa.	**endgültig** Dies ist der endgültige Plan meines neuen Hauses.
eterno [e'terno], **-a** Los cristianos creen en la vida eterna.	**ewig** Die Christen glauben an das ewige Leben.
reciente [rre'θïente] ¿Tienes noticias recientes de tu hijo?	**frisch, neu(artig)** Hast du neue Nachrichten von deinem Sohn?

2.1.6.4 ADVERBIEN

«1–2000»

ahora [a'ora] Ahora voy a casa, estoy muy cansado.	**jetzt** Jetzt geh' ich nach Hause, ich bin sehr müde.

ahora mismo [a'ora 'mizmo] Quiero ver a Juan. – Ahora mismo ha salido.	**soeben** Ich möchte Juan sprechen. – Er ist soeben fortgegangen.
ahora mismo [a'ora 'mizmo] Quiero hablar con Juana. – Ahora mismo la llamo.	**sofort** Ich möchte mit Juana sprechen. – Ich rufe sie sofort.
a la vez [a la ƀeθ] Si hablan todos a la vez, no se entiende nada.	**gleichzeitig, auf einmal** Wenn alle gleichzeitig reden, versteht man nichts.
anoche [a'notʃe] Anoche fuimos todos al teatro.	**gestern abend** Gestern abend gingen wir alle ins Theater.
anteayer [antea'jer] Anteayer hicimos una excursión a Toledo.	**vorgestern** Vorgestern machten wir einen Ausflug nach Toledo.
antes ['antes] Roberto ha cambiado. Antes era más alegre.	**vorher, früher, eher** Roberto hat sich verändert. Früher war er fröhlicher.
a tiempo [a 'tĭempo] Gracias a Dios llegamos a tiempo al aeropuerto.	**rechtzeitig** Gott sei Dank kamen wir rechtzeitig zum Flughafen.
aún [a'un] ¿Te levantas ya? Aún no son las siete.	**noch** Du stehst schon auf? Es ist noch nicht einmal 7 Uhr.
a veces [a 'ƀeθes] A veces pienso con nostalgia en Cuba.	**manchmal** Manchmal denke ich wehmütig an Kuba.
ayer [a'jer] Ayer llovió todo el día.	**gestern** Gestern regnete es den ganzen Tag.
¿cuándo? ['kŭando] ¿Cuándo volverá Vd. a Bilbao?	**wann?** Wann kommen Sie wieder nach Bilbao?
deprisa [de'prisa] ¡No comas tan deprisa! Es malo para el estómago.	**schnell, eilig** Iß nicht so schnell! Das ist schlecht für den Magen.
despacio [des'paθĭo] Por favor, ¿puede Vd. hablar un poco más despacio?	**langsam** Könnten Sie bitte etwas langsamer sprechen?
después [des'pŭes] Tengo una reunión a las 10, después iré a mi oficina.	**dann, später, nachher** Ich habe um 10 eine Sitzung, dann gehe ich ins Büro.

en seguida [ense'giđa] Tengo prisa, voy a marcharme en seguida.	**sofort, gleich** Ich habe es eilig, ich gehe gleich weg.
entonces [en'tonθes] ¡Sigue así! Entonces verás lo que pasará.	**dann, darauf** Mach nur so weiter. Dann wirst du sehen, was passiert!
entonces [en'tonθes] En 1953 estuve en Madrid. Entonces la vida era más barata que hoy.	**damals** 1953 war ich in Madrid. Damals war das Leben billiger als heute.
hoy [oĭ] Hoy nos hemos levantado tarde.	**heute** Heute sind wir spät aufgestanden.
luego ['lŭego] Primero vamos a comer y luego daremos un paseo.	**dann, nachher** Erst essen wir, und dann gehen wir spazieren.
mañana [ma'ɲana] Mañana iremos al circo.	**morgen** Morgen gehen wir in den Zirkus.
mientras tanto ['mĭentras 'tanto] Volveré pronto, mientras tanto puedes leer.	**währenddessen, inzwischen** Ich komme gleich zurück, inzwischen kannst du lesen.
nunca ['nuŋka] No he estado nunca en Navarra.	**nie, niemals** Ich bin noch nie in Navarra gewesen.
pasado mañana [pa'sađo ma'ɲana] Pasado mañana vienen los pintores.	**übermorgen** Übermorgen kommen die Maler.
pronto ['pronto] ¡Adiós, Carlos, y vuelve pronto!	**bald** Auf Wiedersehen, Carlos, und komm bald wieder.
rápidamente [rrapiđa'mente] ¡Arrégleme rápidamente la cocina!	**schnell, rasch** Bringen Sie rasch noch die Küche in Ordnung!
rápido ['rrapiđo] ¡Qué rápido has hecho los deberes!	**schnell** Wie schnell du die Hausaufgaben gemacht hast!

recién [rre'θĭen] (*vor Partizip und Adj.*)	**neu, frisch, soeben (erst)**
Este café está recién hecho.	Dieser Kaffee ist frisch gemacht.
Ahí viene nuestro director recién nombrado.	Dort kommt unser neu ernannter Direktor.
siempre ['sĭempre]	**immer**
¿Has sido siempre fiel a tu marido, Carlota?	Warst du deinem Mann immer treu, Carlota?
sólo ['solo]	**erst**
Este niño tiene sólo cuatro años.	Dieses Kind ist erst vier Jahre alt.
tarde ['tarđe]	**spät**
Es muy tarde. Vamos a dormir.	Es ist sehr spät. Gehen wir schlafen!
temprano [tem'prano]	**früh**
Pili tiene que levantarse temprano todos los días.	Pili muß jeden Tag früh aufstehen.
todavía [tođa'bia]	**noch**
¿Está tu padre? – Todavía no ha vuelto.	Ist dein Vater da? – Er ist noch nicht zurückgekommen.
ya [ja]	**schon**
Esta niña tiene 5 años y ya sabe leer.	Dieses Mädchen ist 5 Jahre alt und kann schon lesen.
ya no [ja no]	**nicht mehr**
Aquí está tu regla, ya no la necesito.	Hier ist dein Lineal, ich brauche es nicht mehr.

«2001–4000»

actualmente [aktŭal'mente]	**gegenwärtig, zur Zeit**
Actualmente la fábrica está cerrada por vacaciones.	Zur Zeit ist die Fabrik wegen Ferien geschlossen.
alguna vez [al'guna beθ]	**jemals, einmal**
¿Has estado alguna vez en Vigo?	Warst du schon einmal in Vigo?
algún día [al'gun 'dia]	**eines Tages, einst**
Algún día te acordarás de mis palabras.	Eines Tages wirst du an meine Worte denken.
al principio [al prin'θipĭo]	**anfangs, am Anfang**
Al principio Juan estudió mucho.	Anfangs lernte Juan fleißig.

a menudo [a me'nuđo] Mis nietos vienen a verme a menudo.	**oft, häufig** Meine Enkel besuchen mich oft.
apenas [a'penas] Este tren tarda apenas tres horas para llegar a Murcia.	**kaum** Dieser Zug braucht kaum drei Stunden bis Murcia.
continuamente [kontinŭa'mente] Ayer sonó el teléfono continuamente.	**ständig, ununterbrochen** Gestern klingelte ständig das Telefon.
de antemano [de ante'mano] Yo sabía de antemano que no vendrías.	**im voraus, von vornherein** Ich wußte von vornherein, daß du nicht kommen würdest.
de nuevo [de 'nŭeƀo] Este trabajo tenéis que hacerlo de nuevo.	**wieder, nochmals** Diese Arbeit müßt ihr nochmals machen.
de pronto [de 'pronto] Iba por la calle, cuando de pronto me atracaron.	**plötzlich** Ich ging auf der Straße, plötzlich wurde ich überfallen.
de repente [de rre'pente] Mi padre estaba bien de salud y de repente tuvo un infarto.	**plötzlich, unerwartet** Mein Vater war wohlauf, plötzlich bekam er einen Infarkt.
de vez en cuando [de beθ eŋ 'kŭando] De vez en cuando vamos a los Alpes.	**ab und zu, manchmal** Ab und zu fahren wir in die Alpen.
entretanto [entre'tanto] Voy a la compra, ¡entretanto pon la mesa!	**inzwischen, in der Zwischenzeit** Ich gehe einkaufen, deck inzwischen den Tisch.
hace poco ['aθe 'poko] Hace poco recibí carta de mi padre.	**kürzlich, vor kurzem** Kürzlich erhielt ich einen Brief von meinem Vater.
inmediatamente [immeđĭata'mente] Esta carta tiene que salir inmediatamente.	**sofort, unverzüglich** Dieser Brief muß sofort abgehen.
jamás [xa'mas] ¿Este chico quiere ser médico? No lo logrará jamás.	**nie, niemals** Der Junge will Arzt werden? Das schafft er nie.

muchas veces ['mutʃaz 'ƀeθes]	**oft**
Te he dicho muchas veces que no hagas esto.	Ich habe dir oft gesagt, du sollst das nicht tun.
mucho tiempo ['mutʃo 'tĭempo]	**lange (Zeit)**
Has estado mucho tiempo en Inglaterra.	Du warst lange in England.
otra vez ['otra ƀeθ]	**noch einmal, nochmals**
¡Señorita, escriba esta carta otra vez!	Schreiben Sie diesen Brief noch einmal!
pocas veces ['pokaz 'ƀeθes]	**selten**
Pocas veces me he sentido tan feliz como hoy.	Selten habe ich mich so glücklich gefühlt wie heute.
poco a poco ['poko a 'poko]	**nach und nach, allmählich**
Poco a poco te irás recuperando.	Allmählich wird es dir besser gehen.
por fin [por fin]	**schließlich, endlich**
Por fin estamos aquí.	Endlich sind wir hier.
por último [por 'ultimo]	**zum Schluß, schließlich**
Recogeré a tu madre, luego a Luis y, por último, a Paco.	Ich hole zuerst deine Mutter ab, dann Luis und zum Schluß Paco.
primero [pri'mero]	**zuerst**
Primero vamos a nadar, luego comemos.	Zuerst gehen wir schwimmen, dann essen wir.
quince días ['kinθe 'đias]	**vierzehn Tage**
Me voy de viaje, volveré dentro de quince días.	Ich verreise; in vierzehn Tagen komme ich zurück.
recientemente [rreθĭente'mente]	**kürzlich, vor kurzem**
Carlos fue ascendido a capitán recientemente.	Carlos wurde kürzlich zum Hauptmann befördert.
varias veces ['barĭaz 'ƀeθes]	**wiederholt, verschiedene Male**
Hemos estado varias veces en Florencia.	Wir waren wiederholt in Florenz.

2.1.6.5 PRÄPOSITIONEN

«1–2000»

a [a] Llámame a las siete, por favor. Volvimos al anochecer.	**um, bei** Ruf mich bitte um 7 Uhr an. Wir kamen bei Einbruch der Dunkelheit zurück.
antes de ['antez đe] ¡No venga antes de la diez de la mañana!	**vor** Kommen Sie nicht vor 10 Uhr vormittags.
de ... a ... [de ... a] Trabajamos de 8 a 13, luego de 15 a 19.	**von ... bis ...** Wir arbeiten von 8 bis 13 Uhr, dann von 15 bis 19 Uhr.
dentro de ['dentro đe] Le entregaremos la mercancía dentro de una semana.	**in, innerhalb** Wie liefern Ihnen die Ware innerhalb einer Woche.
desde ['dezđe] Estoy levantado desde las seis.	**seit** Ich bin seit 6 Uhr auf.
después de [des'pŭez đe] No puedes comprar nada después de las siete, todas las tiendas están cerradas.	**nach** Nach 7 Uhr kannst du nichts mehr kaufen, alle Geschäfte sind geschlossen.
durante [du'rante] No me gusta que fumes durante la comida.	**während** Ich mag nicht, daß du während des Essens rauchst.
en [en] He copiado este texto en una hora. El general Franco murió en 1975.	**in** Ich habe diesen Text in einer Stunde abgeschrieben. General Franco starb (im Jahr) 1975.
entre ['entre] Vd. puede recoger la ropa entre las 3 y las 5.	**zwischen** Sie können die Wäsche zwischen 3 und 5 Uhr abholen.
hacia ['aθĭa] Nuestros invitados llegarán hacia las 7 de la tarde.	**gegen** Unsere Gäste werden gegen 7 Uhr abends ankommen.
hasta ['asta] Nos quedaremos en Sevilla hasta el lunes.	**bis** Wir bleiben bis Montag in Sevilla.

para ['para] ¿Para cuándo necesita sus zapatos?	**für, bis** Bis wann brauchen Sie Ihre Schuhe?
por [por] Me voy a Méjico por un año.	**für, um, an, zu** Ich gehe für ein Jahr nach Mexiko.

«2001–4000»

a partir de [a par'tir đe] A partir del lunes hay nuevas tarifas postales.	**(von ...) ab** Ab Montag gelten neue Postgebühren.
desde hace ['dezđe 'aθe] Desde hace un año intento conseguir este permiso.	**seit** (*bei einem Zeitraum*) Seit einem Jahr versuche ich, diese Genehmigung zu erhalten.
desde ... hasta ... ['dezđe 'asta] Las obras durarán desde el 1º de mayo hasta el 15 de julio.	**von ... bis ...** Die Bauarbeiten dauern vom 1. Mai bis 15. Juli.
hace ['aθe] Hace cinco años terminé la carrera.	**vor** Vor fünf Jahren beendete ich mein Studium.

2.1.6.6 KONJUNKTIONEN

«1–2000»

antes (de) que ['antes (đe) ke] Espero que lleguemos antes de que se haga de noche.	**bevor** Ich hoffe, wir kommen an, bevor es Nacht wird.
antes de ['antez đe] (*mit Infinitiv*) Antes de casarte, ¡piensa bien lo que haces!	**bevor** Bevor du heiratest, überleg dir gut, was du tust.
cuando ['kŭando] Cuando vengas a Granada, te enseñaré la Alhambra. Cuando Carlos V llegó a España, aún no sabía español.	**wenn** (... einmal); **als** Wenn du nach Granada kommst, zeige ich dir die Alhambra. Als Karl V. nach Spanien kam, konnte er noch kein Spanisch.

desde que ['dezđe ke] Desde que llegué a Galicia, no para de llover.	**seit(dem)** Seit ich in Galicien angekommen bin, regnet es ununterbrochen.
después (de) que [des'pŭes (đe) ke] Después de que hayas terminado la traducción, ¡muéstramela!	**nachdem** Nachdem (*oder* Wenn) du die Übersetzung fertig hast, zeig sie mir.
después de [des'pŭez đe] (*mit Infinitiv*) Después de cambiarse Juan fue al teatro.	**nachdem** Nachdem Juan sich umgezogen hatte, ging er ins Theater.
hasta que ['asta ke] Te guardaré la guitarra hasta que vuelvas.	**bis** Ich bewahre deine Gitarre auf, bis du zurückkommst.

«2001–4000»

cada vez que ['kađa ƀeθ ke] Cada vez que te veo, estás más guapa.	**immer wenn, jedesmal wenn** Jedesmal, wenn ich dich sehe, bist du noch hübscher.
en cuanto [eŋ 'kŭanto] En cuanto deje de nevar, vamos a esquiar.	**sobald** Sobald es aufhört zu schneien, gehen wir Schi laufen.
mientras ['mĭentras] Mientras tú friegas, yo iré de compras.	**während, solange** Während du abspülst, gehe ich einkaufen.
siempre que ['sĭempre ke] Siempre que oigo el «Ave María» de Schubert, me acuerdo de ti.	**immer wenn** Immer wenn ich das „Ave Maria" von Schubert höre, denke ich an dich.
tan pronto como [tam 'pronto 'komo] ¡Llámame tan pronto como puedas!	**sobald** Ruf mich an, sobald du kannst.
una vez que ['una ƀeθ ke] Una vez que hayas corregido este texto, ¡dámelo!	**sobald** (einmal), **wenn** (*Futur*) Sobald du den Text korrigiert hast, gib ihn mir.

2.2 Räumliche Begriffe

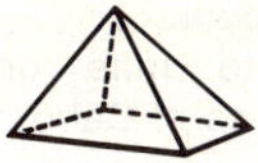

2.2.1 SUBSTANTIVE

«1–2000»

centro ['θentro] *m* Vamos a dar un paseo por el centro de la ciudad.	**Mitte** *f*, **Mittelpunkt** *m*, **Zentrum** *n* Machen wir einen Spaziergang im Stadtzentrum.
dirección [direg̥'θĭon] *f* Si vas en dirección a la estación, te acompaño.	**Richtung** *f* Wenn du in Richtung Bahnhof gehst, begleite ich dich.
este ['este] *m* Cuenca está situada al este de Madrid.	**Osten** *m* Cuenca liegt östlich von Madrid.
final [fi'nal] *m* La estación está al final de esta avenida.	**Ende** *n* Der Bahnhof liegt am Ende dieser breiten Straße.
fondo ['fondo] *m* Lo que se ve al fondo, son los Alpes.	**Hintergrund** *m* Was man im Hintergrund sieht, sind die Alpen.
lado ['lađo] *m* A los dos lados de la calle se ven casas antiguas.	**Seite** *f* Auf beiden Seiten der Straße sieht man alte Häuser.
lugar [lu'gar] *m* En este lugar nos conocimos hace 17 años. ¿Cuál es su lugar de nacimiento?	**Ort** *m*, **Stelle** *f* An dieser Stelle lernten wir uns vor 17 Jahren kennen. Welches ist Ihr Geburtsort?
medio ['međĭo] *m* De estas tres casas, la del medio es la mía.	**Mitte** *f* Von diesen drei Häusern ist meines das in der Mitte.
norte ['norte] *m* Nos gustaría conocer el norte de Italia.	**Norden** *m* Wir möchten gern Norditalien kennenlernen.
oeste [o'este] *m* En el oeste de España hay menos turistas.	**Westen** *m* Im Westen Spaniens gibt es weniger Touristen.
parte ['parte] *f* Lo que veis es la parte más antigua del palacio.	**Teil** *m*; **Seite** *f* Was ihr seht, ist der älteste Teil des Palastes.

punto ['punto] *m* El punto más oriental de España es el Cabo de Creus.	**Punkt** *m* Der östlichste Punkt Spaniens ist das Kap Creus.
sitio ['sitĭo] *m* Este sitio es ideal para acampar.	**Ort** *m*, **Stelle** *f*; **Platz** *m* Dieser Platz ist ideal zum Zelten.
sur [sur] *m* Este metro va al sur de Madrid.	**Süden** *m* Diese U-Bahn geht in den Süden Madrids.

«2001–4000»

agujero [agu'xero] *m* El cubo tiene un agujero, ¡tíralo!	**Loch** *n* Der Eimer hat ein Loch. Wirf ihn weg!
alto ['alto] *m* Este armario tiene 2 metros de alto.	**Höhe** *f* Dieser Schrank ist 2 Meter hoch.
altura [al'tura] *f* Bogotá se encuentra a una altura de 2.630 metros.	**Höhe** *f* Bogotá liegt auf einer Höhe von 2630 Metern.
ancho ['antʃo] *m* Quiero una mesa que tenga un metro de ancho.	**Breite** *f* Ich möchte einen Tisch mit einer Breite von 1 Meter.
espacio [es'paθĭo] *m* Me gusta esta casa porque hay mucho espacio.	**Zwischenraum** *m*; **Raum** *m* Mir gefällt dies Haus, weil es sehr geräumig ist.
extensión [esten'sĭon] *f* Chile tiene una enorme extensión de norte a sur.	**Ausdehnung** *f* Chile hat eine große Ausdehnung von Norden nach Süden.
extremo [es'tremo] *m* En el extremo sur de España se encuentra la punta de Tarifa.	**(äußerstes) Ende** *n* Am Südende Spaniens liegt die Landspitze von Tarifa.
largo ['largo] *m* Este coche tiene cuatro metros de largo.	**Länge** *f* Dieses Auto ist vier Meter lang.
posición [posi'θĭon] *f* ¡Pon la antena de la radio en posición vertical!	**Lage** *f*, **Stellung** *f* Stell die Antenne des Radios senkrecht.

sentido [sen'tiđo] *m*
Si quiere ir a Toledo, tiene que ir en sentido contrario.

Richtung *f*
Wenn Sie nach Toledo wollen, müssen Sie in entgegengesetzter Richtung fahren.

---

superficie [super'fiθĭe] *f*
¿Cuál es la superficie de Cuba?

Oberfläche *f*, **Fläche** *f*
Wie groß ist die (Ober)Fläche Kubas?

2.2.2 ADJEKTIVE

«1–2000»

alto ['alto], **-a**
La montaña más alta de América es el Aconcagua.

groß, hoch
Der höchste Berg von Amerika ist der Aconcagua.

---

ancho ['antʃo], **-a**
El Paseo de la Castellana es muy ancho.

breit, weit
Der Paseo de la Castellana ist sehr breit.

---

bajo ['baxo], **-a**
En el barrio viejo quedan algunas casas bajas.

niedrig
In der Altstadt gibt es noch niedrige Häuser.

---

corto ['korto], **-a**
La falda corta está otra vez de moda.

kurz
Kurze Röcke sind wieder Mode.

---

delgado [del'gađo], **-a**
¿Tiene Vd. una tela delgada para un vestido de verano?

dünn
Haben Sie einen dünnen Stoff für ein Sommerkleid?

---

directo [di'rekto], **-a**
¿Cuál es el camino directo al puerto?

direkt
Welches ist der direkte Weg zum Hafen?

---

enorme [e'norme]
Algunos templos aztecas tienen dimensiones enormes.

enorm, riesig
Einige Aztekentempel haben gewaltige Ausmaße.

---

estrecho [es'tretʃo], **-a**
Esta carretera de montaña es muy estrecha.

schmal, eng
Diese Gebirgsstraße ist sehr eng.

---

fino ['fino], **-a**
Necesito un hilo muy fino.

fein, dünn
Ich brauche einen sehr dünnen Faden.

grande ['grande] (*vor Subst. sg.* **gran**) Este coche es demasiado grande para mí.	**groß** Dieses Auto ist zu groß für mich.
grueso ['grŭeso], **-a** No tengo tiempo para leer un libro tan grueso.	**dick** Ich habe keine Zeit, ein so dikkes Buch zu lesen.
largo ['largo], **-a** Hoy día se construyen puentes más largos que antes.	**lang** Heute werden längere Brücken gebaut als früher.
pequeño [pe'keɲo], **-a** Goya nació en un pequeño pueblo aragonés.	**klein** Goya wurde in einem kleinen aragonesischen Dorf geboren.
profundo [pro'fundo], **-a** Este abismo es muy profundo.	**tief** Dieser Abgrund ist sehr tief.

«2001–4000»

amplio ['amplĭo], **-a** Nuestro decano tiene un despacho muy amplio.	**weit, geräumig** Unser Dekan hat ein sehr geräumiges Büro.
central [θen'tral] En la zona central de los Pirineos aún hay osos.	**zentral, Zentral...** Im Zentralgebiet der Pyrenäen gibt es noch Bären.
derecho [de'retʃo], **-a** El paciente tiene una herida en el brazo derecho.	**rechte(r, -s)** Der Patient hat eine Wunde am rechten Arm.
derecho [de'retʃo], **-a** El camino de aquí al pueblo vecino es derecho.	**gerade** Der Weg von hier zum Nachbardorf ist gerade.
espeso [es'peso], **-a** La vegetación de la selva amazónica es muy espesa.	**dick, dicht** Die Vegetation des Amazonas-Urwaldes ist sehr dicht.
exterior [este'rĭor] Los muros exteriores del castillo son muy gruesos.	**äußere(r, -s), Außen...** Die Außenmauern des Schlosses sind sehr dick.
inferior [imfe'rĭor] Los diccionarios están en la parte inferior de la estantería.	**untere(r, -s)** Die Wörterbücher sind im unteren Teil des Regals.
interior [inte'rĭor] La temperatura interior ideal es de 20 grados centígrados.	**innere(r, -s), Innen...** Die ideale Innentemperatur beträgt 20 Grad Celsius.

izquierdo [iθ'kĭerđo], **-a** A la persona que escribe con la mano izquierda se le llama «zurda».	**linke(r, -s)** Jemand, der mit der linken Hand schreibt, heißt „Linkshänder".
occidental [okθiđen'tal] Cádiz está en la parte occidental de Andalucía.	**westlich, West...** Cádiz liegt im Westteil von Andalusien.
oriental [orĭen'tal] En la franja oriental de Aragón se habla catalán.	**östlich, Ost...** In der östlichen Randzone von Aragonien spricht man Katalanisch.
superficial [superfi'θĭal] La herida no es tan terrible, es sólo superficial.	**oberflächlich** Die Wunde ist nicht so schlimm, sie ist nur oberflächlich.
superior [supe'rĭor] Mi hermana vive en el piso superior de nuestra casa.	**obere(r, -s), Ober...** Meine Schwester lebt im Obergeschoß unseres Hauses.

2.2.3 ADVERBIEN

«1–2000»

abajo [a'ƀaxo] ¿Dónde está tu madre? – Abajo en el sótano. Se desprendió una roca y rodó cuesta abajo.	**unten; hinunter** Wo ist deine Mutter? – Unten im Keller. Ein Felsstück löste sich und rollte den Hang hinunter.
adelante [ađe'lante] No podemos seguir adelante, tenemos que volver.	**vorwärts** Wir können nicht weitergehen, wir müssen umkehren.
ahí [a'i] ¡Ponga las maletas ahí!	**dort (drüben)** Stellen Sie die Koffer dort drüben ab.
a la derecha [a la đe'retʃa] ¡Corre el armario un poco más a la derecha!	**rechts** Rück den Schrank ein bißchen mehr nach rechts!
a la izquierda [a la iθ'kĭerđa] ¿Puedo torcer a la izquierda en este cruce?	**links** Darf ich an dieser Kreuzung links abbiegen?
al lado [al 'lađo] A Carolina la veo con frecuencia, vive al lado.	**nebenan; daneben** Carolina sehe ich oft, sie wohnt nebenan.

allá [a'ʎa] — **dort; dorthin**

¿Te gusta el Retiro? – Sí, ¡vamos para allá! — Gefällt dir der Retiro(park)? – Ja, gehen wir dorthin!

allí [a'ʎi] — **dort; dorthin**

¿Ves el coche que viene allí? — Siehst du das Auto, das dort kommt?

aquí [a'ki] — **hier; (hier)her**

Aquí en la montaña se descansa muy bien. — Hier im Gebirge erholt man sich sehr gut.

¡Ven aquí! Te quiero enseñar algo. — Komm her, ich möchte dir etwas zeigen!

arriba [a'rriƀa] — **oben; hinauf**

¿Dónde está el doctor? – Arriba en su despacho. — Wo ist der Herr Doktor? – Oben in seinem Büro.

atrás [a'tras] — **rückwärts, zurück; hinten**

¡Atrás!, aquí el terreno es pantanoso. — Zurück! Hier ist das Gelände sumpfig!

Pon el coche un poco más atrás. — Stell das Auto ein bißchen weiter nach hinten.

cerca ['θerka] — **nah(e)**

La universidad está muy cerca, ¡vamos a pie! — Die Universität ist ganz nahe. Gehen wir zu Fuß!

delante [de'lante] — **vorn(e), davor**

¡Inclina la caja un poco hacia delante! — Kipp die Kiste ein wenig nach vorn.

dentro ['dentro] — **drinnen**

¿Comemos en la terraza? – No, mejor dentro. — Essen wir auf der Terrasse? – Nein, lieber drinnen.

detrás [de'tras] — **hinten, dahinter**

¿Tienes el coche delante del hotel? – No, detrás. — Hast du das Auto vor dem Hotel? – Nein, dahinter.

donde ['donde] — **wo**

Quiero vivir en un país donde no haga tanto frío. — Ich möchte in einem Land leben, wo es nicht so kalt ist.

¿dónde? ['donde] — **wo?**

¿Dónde pueden estar mis gafas? — Wo mag wohl meine Brille sein?

encima [en'θima] — **oben; darüber; darauf**

¿Pongo las botellas debajo de la mesa? – No, encima. — Soll ich die Flaschen unter den Tisch stellen? – Nein, darauf.

enfrente [em'frente]	**gegenüber**
Cómprame un periódico en el quiosco de enfrente.	Kauf mir eine Zeitung im Kiosk gegenüber.
fuera ['fŭera]	**draußen; hinaus**
¡Qué raro! Fuera hace menos frío que en la casa.	Wie seltsam! Draußen ist es weniger kalt als im Haus.
¡Fuera! No quiero verle más por aquí.	Raus! Ich will Sie hier nicht mehr sehen.
lejos ['lexos]	**weit (entfernt)**
Tenemos que coger un taxi, la clínica está muy lejos.	Wir müssen ein Taxi nehmen, die Klinik ist sehr weit.

«2001–4000»

aparte [a'parte]	**abseits; beiseite**
Estas frutas están pasadas, ¡ponlas aparte!	Dieses Obst ist verdorben; leg es beiseite.
debajo [de'ƀaxo]	**unten; darunter**
¡Cuidado con las piedras! Puede haber serpientes debajo.	Vorsicht mit den Steinen! Es können Schlangen darunter sein.
directamente [direkta'mente]	**direkt**
Tenemos que ir directamente a la estación.	Wir müssen direkt zum Bahnhof gehen.
en ninguna parte [en niŋ'guna 'parte]	**nirgends**
En ninguna parte he pasado tanto frío como en Teruel.	Nirgends habe ich so gefroren wie in Teruel.
en todas partes [en 'todas 'partes]	**überall**
En todas partes hay gente buena y gente mala.	Überall gibt es gute und böse Menschen.
por todas partes [por 'todas 'partes]	**überall** (herum)
He buscado al niño por todas partes.	Ich habe das Kind überall gesucht.

2.2.4 PRÄPOSITIONEN

«1–2000»

a [a] — **in, nach, an, zu**

Hoy hacemos una excursión a Aranjuez. — Heute machen wir einen Ausflug nach Aranjuez.

Hay una estación de servicio a la salida del pueblo. — Am Ortsende ist eine Tankstelle.

El niño aún no va a la escuela. — Das Kind geht noch nicht in die Schule.

Mañana iré al médico. — Morgen gehe ich zum Arzt.

---

al lado de [al 'lađo đe] — **neben**

Al lado de la catedral hay un museo. — Neben der Kathedrale ist ein Museum.

---

alrededor de [alrređe'đor đe] — **um ... herum**

Unos tipos están dando vueltas alrededor de la casa. — Ein paar Kerle streichen um das Haus herum.

---

cerca de ['θerka đe] — **(nahe) bei, in der Nähe von**

Hay una farmacia cerca de la iglesia. — In der Nähe der Kirche ist eine Apotheke.

---

contra ['kontra] — **gegen, an**

El coche se salió de la calzada y chocó contra un árbol. — Das Auto kam von der Fahrbahn ab und stieß gegen einen Baum.

---

de [de] — **von, aus**

Vengo de Bonn. — Ich komme von (*oder* aus) Bonn.

De León a Burgos se tarda tres horas. — Von León bis Burgos braucht man drei Stunden.

---

debajo de [de'baxo đe] — **unter**

Muchos vagabundos duermen debajo de los puentes. — Viele Landstreicher schlafen unter Brücken.

---

delante de [de'lante đe] — **vor**

¡Deja la caja delante de la puerta! — Stell die Kiste vor der Tür ab!

---

desde [dezđe] — **von (aus)**

Desde la cumbre vimos un hermoso panorama. — Vom Gipfel aus sahen wir ein schönes Panorama.

---

detrás de [de'traz đe] — **hinter**

Detrás de la casa hay un pequeño jardín. — Hinter dem Haus ist ein kleiner Garten.

en [en]	**in, an, auf**
Elena vive en Valencia.	Elena lebt in Valencia.
Vamos a tomar un aperitivo en la barra.	Trinken wir einen Aperitif an der Theke.
¡Pon el paquete en la mesa!	Leg das Paket auf den Tisch!
encima de [en'θima đe]	**auf, über**
¡Cuelga el cuadro encima del sofá!	Häng das Bild über dem Sofa auf!
Hay muchos papeles encima de la mesa.	Auf dem Tisch liegen viele Papiere.
enfrente de [em'frente đe]	**gegenüber**
Enfrente de la estación hay varios hoteles.	Gegenüber dem Bahnhof sind mehrere Hotels.
entre ['entre]	**zwischen, unter**
Entre el camión y el coche rojo puedes aparcar.	Zwischen dem Lkw und dem roten Auto kannst du parken.
fuera de ['fŭera đe]	**außerhalb von**
Nuestro médico vive fuera de la ciudad.	Unser Arzt lebt außerhalb der Stadt.
hacia ['aθĭa]	**nach, gegen, in Richtung auf**
El barco se dirigió hacia Tánger.	Das Schiff fuhr in Richtung auf Tanger.
hasta ['asta]	**bis**
Vaya hasta el final de la calle, allí encontrará el banco.	Gehen Sie bis ans Ende der Straße, dann stoßen Sie auf die Bank.
junto a ['xunto a]	**neben, bei**
Junto a la catedral hay una capilla del siglo XII.	Neben dem Dom ist eine Kapelle aus dem 12. Jh.
lejos de ['lexoz đe]	**weit (entfernt) von**
La universidad está muy lejos del centro.	Die Universität ist sehr weit vom Zentrum (entfernt).
para ['para]	**nach**
El barco para Mallorca sale a las ocho de la noche.	Das Schiff nach Mallorca läuft um 8 Uhr abends aus.
por [por]	**durch, in, um**
¿Hay una farmacia por aquí?	Gibt es hier in der Nähe eine Apotheke?
Vamos a la estación por el parque.	Gehen wir durch den Park zum Bahnhof.

sobre ['sobre] — **auf, über**

La avioneta voló sobre la ciudad durante dos horas. — Das Sportflugzeug flog zwei Stunden über der Stadt.

¡Pon las ollas sobre la mesa de la cocina! — Stell die Kochtöpfe auf den Küchentisch.

«2001–4000»

ante ['ante] — **vor**

Mi padre hizo su testamento ante notario. — Mein Vater machte sein Testament vor einem Notar.

---

a través de [a tra'bez đe] — **durch, über**

Los niños se fueron a la escuela a través del parque. — Die Kinder gingen durch den Park zur Schule.

---

bajo ['baxo] — **unter**

Estamos a veinte grados bajo cero. — Wir haben 20 Grad unter Null.

---

en medio de [em 'međio đe] — **mitten in, inmitten**

En medio de la muchedumbre vi a mi amigo. — Mitten in der Menschenmenge sah ich meinen Freund.

---

frente a ['frente a] — **gegenüber;** (unmittelbar) **vor**

Frente a mi casa hay un restaurante. — Gegenüber von meinem Haus ist ein Restaurant.

¡Deja el coche frente a la casa! — Stell den Wagen vor dem Haus ab.

---

tras [tras] — **hinter, nach**

Los invitados se fueron uno tras otro. — Die Gäste gingen einer nach dem andern weg.

2.3 Menge und Maß

(*Siehe auch UNBESTIMMTE PRONOMEN 3.2.6*)

2.3.1 MENGENBEGRIFFE

2.3.1.1 SUBSTANTIVE, VERBEN

«1–2000»

bastar [bas'tar] *v.* — **genügen, (aus)reichen**

¿Basta con dos kilos de carne para ocho personas? — Reichen zwei Kilo Fleisch für acht Personen?

cantidad [kanti'đađ] *f* ¿Qué cantidad de arroz necesitas para la paella?	**Menge** *f* Welche Menge Reis brauchst du für die Paella?
contener [konte'ner] *v.* (*irr.* 32) Esta caja contiene 25 puros.	**enthalten** Diese Kiste enthält 25 Zigarren.
cuarto ['kŭarto] *m* ¡Un cuarto de pollo con patatas fritas, por favor!	**Viertel** *n* Bitte ein Viertel Hähnchen mit Pommes frites!
mayoría [majo'ria] *f* La mayoría de los invitados estaban borrachos.	**Mehrzahl** *f*, **Mehrheit** *f* Die meisten Gäste waren betrunken.
mitad [mi'tađ] *f* Ya hemos hecho la mitad del camino.	**Hälfte** *f* Wir haben schon die Hälfte des Weges hinter uns.
montón [mon'ton] *m* Hay que recoger este montón de basura. Tengo que hacer todavía un montón de cosas.	**Haufen** *m*, **Menge** *f* Dieser Abfallhaufen muß weg. Ich habe noch eine Menge Dinge zu erledigen.
número ['numero] *m* El número de habitantes de Río ha aumentado mucho.	**Zahl** *f*, **Anzahl** *f* Die Einwohnerzahl von Rio ist stark gestiegen.
par [par] *m* Tengo dos pares de salchichas para cada uno.	**Paar** *n* Ich habe zwei Paar Würstchen für jeden.
parte ['parte] *f* La primera parte de la película es mejor que la segunda.	**Teil** *m* Der erste Teil des Films ist besser als der zweite.
por ciento [por 'θĭento] *m* Este televisor tiene un diez por ciento de descuento.	**Prozent** *n* Auf diesen Fernseher gibt es 10% Rabatt.
sobrar [so'ƀrar] *v.* Sobró mucha comida de la fiesta de anoche.	**übrig sein, zuviel sein** Vom gestrigen Fest ist viel Essen übriggeblieben.

«2001–4000»

abundar [aƀun'dar] *v.* En este bosque abunda la caza.	**reichlich vorhanden sein** In diesem Wald gibt es viel Wild.

carga ['karga] *f*
Con tu Seat 600 no puedes llevar cargas pesadas.

Last *f*
Mit deinem Seat 600 kannst du keine schweren Lasten transportieren.

contenido [konte'niđo] *m*
¡Cuidado! El contenido de esta caja es frágil.

Inhalt *m*
Vorsicht, der Inhalt dieser Kiste ist zerbrechlich.

doble ['doble] *m*
Mi casa vale el doble de lo que valía hace 10 años.

Doppeltes *n*
Mein Haus ist doppelt soviel wert wie vor 10 Jahren.

docena [do'θena] *f*
¿Cuánto vale una docena de estos huevos?

Dutzend *n*
Wieviel kostet ein Dutzend von diesen Eiern?

gota ['gota] *f*
¡Toma tres veces al día 20 gotas de esta medicina!

Tropfen *m*
Nimm dreimal täglich 20 Tropfen von dieser Medizin.

masa ['masa] *f*
El turismo de masas es algo horrible.

Menge *f*, **Masse** *f*
Der Massentourismus ist etwas Schreckliches.

media ['međĭa] *f*
El avión voló a una media de 800 kilómetros por hora.

Durchschnitt *m*
Die Maschine flog mit einem Schnitt von 800 km/h.

porcentaje [porθen'taxe] *m*
¿Qué porcentaje de estudiantes termina la carrera?

Prozentsatz *m*
Wieviel Prozent der Studierenden machen einen Studienabschluß?

vaciar [baθi'ar] *v.* (*irr.* 12)
Hay que vaciar este barril y limpiarlo.

leeren
Dieses Faß muß geleert und gereinigt werden.

2.3.1.2 ADJEKTIVE

«1–2000»

bastante [bas'tante]
No tengo bastante dinero para comprarme la casa.

genügend, genug
Ich habe nicht genug Geld, um mir das Haus zu kaufen.

completo [kom'pleto], **-a**
Este juego de té no está completo.

vollständig
Dieses Teeservice ist nicht vollständig.

demasiado [dema'sïađo], **-a** Alberto tendrá problemas, tiene demasiados enemigos.	**zuviel** Albert wird Probleme haben, er hat zu viele Feinde.
doble ['dođle] Hoy le voy a dar una ración doble de paella.	**doppelt** Heute gebe ich Ihnen eine doppelte Portion Paella.
entero [en'tero], **-a** ¿Te has comido una piña entera?	**ganz** Hast du eine ganze Ananas gegessen?
escaso [es'kaso], **-a** Para tantos invitados las bebidas eran escasas.	**knapp, spärlich, gering** Für so viele Gäste waren nicht genügend Getränke da.
ligero [li'xero], **-a** El aluminio es más ligero que el hierro.	**leicht** Aluminium ist leichter als Eisen.
lleno ['ʎeno], **-a** ¡No metas nada más en esta caja!, está llena.	**voll** Pack nichts mehr in diese Kiste, sie ist voll.
más [mas] Tienes ya tres hijos y ¿aún quieres más?	**mehr** Du hast schon drei Kinder und möchtest noch mehr?
medio ['međïo], **-a** ¡Déme medio litro de aceite, por favor!	**halb** Geben Sie mir bitte einen halben Liter Öl.
menos ['menos] Hoy tengo menos trabajo que ayer.	**weniger** Heute habe ich weniger Arbeit als gestern.
mucho ['mutʃo], **-a** En agosto hay mucha gente en las playas.	**viel** Im August sind viele Leute am Strand.
pesado [pe'sađo], **-a** Esta maleta es muy pesada.	**schwer** Dieser Koffer ist sehr schwer.
poco ['poko], **-a** Tengo pocas ganas de ir al concierto.	**wenig** Ich habe wenig Lust, ins Konzert zu gehen.
un poco de [um 'poko đe] ¡Dame un poco de dinero!	**ein wenig, ein bißchen** Gib mir ein bißchen Geld.
suficiente [sufi'θïente] Tenemos colaboradores suficientes para este trabajo.	**genügend** Wir haben genügend Mitarbeiter für diese Arbeit.

tanto ['tanto], **-a** — **soviel, so viel**
Tengo tanto trabajo que necesito ayuda. — Ich habe so viel Arbeit, daß ich Hilfe brauche.

vacío [ba'θio], **-a** — **leer**
No tenemos más vino, todas las botellas están vacías. — Wir haben keinen Wein mehr, alle Flaschen sind leer.

«2001–4000»

abundante [aƀun'dante] — **reich(lich)**
Este año la cosecha de trigo ha sido abundante. — Dieses Jahr hatten wir eine reiche Weizenernte.

considerable [konsiđe'raƀle] — **beträchtlich**
Los daños son considerables. — Der Schaden ist beträchtlich.

insuficiente [insufi'θĭente] — **ungenügend**
Con tantos invitados la comida fue insuficiente. — Für so viele Gäste reichte das Essen nicht aus.

muchísimo [mu'tʃisimo], **-a** — **sehr viel**
Necesitamos muchísima tierra para arreglar este jardín. — Wir brauchen sehr viel Erde, um den Garten in Ordnung zu bringen.

numeroso [nume'roso], **-a** — **zahlreich**
Entre los numerosos invitados estaba el alcalde. — Unter den zahlreichen Gästen war auch der Bürgermeister.

reducido [rređu'θiđo], **-a** — **begrenzt, beschränkt**
Un número reducido de personas fue invitado a la cena. — Eine begrenzte Anzahl von Personen wurde zum Abendessen eingeladen.

total [to'tal] — **ganz, total, völlig**
El incendio fue la causa de la destrucción total de la casa. — Das Feuer verursachte die völlige Zerstörung des Hauses.

único ['uniko], **-a** — **einzig**
Este es el único ejemplar que me queda. — Dies ist das einzige Exemplar, das ich noch habe.

2.3.1.3 ADVERBIEN

«1–2000»

algo ['algo] — **etwas, ein bißchen**
Voy a tomar unas pastillas, estoy algo resfriado. — Ich werde Tabletten nehmen, ich bin etwas erkältet.

bastante [bas'tante] Vamos a casa, hemos trabajado bastante.	**genug** Gehen wir heim, wir haben genug gearbeitet.
demasiado [dema'sïađo] Tienes que descansar un poco, trabajas demasiado.	**zuviel** Du mußt etwas ruhen, du arbeitest zuviel.
en total [en to'tal] ¿Cuánto te debo en total?	**insgesamt** Wieviel schulde ich dir insgesamt?
más [mas] Rodrigo trabaja mucho más que Julio, pero el que trabaja más de todos es Gerardo.	**mehr; am meisten** Rodrigo arbeitet viel mehr als Julio; aber am meisten von allen arbeitet Gerardo.
más (de) [mas] Este melón pesa más de dos kilos.	**mehr** (als, *bei Zahlen*) Diese Melone wiegt mehr als zwei Kilo.
menos ['menos] El coche rojo me gusta mucho menos que el verde. Antonio es el que menos estudia de todos estos chicos.	**weniger; am wenigsten** Das rote Auto gefällt mir viel weniger als das grüne. Von all diesen Jungen lernt Antonio am wenigsten.
menos (de) ['menos] Me quedan menos de 50 marcos.	**weniger** (als, *bei Zahlen*) Mir bleiben weniger als 50 Mark.
mucho ['mutʃo] ¿Tu hijo tiene buen apetito? – Sí, come mucho.	**viel** Hat dein Sohn einen guten Appetit? – Ja, er ißt viel.
poco ['poko] Los europeos sabemos poco de Africa.	**wenig** Wir Europäer wissen wenig über Afrika.
un poco [um 'poko] Parece que has adelgazado un poco.	**ein wenig, etwas** Es scheint, du bist etwas schlanker geworden.
por lo menos [por lo 'menos] Tiene que esperarme por lo menos una hora.	**wenigstens, mindestens** Sie müssen mindestens eine Stunde auf mich warten.
tanto ['tanto] Mi padre sabe tanto como tú.	**so viel** Mein Vater weiß ebenso viel wie du.

«2001–4000»

al menos [al 'menos] Si no sabes guisar, ¡al menos friega los platos!	**wenigstens, mindestens** Wenn du schon nicht kochen kannst, spül wenigstens ab.
a lo sumo [a lo 'sumo] Vino poca gente, a lo sumo diez personas.	**höchstens** Es kamen wenig Leute, höchstens zehn Personen.
en parte [em 'parte] Lo que dice Carlos no es cierto, por lo menos en parte.	**zum Teil, teils, teilweise** Was Carlos sagt, stimmt nicht, wenigstens teilweise.

2.3.2 GRUNDZAHLEN

«1–2000»

0 **cero** ['θero]
1 **un(o)** ['un(o)], **-a**
2 **dos** [dos]
3 **tres** [tres]
4 **cuatro** ['kŭatro]
5 **cinco** ['θiŋko]
6 **seis** ['seĭs]
7 **siete** ['sĭete]
8 **ocho** ['otʃo]
9 **nueve** ['nŭeƀe]
10 **diez** ['dĭeθ]
11 **once** ['onθe]
12 **doce** ['doθe]
13 **trece** ['treθe]
14 **catorce** [ka'torθe]
15 **quince** ['kinθe]
16 **dieciséis** [dĭeθi'seĭs]
17 **diecisiete** [dĭeθi'sĭete]
18 **dieciocho** [dĭeθi'otʃo]
19 **diecinueve** [dĭeθi'nŭeƀe]
20 **veinte** ['beĭnte]
21 **veintiuno** [beĭn'tĭuno], **-a, veintiún**
22 **veintidós** [beĭnti'đos]
23 **veintitrés** [beĭnti'tres]
24 **veinticuatro** [beĭnti'kŭatro]
25 **veinticinco** [beĭnti'θiŋko]
26 **veintiséis** [beĭnti'seĭs]
27 **veintisiete** [beĭnti'sĭete]
28 **veintiocho** [beĭn'tĭotʃo]
29 **veintinueve** [beĭnti'nŭeƀe]
30 **treinta** ['treĭnta]
31 **treinta y un(o)** [treĭnta 'jun(o)], **-a**
32 **treinta y dos** [treĭntaĭ'đos]
40 **cuarenta** [kŭa'renta]
50 **cincuenta** [θiŋ'kŭenta]
60 **sesenta** [se'senta]
70 **setenta** [se'tenta]
80 **ochenta** [o'tʃenta]
90 **noventa** [no'benta]
100 **cien(to)** ['θĭen(to)]
101 **ciento un(o)** ['θĭento 'un(o)], **una**
200 **doscientos** [dos'θĭentos], **-as**
300 **trescientos** [tres'θĭentos], **-as**
400 **cuatrocientos** [kŭatro'θĭentos], **-as**
500 **quinientos** [ki'nĭentos], **-as**

600 seiscientos [seĭs'θĭentos], **-as**
700 setecientos [sete'θĭentos], **-as**
800 ochocientos [otʃo'θĭentos], **-as**
900 novecientos [noƀe'θĭentos], **-as**
1.000 mil [mil]
2.000 dos mil [dos mil]
un millón [um mi'ʎon]
mil millones [mil mi'ʎones] eine Milliarde

«2001–4000»

dividir [diƀi'đir] *v.* 8 dividido entre 4 son 2	**dividieren, teilen** 8 (geteilt) durch 4 ist 2
multiplicar [multipli'kar] *v.* (-qu-) 5 multiplicado por 2 son 10	**multiplizieren, malnehmen** 5 mal 2 ist 10
ser [ser] *v.* (*irr.* 31) 3 más 4 son 7 10 menos 8 son 2	**sein, machen** 3 und 4 sind 7 10 minus (*oder* weniger) 8 ist 2

2.3.3 MASSE UND GEWICHTE

«1–2000»

centímetro [θen'timetro] *m* Esta tabla tiene 80 centímetros de largo.	**Zentimeter** *m, n* Dieses Brett ist 80 Zentimeter lang.
gramo ['gramo] *m* Quiero 200 gramos de mantequilla, por favor.	**Gramm** *n* Ich möchte bitte 200 Gramm Butter.
kilo ['kilo] *m* Este melón pesa tres kilos.	**Kilo** *n* Diese Melone wiegt 3 Kilo.
kilómetro [ki'lometro] *m* De Barcelona a Tarragona hay cien kilómetros.	**Kilometer** *m* Von Barcelona nach Tarragona sind es 100 Kilometer.
litro ['litro] *m* En ese bidón caben cinco litros.	**Liter** *m, n* In diesen Kanister gehen fünf Liter hinein.
metro ['metro] *m* Mi cuarto tiene cinco metros de largo y dos de ancho.	**Meter** *m, n* Mein Zimmer ist 5 Meter lang und 2 Meter breit.

pesar [pe'sar] *v.*	**wiegen**
Concha pesa más de cien kilos. ¡Qué barbaridad!	Concha wiegt mehr als hundert Kilo. Wie schrecklich!
peso ['peso] *m*	**Gewicht** *n*
Tienes que controlar tu peso todos los días.	Du mußt dein Gewicht täglich kontrollieren.

«2001–4000»

cuadrado [kŭa'đrađo], **-a** *adj.*	**Quadrat...**
Este terreno tiene mil metros cuadrados.	Dieses Grundstück ist tausend Quadratmeter groß.
grado ['građo] *m*	**Grad** *m*
Ayer estuvimos a doce grados bajo cero.	Gestern hatten wir zwölf Grad unter Null.
medida [me'điđa] *f*	**Maß** *n*
Antes de comprar una nevera, ¡toma las medidas de la cocina!	Bevor du einen Kühlschrank kaufst, miß die Küche ab.
medir [me'đir] *v.* (*irr.* 21)	**messen**
Vamos a medir la temperatura del agua.	Wir wollen die Wassertemperatur messen.
tonelada [tone'lađa] *f*	**Tonne** *f*
Este camión tiene una capacidad de 5 toneladas.	Dieser Lastwagen kann 5 Tonnen befördern.

2.4 Ordnung

2.4.1 ORDNUNG UND EINTEILUNG

«1–2000»

base ['base] *f*	**Grundlage** *f*, **Basis** *f*
Las bases de este contrato ya no son válidas.	Die Grundlagen dieses Vertrages gelten nicht mehr.
caber [ka'ƀer] *v.* (*irr.* 2)	**eingehen, hineinpassen, Platz haben**
En este ascensor caben sólo cinco personas.	In diesem Aufzug haben nur fünf Personen Platz.
clase ['klase] *f*	**Klasse** *f*, **Art** *f*
¿Qué clase de música te gusta?	Welche Art Musik gefällt dir?

componerse (de) [kompo'nerse] *v.* (*irr.* 25) La palabra «Málaga» se compone de tres sílabas.	**sich zusammensetzen, bestehen** (aus) Das Wort „Malaga" besteht aus drei Silben.
corriente [ko'rrĭente] *adj.* Esta palabra no es muy corriente.	**üblich, normal** Dieses Wort ist nicht sehr gebräuchlich.
detalle [de'taʎe] *m* Le voy a explicar los detalles de mi proyecto.	**Einzelheit** *f* Ich werde Ihnen die Einzelheiten meines Projektes erklären.
especial [espe'θĭal] *adj.* La RENFE ha previsto un tren especial para los congresistas.	**Sonder..., speziell** Die RENFE hat für die Kongreßteilnehmer einen Sonderzug vorgesehen.
especie [es'peθĭe] *f* Aquí ven Vds. diferentes especies de orquídeas.	**Art** *f* Hier sehen Sie verschiedene Arten von Orchideen.
fijar [fi'xar] *v.* Tenemos que fijar la fecha de la próxima reunión.	**festsetzen, festlegen** Wir müssen das Datum der nächsten Sitzung festsetzen.
fundamental [fundamen'tal] *adj.* Entre estas dos teorías hay diferencias fundamentales.	**grundlegend, wesentlich** Zwischen diesen beiden Theorien gibt es grundlegende Unterschiede.
general [xene'ral] *adj.* La tendencia general de la bolsa es favorable.	**allgemein** Die allgemeine Tendenz der Börse ist günstig.
importancia [impor'tanθĭa] *f* Este asunto es de suma importancia.	**Wichtigkeit** *f*, **Bedeutung** *f* Diese Angelegenheit ist von höchster Wichtigkeit.
importante [impor'tante] *adj.* La persona más importante de la ONU es el secretario general.	**wichtig, bedeutend** Die wichtigste Person der UNO ist der Generalsekretär.
importar [impor'tar] *v.* No me importa mucho lo que digan de mí.	**wichtig sein** Es ist für mich unwichtig, was über mich gesprochen wird.
limitar [limi'tar] *v.* El gobierno quiere limitar las importaciones.	**beschränken, begrenzen** Die Regierung will die Einfuhren beschränken.

objeto [ob'xeto] *m* Los objetos en esta vitrina son de la edad de bronce.	**Gegenstand** *m* Die Gegenstände in diesem Schaukasten stammen aus der Bronzezeit.
orden ['orđen] *m* Tenéis que poner las fichas por orden alfabético.	**Ordnung** *f* Ihr müßt die Karteikarten alphabetisch ordnen.
particular [partiku'lar] *adj.* Esta cerveza tiene un sabor particular.	**besondere(r, -s)** Dieses Bier hat einen besonderen Geschmack.
pedazo [pe'đaθo] *m* La jarra de cristal se rompió en mil pedazos.	**Stück** *n* Der Glaskrug zerbrach in tausend Stücke.
pieza ['pĭeθa] *f* Me he comprado un traje de tres piezas.	**Stück** *n*, **Teil** *n* Ich habe mir ein dreiteiliges Kostüm gekauft.
principal [prinθi'pal] *adj.* La Gran Vía es la calle principal de Madrid.	**Haupt..., hauptsächlich** Die Gran Vía ist die wichtigste Straße von Madrid.
próximo ['progsimo], **-a** *adj.* ¿Dónde está la próxima estación del metro?	**nächste(r, -s)** Wo ist die nächste U-Bahn-Station?
regular [rregu'lar] *adj.* Los miércoles hay un vuelo regular a Sevilla.	**regelmäßig** Mittwochs gibt es einen Linienflug nach Sevilla.
resto ['rresto] *m* Guardemos el resto del asado para mañana.	**Rest** *m* Heben wir den Rest des Bratens für morgen auf.
serie ['serĭe] *f* Tengo que resolver una serie de problemas.	**Reihe** *f*, **Serie** *f* Ich muß eine Reihe von Problemen lösen.
siguiente [si'gĭente] *adj.* ¡Haga pasar al siguiente paciente! Lo que quiero comunicarle es lo siguiente: ...	**folgend** Führen Sie den nächsten Patienten herein. Ich will Ihnen folgendes mitteilen: ...
sistema [sis'tema] *m* ¿Qué sabes del sistema constitucional español?	**System** *n* Was weißt du über das spanische Verfassungssystem?
solo ['solo], **-a** *adj.* Me queda una sola entrada para el baile.	**allein, einzig** Ich habe nur noch eine einzige Eintrittskarte für den Ball.

típico ['tipiko], **-a** *adj.* — **typisch**
Tu amigo es un típico hijo de papá. — Dein Freund ist ein typischer Sohn reicher Eltern.

tradicional [tradiθĭo'nal] *adj.* — **traditionell**
El 19 de marzo se celebran en Valencia las tradicionales Fallas. — Am 19. März werden in Valencia die traditionellen „Fallas" gefeiert.

trozo ['troθo] *m* — **Stück** *n*
¡Dame un trozo de tela para vendar mi brazo! — Gib mir ein Stück Stoff, um meinen Arm zu verbinden.

último ['ultimo], **-a** *adj.* — **letzte(r)**
El jefe es el primero en llegar y el último en salir. — Der Chef kommt als erster und geht als letzter.

«2001–4000»

aislado [aĭz'lađo], **-a** *adj.* — **Einzel..., isoliert**
Este es un caso aislado de SIDA. — Dies ist ein Einzelfall von AIDS.

comprender [kompren'der] *v.* — **umfassen, beinhalten**
Esta enciclopedia comprende diez tomos. — Dieses Lexikon umfaßt 10 Bände.

conjunto [koŋ'xunto] *m* — **Gesamtheit** *f*, **Ganzes** *n*
Estos edificios forman un conjunto armónico. — Diese Gebäude bilden ein harmonisches Ganzes.

consistir (en) [konsis'tir] *v.* — **bestehen** (aus)
La fortuna de Pedro consiste en algunos solares. — Pedros Vermögen besteht aus einigen Grundstücken.

constar (de) [kons'tar] *v.* — **bestehen** (aus)
Este edificio consta de seis plantas. — Dieses Gebäude besteht aus sechs Stockwerken.

contrario [kon'trarĭo], **-a** *adj.* — **entgegengesetzt, gegenteilig**
Las palabras de sentido contrario se llaman antónimos. — Wörter mit gegenteiliger Bedeutung heißen Antonyme.

contrario [kon'trarĭo] (nur mit **lo**) — **Gegenteil** *n*
¿Estás ya bien de salud? – Todo lo contrario, estoy peor. — Bist du schon gesund? – Ganz im Gegenteil, es geht mir schlechter.

corresponder (a) [korrespon'der] *v.*	**entsprechen, übereinstimmen** (mit)
Esta copia no corresponde al original.	Diese Kopie stimmt nicht mit dem Original überein.
correspondiente [korrespon'dĭente] *adj.*	**entsprechend, dazu passend, dazugehörig**
Aquí tiene sus gafas con el estuche correspondiente.	Hier ist Ihre Brille mit dem dazugehörigen Etui.
desorden [des'orđen] *m*	**Unordnung** *f*
En este almacén hay un total desorden.	In diesem Lagerraum herrscht völlige Unordnung.
esencial [esen'θĭal] *adj.*	**wesentlich**
¿Por qué eludes los problemas esenciales?	Warum gehst du den wesentlichen Problemen aus dem Weg?
excepción [esθep'θĭon] *f*	**Ausnahme** *f*
No hay regla sin excepción. (*Sprichwort*)	Keine Regel ohne Ausnahme.
lío ['lio] *m*	**Durcheinander** *n*
En tu despacho hay un lío espantoso.	In deinem Büro herrscht ein schreckliches Durcheinander.
nivel [ni'ƀel] *m*	**Niveau** *n*, **Stand** *m*
Nuestras exportaciones han alcanzado un nivel muy alto.	Unser Export hat einen hohen Stand erreicht.
normal [nor'mal] *adj.*	**normal**
Por fin hemos tenido un día normal.	Endlich haben wir einen normalen Tag gehabt.
normalidad [normali'đađ] *f*	**Normalstand** *m*, **normale Lage** *f*
La situación en la ciudad ha vuelto a la normalidad.	Die Lage in der Stadt hat sich normalisiert.
opuesto [o'pŭesto], **-a** *adj.*	**entgegengesetzt**
Su opinión es totalmente opuesta a la mía.	Ihre Meinung ist meiner völlig entgegengesetzt.
regla ['rregla] *f*	**Regel** *f*
Todo el mundo tiene que respetar las reglas del juego.	Alle müssen die Spielregeln einhalten.
tradición [trađi'θĭon] *f*	**Tradition** *f*
La quema de las «fallas» es una tradición en Valencia.	Die Verbrennung der „fallas" ist eine Tradition in Valencia.
unidad [uni'đađ] *f*	**Einheit** *f*
A este cuento le falta unidad.	Dieser Erzählung fehlt es an Einheit.

zona ['θona] *f*	**Zone** *f*, **Gebiet** *n*
¡No vaya Vd. solo por la zona del puerto!	Gehen Sie nicht allein durch das Hafenviertel!

2.4.2 ORDNUNGSZAHLEN

«1–2000»

1er primer [pri'mer] (*vor Subst. m*)	**erste(r)**
1º, 1ª primero [pri'mero], **-a**	**erste(r, -s)**
2º, 2ª segundo [se'gundo], **-a**	**zweite(r, -s)**
3er tercer [ter'θer] (*vor Subst. m*)	**dritte(r)**
3º, 3ª tercero [ter'θero], **-a**	**dritte(r, -s)**
4º, 4ª cuarto ['kŭarto], **-a**	**vierte(r, -s)**
5º, 5ª quinto ['kinto], **-a**	**fünfte(r, -s)**
6º, 6ª sexto ['sesto], **-a**	**sechste(r, -s)**
7º, 7ª séptimo ['septimo], **-a**	**sieb(en)te(r, -s)**
8º, 8ª octavo [ok'taƀo], **-a**	**achte(r, -s)**
9º, 9ª noveno [no'ƀeno], **-a**	**neunte(r, -s)**
10º, 10ª décimo ['deθimo], **-a**	**zehnte(r, -s)**

«2001–4000»

11º, 11ª undécimo [un'deθimo], **-a**	**elfte(r, -s)**
12º, 12ª duodécimo [duo'đeθimo], **-a**	**zwölfte(r, -s)**
13º, 13ª decimotercero [deθimoter'θero], **-a**	**dreizehnte(r, -s)**
14º, 14ª decimocuarto [deθimo'kŭarto], **-a**	**vierzehnte(r, -s)**
18º, 18ª decimoctavo [deθimok'taƀo], **-a**	**achtzehnte(r, -s)**
19º, 19ª decimonoveno [deθimono'ƀeno], **-a**	**neunzehnte(r, -s)**
20º, 20ª vigésimo [bi'xesimo], **-a**	**zwanzigste(r, -s)**

1º primero [pri'mero]	**erstens**
2º segundo [se'gundo]	**zweitens**
3º tercero [ter'θero]	**drittens**

2.5 Art und Weise

2.5.1 ADVERBIEN DER ART UND WEISE

«1–2000»

así [a'si] ¡No te muevas! Así está bien para la foto.	**so** Beweg dich nicht! So ist es gut für die Aufnahme.
¿cómo? ['komo] ¿Cómo se encuentra Vd. después de la operación?	**wie?** Wie geht es Ihnen nach der Operation?
de esta manera [de 'esta ma'nera] ¡Habla más alto! De esta manera todos te podrán oír.	**so, auf diese Weise** Sprich lauter! So können dich alle hören.
de otra forma [de 'otra 'forma] Tendrías que vestir de otra forma.	**anders; sonst** Du solltest dich anders anziehen.
en general [eŋ xene'ral] En general estoy contento con su trabajo.	**im allgemeinen** Im allgemeinen bin ich mit Ihrer Arbeit zufrieden.
especialmente [espeθĭal'mente] La literatura española me interesa, especialmente la del siglo XX.	**vor allem, besonders** Die spanische Literatur interessiert mich, besonders die des 20. Jh.
incluso [iŋ'kluso] He trabajado todos los días, incluso los domingos.	**sogar** Ich habe jeden Tag gearbeitet, sogar sonntags.
juntos ['xuntos], **-as** Podemos ir todos juntos a la fiesta.	**zusammen** Wir können alle zusammen zum Fest gehen.
(poco) más o menos [('poko) mas o 'menos] El arreglo le costará unos 500 marcos, más o menos.	**ungefähr, etwa** Die Reparatur wird ungefähr 500 Mark kosten.
¡qué ...! [ke] ¡Qué hermoso es este jardín!	**wie ...!** Wie schön ist dieser Garten!
sobre todo ['sobre 'tođo] Ayer llovió mucho, sobre todo en León.	**vor allem, besonders** Gestern regnete es stark, vor allem in León.

solamente [sola'mente]	**nur**
Luisa trabaja solamente por las tardes.	Luisa arbeitet nur nachmittags.
sólo ['solo]	**nur**
¿Cuántos hermanos tiene Vd.? – Sólo una hermana.	Wie viele Geschwister haben Sie? – Nur eine Schwester.

«2001–4000»

aproximadamente [aprogsimađa'mente]	**ungefähr, etwa**
La película durará unos 90 minutos aproximadamente.	Der Film dauert etwa 90 Minuten.
de esta forma [de 'esta 'forma]	**so, auf diese Weise**
¡Te quedas en casa! De esta forma aprenderás a obedecer.	Du bleibst zu Hause! So lernst du zu gehorchen.
efectivamente [efektiba'mente]	**wirklich, tatsächlich**
¿Este rubí es auténtico? – ¡Efectivamente!	Ist der Rubin echt? – In der Tat!
en el fondo [en el 'fondo]	**im Grunde genommen**
En el fondo, Jaime es tímido.	Im Grunde genommen ist Jaime schüchtern.
en principio [em prin'θipĭo]	**im Prinzip, prinzipiell**
En principio estoy de acuerdo contigo.	Im Prinzip bin ich mit dir einig.
exclusivamente [esklusiba'mente]	**ausschließlich**
Quiero que Vd. trabaje exclusivamente para mí.	Ich möchte, daß Sie ausschließlich für mich arbeiten.
generalmente [xeneral'mente]	**im allgemeinen**
Generalmente nuestro periódico está bien informado.	Im allgemeinen ist unsere Zeitung gut informiert.
hasta ['asta]	**sogar**
Hasta sus mejores amigos lo han abandonado.	Sogar seine besten Freunde haben ihn im Stich gelassen.
no ... más que [no mas ke]	**nur**
No tengo más que esta llave.	Ich habe nur diesen Schlüssel.
por lo visto [por lo 'bisto]	**offensichtlich**
Por lo visto Luis ya no quiere comprar la casa.	Offensichtlich will Luis das Haus nicht mehr kaufen.

únicamente [unika'mente]	**allein, einzig, nur**
Rafaela piensa únicamente en casarse.	Rafaela denkt nur ans Heiraten.

2.5.2 ADJEKTIVE UND ADVERBIEN DES GRADES

«1–2000»

bastante [bas'tante] *adv.*	**ziemlich**
Esta traducción es bastante difícil.	Diese Übersetzung ist ziemlich schwer.
casi ['kasi] *adv.*	**fast, beinahe**
Mi abuela tiene casi 90 años.	Meine Großmutter ist fast 90 Jahre alt.
completamente [kompleta'mente] *adv.*	**völlig, vollständig**
¿Estás completamente loco?	Bist du völlig verrückt?
demasiado [dema'sĭađo] *adv.*	**zu (sehr)**
Este vestido es demasiado caro para mí.	Dieses Kleid ist zu teuer für mich.
de ninguna manera [de niŋ'guna ma'nera] *adv.*	**in keiner Weise, keineswegs**
De ninguna manera quisiera molestarles.	Ich möchte Sie in keiner Weise belästigen.
en absoluto [en ađso'luto] *adv.*	**keineswegs**
¿Le he interrumpido en su trabajo? – En absoluto.	Habe ich Sie bei der Arbeit unterbrochen? – Keineswegs.
mucho ['mutʃo] *adv.*	**sehr** (*mit Verb*)
Este sombrero me gusta mucho.	Dieser Hut gefällt mir sehr.
muy [mŭi] *adv.*	**sehr** (*mit adj. und adv.*)
La torre de la catedral de Ulm es muy alta.	Der Turm des Ulmer Münsters ist sehr hoch.
Mi padre conoce muy bien al alcalde.	Mein Vater kennt den Bürgermeister sehr gut.
nada ['nađa] *adv.*	**überhaupt nicht, keineswegs, gar nicht**
Este cuadro no está nada mal.	Dieses Gemälde ist gar nicht schlecht.
no [no] *adv.*	**nicht**
Espero que no llueva mañana.	Ich hoffe, daß es morgen nicht regnet.

un poco [um 'poko] *adv.* Ana es un poco rara.	**ein wenig, etwas** Ana ist ein wenig seltsam.
tan [tan] *adv.* El piano de cola es tan grande que no cabe en este cuarto.	**so** (*mit adj. und adv.*) Der Flügel ist so groß, daß er nicht in dieses Zimmer paßt.
tanto ['tanto] *adv.* Esta paella me gusta tanto que quiero repetir.	**so (sehr)** Diese Paella schmeckt mir so gut, daß ich mehr davon will.
todo ['tođo] *adv.*, **-a** *adj.* Tu pantalón está todo roto.	**ganz, völlig** Deine Hose ist ganz zerrissen.

«2001–4000»

apenas [a'penas] *adv.* Mi amigo gana apenas lo necesario para vivir.	**kaum** Mein Freund verdient kaum das Nötigste zum Leben.
cada vez (...) más ['kađa beθ mas] *adv.* Cada vez me cuesta más levantarme temprano.	**immer (mehr)** Es fällt mir immer schwerer, früh aufzustehen.
del todo [del 'tođo] *adv.* No he terminado del todo esta traducción.	**ganz, völlig** Ich bin mit der Übersetzung noch nicht ganz fertig.
intenso [in'tenso], **-a** *adj.* Ayer sentí un dolor intenso en los riñones.	**stark, intensiv** Gestern hatte ich starke Nierenschmerzen.
ni mucho menos [ni 'mutʃo 'menos] *adv.* Este estudiante no es tonto, ni mucho menos.	**keineswegs, überhaupt nicht** Dieser Student ist keineswegs dumm.
totalmente [total'mente] *adv.* Estoy totalmente recuperado de mi gripe.	**vollkommen, völlig** Ich bin von meiner Grippe völlig genesen.

2.5.3 VERGLEICH

«1–2000»

como ['komo] *conj.* Es médico como su padre.	**wie** Er ist Arzt wie sein Vater.

diferencia [dife'renθĭa] *f*	**Unterschied** *m*
Entre estas dos telas hay poca diferencia.	Zwischen diesen beiden Stoffen ist wenig Unterschied.
diferente [dife'rente] *adj.*	**verschieden, unterschiedlich, anders**
Manuela es muy diferente de su hermana.	Manuela ist ganz anders als ihre Schwester.
distinto (de) [dis'tinto], **-a** *adj.*	**verschieden, anders**
El peque es distinto de sus hermanos.	Der Kleine ist anders als seine Brüder.
igual [i'gŭal] *adj.*	**gleich**
Estas copas son todas iguales.	Diese Weingläser sind alle gleich.
más (que) [mas] *adv.*	**mehr** (als)
El jefe trabaja más que todos sus empleados.	Der Chef arbeitet mehr als alle seine Angestellten.
más (... que) [mas] *adv.*	*mit Komparativ bzw. Superlativ zu übersetzen*
Rosa es más joven que tú.	Rosa ist jünger als du.
Carmen es la más inteligente de todos.	Carmen ist die klügste von allen.
¿Cuál te gusta más?	Welche(r) gefällt dir am besten?
menos (que) ['menos] *adv.*	**weniger** (als)
Mi hermano pesa menos que yo.	Mein Bruder wiegt weniger als ich.
parecido [pare'θiđo], **-a** *adj.*	**ähnlich**
Este anillo es parecido al de Juana.	Dieser Ring ist dem von Juana ähnlich.
que [ke] *conj.*	**als**
Mi estilográfica escribe mejor que la tuya.	Mein Füller schreibt besser als deiner.
también [tam'bĭen] *adv.*	**auch, ebenfalls**
Conozco al alcalde personalmente. – Yo también.	Ich kenne den Bürgermeister persönlich. – Ich auch.
tampoco [tam'poko] *adv.*	**auch nicht**
No quiero ir a esta fiesta. – Yo tampoco.	Ich möchte nicht zu diesem Fest gehen. – Ich auch nicht.
tan (... como) [tan] *adv.*	**(eben)so** (... wie)
El hijo de Gustavo es tan inteligente como su padre.	Gustavos Sohn ist ebenso intelligent wie sein Vater.

tanto (... como) ['tanto], **-a** *adj.* Creo que tengo tantos libros como tú.	**ebensoviel** (... wie) Ich glaube, ich habe ebenso viele Bücher wie du.
tanto (... como) ['tanto] *adv.* Me alegro tanto como tú por esta noticia.	**ebensosehr, ebensoviel** (... wie) Ich freue mich ebensosehr wie du über diese Nachricht.

«2001–4000»

comparación [kompara'θĭon] *f* En comparación con su hermano, Pepe es muy listo.	**Vergleich** *m* Im Vergleich zu seinem Bruder ist Pepe sehr gescheit.
comparar [kompa'rar] *v.* Hemos comparado los dos textos: son iguales.	**vergleichen** Wir haben die beiden Texte verglichen; sie sind gleich.
distinguir [distiŋ'gir] *v.* (-g-) Mario no distingue los adjetivos de los adverbios.	**unterscheiden** Mario kann Adjektive und Adverbien nicht unterscheiden.
igualdad [igŭal'dađ] *f* La igualdad de todos los hombres es una utopía.	**Gleichheit** *f* Die Gleichheit aller Menschen ist eine Utopie.
más bien [maz 'bĭen] *adv.* No estoy enfadado, estoy más bien triste.	**eher, vielmehr** Ich bin nicht böse, eher traurig.
máximo ['magsimo], **-a** *adj.* Este fue el máximo triunfo de nuestro equipo.	**größte(r, -s)** Das war der größte Triumph unserer Mannschaft.
mayor [ma'jor] *adj.* Esta es la mayor desgracia que nos ha podido ocurrir.	**größer; größte(r, -s)** Das ist das schlimmste Unglück, das uns passieren konnte.
menor [me'nor] *adj.* No has hecho el menor esfuerzo por salir adelante.	**kleiner; kleinste(r, -s); geringer; geringste(r, -s)** Du hast nicht die geringste Anstrengung unternommen, vorwärtszukommen.
mínimo ['minimo], **-a** *adj.* Este asunto no tiene la más mínima importancia.	**geringste(r, -s)** Diese Sache hat nicht die geringste Bedeutung.

2.6 Farben

«1–2000»

amarillo [ama'riʎo], **-a** *adj.*
Los chinos pertenecen a la raza amarilla.

gelb
Die Chinesen gehören der gelben Rasse an.

azul [a'θul] *adj.*
Concha tiene unos hermosos ojos azules.

blau
Concha hat schöne blaue Augen.

blanco ['blaŋko], **-a** *adj.*
La paloma blanca es un símbolo de la paz.

weiß
Die weiße Taube ist ein Symbol des Friedens.

claro ['klaro], **-a** *adj.*
Deberías llevar colores claros.

hell
Du solltest helle Farben tragen.

color [ko'lor] *m*
Hoy en día casi todas las películas son en color.

Farbe *f*
Heutzutage sind fast alle Filme in Farbe.

gris [gris] *adj.*
Hoy el cielo está gris.

grau
Heute ist der Himmel grau.

marrón [ma'rron] *adj.*
Esta chaqueta marrón te sienta bien.

braun
Diese braune Jacke steht dir gut.

moreno [mo'reno], **-a** *adj.*
La novia de Pablo es una andaluza morena.

dunkel (*Typ*), **brünett**
Pablos Verlobte ist eine dunkle Andalusierin.

negro ['neɣro], **-a** *adj.*
¡Mira, un gato negro!

schwarz
Schau, eine schwarze Katze!

oscuro [os'kuro], **-a** *adj.*
Estas fotos son muy oscuras.

dunkel
Diese Fotos sind sehr dunkel.

rojo ['rroxo], **-a** *adj.*
Aquel jersey rojo es muy elegante.

rot
Der rote Pullover (dort) ist sehr elegant.

rubio ['rruβĭo], **-a** *adj.*
Carmen se ha teñido el pelo de rubio.

blond
Carmen hat sich die Haare blond färben lassen.

verde ['berđe] *adj.*
Voy a pintar la valla del jardín de verde.
Este limón está aún verde.

grün
Ich werden den Gartenzaun grün anstreichen.
Diese Zitrone ist noch grün.

«2001–4000»

colorado [kolo'rađo], **-a** *adj.*
Cuando critiqué a Claudia, se puso colorada.

rot
Als ich Claudia kritisierte, wurde sie rot.

lila ['lila] *adj.* (*inv.*)
Este jersey lila va muy bien con el pantalón gris.

lila
Dieser lila Pullover paßt gut zur grauen Hose.

naranja [na'raŋxa] *adj.* (*inv.*)
¿Por qué te has comprado un camisón naranja?

orange(farben)
Warum hast du dir ein orange Nachthemd gekauft?

pálido ['paliđo], **-a** *adj.*
El azúl pálido te sienta bien.

blaß, bleich
Blaßblau steht dir gut.

rosa ['rrosa] *adj.* (*inv.*)
Las camisas rosa de hombre están de moda.

rosa(farben)
Rosa Herrenhemden sind in Mode.

violeta [bĭo'leta] *adj.* (*inv.*)
El color violeta de esta blusa no me gusta.

violett
Die violette Farbe dieser Bluse gefällt mir nicht.

2.7 Formen

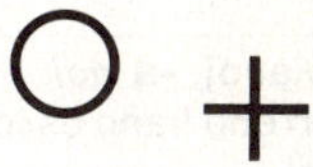

«1–2000»

círculo ['θirkulo] *m*
¿Puedes dibujar un círculo sin compás?

Kreis *m*
Kannst du ohne Zirkel einen Kreis zeichnen?

cuadrado [kŭa'đrađo], **-a** *adj.*
La mesa cuadrada me gusta mucho.

quadratisch, viereckig
Der quadratische Tisch gefällt mir gut.

esquina [es'kina] *f*
Nos encontramos en la esquina de la Gran Vía con Montera.

Ecke *f*
Wir treffen uns Ecke Gran Vía – Montera.

forma ['forma] *f*
La forma de estas copas no me gusta.

Form *f*
Die Form dieser (Stiel)Gläser gefällt mir nicht.

formar [for'mar] *v.*
Allí, las rocas forman un túnel natural.

bilden, formen
Dort bilden die Felsen einen natürlichen Tunnel.

punta ['punta] *f*
Esta roca acaba en punta.

Spitze *f*
Dieser Felsen läuft in eine Spitze aus.

redondo [rre'đondo], **-a** *adj.* — **rund**
Buscamos una mesa redonda para el jardín. — Wir suchen einen runden Tisch für den Garten.

tamaño [ta'maɲo] *m* — **Format** *n*, **Größe** *f*
Estas fotografías son del tamaño 9 × 12 (nueve por doce). — Diese Fotos haben das Format 9 × 12.

«2001–4000»

arco ['arko] *m* — **Bogen** *m*
Lo que has dibujado no es un arco, sino un ángulo. — Was du gezeichnet hast, ist kein Bogen, sondern ein Winkel.

bola ['bola] *f* — **Kugel** *f*
No creo que se pueda saber el futuro con una bola de cristal. — Ich glaube nicht, daß man die Zukunft mit einer Glaskugel voraussagen kann.

cruz [kruθ] *f* — **Kreuz** *n*
La nave de esta iglesia tiene forma de cruz. — Das Schiff dieser Kirche hat die Form eines Kreuzes.

cubo ['kuƀo] *m* — **Würfel** *m*
¡Dibuja un cubo en tu cuaderno! — Zeichne einen Würfel in dein Heft!

llano ['ʎano], **-a** *adj.* — **flach, eben**
Este terreno llano es ideal para el fútbol. — Dieses flache Gelände ist ideal zum Fußballspielen.

puntiagudo [puntĭa'guđo], **-a** *adj.* — **spitz**
Los zapatos puntiagudos son el último grito. — Spitze Schuhe sind der letzte Schrei.

triángulo [tri'aŋgulo] *m* — **Dreieck** *m*
¡Dibujad un triángulo cuyos lados sean iguales! — Zeichnet ein Dreieck mit gleichen Seiten.

2.8 Ursache, Wirkung, Ziel und Zweck

«1–2000»

¿a qué? [a ke] *conj.* — **wozu?, wofür?**
¿A qué has venido a nuestra reunión? — Wozu bist du zu unserer Sitzung gekommen?

causa ['kaŭsa] *f* La pereza es la causa de tu fracaso.	**Ursache** *f*, **Grund** *m* Deine Faulheit ist der Grund für dein Scheitern.
como ['komo] *conj.* Como he llegado tarde, ya no voy a cenar.	**da, weil** Da ich spät gekommen bin, esse ich nicht mehr zu Abend.
conducir (a) [kondu'θir] *v.* (*irr.* 4) Tu actitud pasiva no conduce a nada.	**führen** (zu) Deine passive Haltung führt zu nichts.
medio ['međĭo] *m* Dicen que el fin justifica los medios.	**Mittel** *n* Es heißt, der Zweck heilige die Mittel.
motivo [mo'tiƀo] *m* ¿Por qué motivo abandonó Vicente la carrera?	**Grund** *m*, **Anlaß** *m* Aus welchem Grund hat Vicente das Studium aufgegeben?
para ['para] *prep.* Los invitados han traído flores para mamá.	**für** Der Besuch hat Blumen für Mama mitgebracht.
para ['para] *conj.* (*mit Infinitiv*) Para llegar a tiempo, hemos tomado un taxi.	**um zu** Um rechtzeitig einzutreffen, haben wir ein Taxi genommen.
para que ['para ke] *conj.* ¡Baja las persianas para que no haga tanto calor!	**damit** Laß die Rolläden herunter, damit es nicht so heiß wird.
¿para qué? ['para ke] ¿Para qué has comprado otra sartén?	**wofür?, wozu?** Wozu hast du noch eine Pfanne gekauft?
por [por] *prep.* Carlos se casa no por amor, sino por el dinero.	**für, wegen, aus** Carlos heiratet nicht aus Liebe, sondern wegen des Geldes.
¿por qué? [por ke] *adv.* ¿Por qué eres siempre tan cabezota?	**warum?, weshalb?** Warum bist du immer so dickköpfig?
porque ['porke] *conj.* No puedo ir a la oficina porque estoy enfermo.	**weil** Ich kann nicht ins Büro gehen, weil ich krank bin.
pues [pŭes] *conj.* ¿Estás resfriado? Pues no salgas de casa.	**also, folglich, dann** Du bist erkältet? Dann geh nicht aus dem Haus.

razón [rra'θon] *f* — **Grund** *m*, **Ursache** *f*
Te voy a explicar la razón de mi ausencia. — Ich will dir den Grund für meine Abwesenheit erklären.

resultar [rresul'tar] *v.* — **sich herausstellen** (als); **sein**
El viaje a Miami me ha resultado muy caro. — Die Reise nach Miami war sehr teuer.

resulta que [rre'sulta ke] *conj.* — **nämlich**
No puedo ir a tu fiesta, resulta que me voy de viaje. — Ich kann nicht zu deiner Party kommen, ich verreise nämlich.

«2001–4000»

a causa de [a 'kaŭsa đe] *prep.* — **wegen, infolge**
Perdimos el avión a causa de un atasco. — Wir haben das Flugzeug wegen eines Staus verpaßt.

causar [kaŭ'sar] *v.* — **verursachen**
Las inundaciones han causado muchos daños. — Die Überschwemmungen haben viele Schäden verursacht.

consecuencia [konse'kŭenθĭa] *f* — **Folge** *f*
Muchos países sufrieron las consecuencias de la guerra. — Viele Länder litten unter den Folgen des Kriegs.

debido a [de'ƀiđo a] *prep.* — **infolge, aufgrund**
Debido a su herida iba muy despacio. — Infolge seiner Wunde ging er sehr langsam.

depender (de) [depen'der] *v.* — **abhängen** (von)
Los precios del petróleo dependen del cambio del dólar. — Die Erdölpreise hängen vom Wechselkurs des Dollars ab.

efecto [e'fekto] *m* — **Wirkung** *f*
El medicamento aún no ha producido efecto. — Das Medikament hat noch nicht gewirkt.

gracias a ['graθĭas a] *prep.* — **dank, aufgrund von**
Gracias a su ayuda hemos podido terminar el trabajo. — Dank Ihrer Hilfe haben wir die Arbeit beenden können.

objeto [ob'xeto] *m* — **Zweck** *m*, **Ziel** *n*
El objeto de mi visita es despedirme. — Zweck meines Besuches ist es, mich zu verabschieden.

por eso [por 'eso] *adv.* — **darum, deshalb, daher**
Pablo me ha mentido, por eso estoy enfadado con él. — Pablo hat mich angelogen, deshalb bin ich böse auf ihn.

por lo tanto [por lo 'tanto] *adv.*	**infolgedessen, deshalb, also**
Ya no te debo nada, por lo tanto, ¡déjame en paz!	Ich schulde dir nichts mehr, laß mich also in Ruhe!
puesto que ['pŭesto ke] *conj.*	**da (ja), weil**
Puesto que eres experto, te vamos a pedir un consejo.	Da du Fachmann bist, bitten wir dich um einen Rat.
resultado [rresul'tađo] *m*	**Ergebnis** *n*
Mañana sabremos el resultado de las elecciones.	Morgen erfahren wir das Wahlergebnis.

2.9 Zustand und Veränderung

«1–2000»

aumentar [aŭmen'tar] *v.*	**zunehmen, sich erhöhen, steigen**
Los precios han aumentado en un 2% en diciembre.	Im Dezember sind die Preise um 2% gestiegen.
bajar [ba'xar] *v.*	**sinken, niedriger werden, fallen**
El dólar ha bajado bastante.	Der Dollarkurs ist ziemlich stark gefallen.
caer(se) [ka'er(se)] *v.* (*irr.* 3)	**fallen**
Estas manzanas están maduras, ya empiezan a caer.	Diese Äpfel sind reif, sie fangen schon an abzufallen.
cambiar [kam'bĭar] *v.*	**sich (ver)ändern, wechseln**
Nuestra situación económica no cambiará tan pronto.	Unsere Wirtschaftslage wird sich nicht so schnell ändern.
cambio ['kambĭo] *m*	**(Ver)Änderung** *f*, **Wechsel** *m*
Durante mi ausencia se han producido muchos cambios.	Während meiner Abwesenheit gab es viele Veränderungen.
desaparecer [desapare'θer] *v.* (*irr.* 5)	**verschwinden**
Muchos monumentos a Franco han desaparecido.	Viele Franco-Denkmäler sind verschwunden.
desarrollarse [desarro'ʎarse] *v.*	**sich entwickeln**
Nuestra industria electrónica sigue desarrollándose bien.	Unsere elektronische Industrie entwickelt sich weiter gut.
desarrollo [desa'rroʎo] *m*	**Entwicklung** *f*
El desarrollo de la técnica en los últimos años ha sido espectacular.	Die Entwicklung der Technik in den letzten Jahren war spektakulär.

estar [es'tar] *v.* (*irr.* 13) Después de la operación, mi padre estaba muy débil.	**sein, sich befinden** Nach der Operation war mein Vater sehr schwach.
estropearse [estrope'arse] *v.* La lavadora se estropeó ayer.	**kaputtgehen** (F) Die Waschmaschine ist gestern kaputtgegangen.
faltar [fal'tar] *v.* Nos faltan cien mil pesetas para poder comprar los muebles.	**fehlen** Es fehlen uns noch 100 000 Peseten, um die Möbel zu kaufen.
hallarse [a'ʎarse] *v.* Mi madre se halla aún en estado de coma.	**sein, sich befinden** Meine Mutter liegt noch im Koma.
hay [aĭ] *v.* (*irr.* 16) No hay muchos hoteles en esta ciudad.	**es gibt; es ist, es sind** Es gibt nicht viele Hotels in dieser Stadt.
ir [ir] *v.* (*irr.* 17) Este año los negocios van muy mal.	**gehen** Dieses Jahr geht das Geschäft sehr schlecht.
mejorar(se) [mexo'rar(se)] *v.* La situación en las zonas secas de Africa no ha mejorado.	**sich bessern, besser werden** Die Lage in den Trockengebieten Afrikas hat sich nicht verbessert.
pasar [pa'sar] *v.* Estás herido. ¿Qué te ha pasado?	**geschehen, passieren** Du bist verletzt. Was ist dir passiert?
ponerse [po'nerse] *v.* (*irr.* 25) Mi jefe se puso furioso porque llegué tarde.	**werden** (*vorübergehend*) Mein Chef wurde wütend, weil ich zu spät kam.
quedar [ke'đar] *v.* Esta obra ha quedado sin acabar.	**bleiben; sein** Dieses Werk ist unvollendet geblieben.
romperse [rrom'perse] *v.* (*p.* roto) ¡Perdona! Se me ha roto una taza.	**kaputtgehen** (F), **zerbrechen, zerreißen** Entschuldige! Mir ist eine Tasse zerbrochen.
roto ['rroto], **-a** *adj.* El termómetro está roto, tenemos que comprar otro.	**zerbrochen, kaputt** (F) Das Thermometer ist kaputt, wir müssen ein neues kaufen.
salir [sa'lir] *v.* (*irr.* 29) Hoy la paella me ha salido muy mal.	**werden, geraten** Heute ist mir die Paella danebengeraten.

ser [ser] *v.* (*irr.* 31) La situación económica de Méjico es preocupante.	**sein** Die Wirtschaftslage Mexikos ist besorgniserregend.
situación [sitŭa'θĭon] *f* La situación de estos huérfanos es desesperada.	**Lage** *f*, **Situation** *f* Die Lage dieser Waisenkinder ist verzweifelt.
subir [su'ƀir] *v.* El precio de la gasolina ha subido.	**steigen** Der Benzinpreis ist gestiegen.
venir [be'nir] *v.* (*irr.* 35) La visita que esperábamos no ha venido.	**kommen** Der Besuch, den wir erwarteten, ist nicht gekommen.

«2001–4000»

alcanzar [alkan'θar] *v.* (-c-) Si te das prisa, podrás alcanzar el tren.	**erreichen** Wenn du dich beeilst, kannst du den Zug noch erreichen.
aumento [aŭ'mento] *m* Los sindicatos piden un aumento de los salarios.	**Zunahme** *f*, **Erhöhung** *f*, **Steigen** *n* Die Gewerkschaften fordern eine Lohnerhöhung.
circunstancia [θirkuns'tanθĭa] *f* En estas circunstancias tengo que aplazar mi viaje.	**Umstand** *m* Unter diesen Umständen muß ich meine Reise verschieben.
conseguir [konse'ǥir] *v.* (*irr.* 21; -g-) A pesar de nuestros esfuerzos no hemos conseguido nada.	**erreichen, erlangen** Trotz unserer Anstrengungen haben wir nichts erreicht.
convertirse (en) [komber'tirse] *v.* (*irr.* 30) Este niño se está convirtiendo en un pequeño tirano.	**sich verwandeln** (in), **werden** (zu) Dieses Kind wird allmählich zu einem kleinen Tyrannen.
crecer [kre'θer] *v.* (*irr.* 5) El césped ha crecido mucho, hay que cortarlo.	**(an)wachsen, zunehmen** Der Rasen ist stark gewachsen, wir müssen ihn mähen.
disminuir [dizmi'nŭir] *v.* (*irr.* 6) Nuestros ingresos han disminuido últimamente.	**zurückgehen, abnehmen** Unsere Einnahmen sind in letzter Zeit zurückgegangen.
encontrarse [eŋkon'trarse] *v.* (*irr.* 7) ¿Cómo se encuentran los heridos del accidente?	**sich befinden, sein** Wie geht es den Unfallverletzten?

estado [es'tađo] *m* — **Zustand** *m*
Este edificio se encuentra en muy mal estado. — Dieses Gebäude befindet sich in sehr schlechtem Zustand.

existencia [egsis'tenθi̯a] *f* — **Existenz** *f*, **Vorhandensein** *n*
La existencia de la selva amazónica está en peligro. — Der Fortbestand des Amazonasurwaldes ist gefährdet.

existir [egsis'tir] *v.* — **bestehen, existieren**
En Europa existe hoy en día mucho desempleo. — In Europa gibt es heutzutage viel Arbeitslosigkeit.

lograr [lo'grar] *v.* — **erreichen**
He logrado que me den otro despacho. — Ich habe erreicht, daß ich ein anderes Büro bekomme.

movimiento [mođi'mi̯ento] *m* — **Bewegung** *f*
El movimiento de las dunas es algo increíble. — Die Wanderung der Dünen ist etwas Unglaubliches.

progreso [pro'greso] *m* — **Fortschritt** *m*
Pedro ha hecho grandes progresos en inglés. — Pedro hat im Englischen große Fortschritte gemacht.

quemarse [ke'marse] *v.* — **verbrennen; abbrennen**
Ayer se declaró un incendio; toda la casa se quemó. — Gestern brach ein Brand aus; das ganze Haus brannte ab.

realidad [rreali'đađ] *f* — **Wirklichkeit** *f*
Ahora conocerás la realidad de la vida. — Jetzt wirst du die Wirklichkeit des Lebens kennenlernen.

variar [bari'ar] *v.* (*irr.* 12) — **sich ändern, wechseln**
En Canarias la temperatura varía poco. — Auf den Kanaren ändert sich die Temperatur wenig.

volverse [bol'đerse] *v.* (*irr.* 37) — **werden**
José se ha vuelto perezoso, no sé por qué. — José ist faul geworden, ich weiß nicht warum.

3 STRUKTURWÖRTER

3.1 Artikel

«1–2000»

el, la [el, la] *bestimmter Artikel sg.* — **der (den); die, das** *(Nom. und Akk.)*
¿Quieres leer el periódico? — Willst du die Zeitung lesen?
La casa de tu hermano es muy hermosa. — Das Haus deines Bruders ist sehr schön.

los, las [los, las] *bestimmter Artikel pl.*	**die** (*Nom. und Akk.*)
Estos regalos son para los niños de Pablo.	Diese Geschenke sind für die Kinder von Pablo.
Vamos a pasar las vacaciones en España.	Wir werden die Ferien in Spanien verbringen.
lo [lo] *bestimmter Artikel* (*vor substantivierten Adjektiven, Pronomen und Zahlwörtern*)	**das** (*Nom. und Akk.*)
Siempre sabes combinar lo útil con lo agradable.	Du verstehst es immer, das Angenehme mit dem Nützlichen zu verbinden.
Lo primero que tengo que hacer es regar las flores.	Das erste, was ich tun muß, ist, die Blumen gießen.
al [al] (= a + el)	**dem, den; der** (*Dat. Sing.*)
Entrega esta carta al director de la escuela, por favor.	Übergib bitte diesen Brief dem Direktor der Schule.
del [del] (= de + el)	**des, der** (*Gen. Sing.*)
La torre del ayuntamiento es muy alta.	Der Turm des Rathauses ist sehr hoch.
un, una [un, 'una] *unbestimmter Artikel sg.*	**ein(en); eine** (*Nom. und Akk.*)
¿Tienes un lápiz para mí?	Hast du einen Bleistift für mich?
Una señora ha preguntado por Vd.	Eine Dame hat nach Ihnen gefragt.
unos, unas ['unos, 'unas] *unbestimmter Artikel pl.*	**einige** (*Nom. und Akk.*), *häufig auch nicht übersetzt*
La operación duró sólo unos minutos.	Die Operation dauerte nur einige Minuten.
Tienes unas gafas muy modernas.	Du hast eine sehr moderne Brille.

3.2 Pronomen

3.2.1 PERSONALPRONOMEN

«1–2000»

Mit dem Verb verbunden:

yo [jo]	**ich** (*entfällt meist, außer bei Hervorhebung*)
Yo trabajo y tú no haces nada.	Ich arbeite, und du tust nichts.
me [me]	**mir**
¿Me prestas tu diccionario?	Leihst du mir dein Wörterbuch?

me [me]	**mich**
¿Me acompañas a Correos?	Begleitest du mich zur Post?
tú [tu]	**du** (*entfällt meist, außer bei Hervorhebung*)
¡Tú eres el culpable de este accidente!	Du bist an diesem Unfall schuld!
te [te]	**dir**
Te escribiré una postal desde Mallorca.	Ich schreibe dir eine Postkarte aus Mallorca.
te [te]	**dich**
Te llamaré mañana.	Ich rufe dich morgen an.
él [el]	**er** (*entfällt meist, außer bei Hervorhebung*)
Conozco a Jaime y a Tere, él es más simpático que ella.	Ich kenne Jaime und Tere. Er ist netter als sie.
le [le]	**ihm**
¿Su marido no está? ¿Puede Vd. darle un recado?	Ihr Mann ist nicht da? Können Sie ihm etwas ausrichten?
le, lo [le, lo] (*bei Sachen nur* lo)	**ihn**
Este coche me gusta, lo voy a comprar.	Dieses Auto gefällt mir. Ich werde es kaufen.
¿Conoces a Pablo Dávila? – No, no le (lo) conozco.	Kennst du Pablo Dávila? – Nein, ich kenne ihn nicht.
ella ['eʎa]	**sie** (*Nom.*) (*entfällt meist, außer bei Hervorhebung*)
Ella misma me lo ha dicho.	Sie selbst hat es mir gesagt.
le [le]	**ihr**
Si tu madre no tiene tiempo hoy, dile que pasaré mañana.	Wenn deine Mutter heute keine Zeit hat, sag ihr, ich käme morgen vorbei.
la [la]	**sie** (*Akk.*)
¡Mira! Ahí viene Tere. – Pues, no la veo.	Schau mal! Dort kommt Tere. – Nun, ich sehe sie nicht.
usted [us'teđ] (*Sing.*)	**Sie** (*Nom.*)
¿Tiene usted fuego, por favor?	Haben Sie bitte Feuer?
le [le]	**Ihnen**
Le voy a recomendar un buen médico.	Ich werde Ihnen einen guten Arzt empfehlen.
le, lo [le, lo] (*m*)	**Sie** (*Akk.*)
¡Perdone Vd.! No le había reconocido.	Entschuldigen Sie! Ich habe Sie nicht erkannt.
la, le [la, le] (*f*)	**Sie** (*Akk.*)
Señorita, ¿puedo invitarla a nuestra fiesta?	Mein Fräulein, darf ich Sie zu unserem Fest einladen?

ello ['eʎo]	**es** (*Nom.*)
Luis está enfermo, pero ello no le impide viajar.	Luis ist krank, aber das hindert ihn nicht daran, zu reisen.
le [le]	**ihm, dem**
Sé lo que ha pasado, pero no le doy mucha importancia.	Ich weiß, was passiert ist, aber ich messe dem nicht viel Bedeutung bei.
lo [lo]	**es** (*Akk.*)
¿Dónde están mis llaves? – No lo sé.	Wo sind meine Schlüssel? – Ich weiß es nicht.
nosotros [no'sotros], **-as**	**wir** (*entfällt meist, außer bei Hervorhebung*)
Nosotros mismos ayudaremos a Lola en la fiesta.	Wir selbst werden Lola bei der Party helfen.
nos [nos]	**uns** (*Dat. und Akk.*)
¿Nos pueden mandar cinco kilos de peras a casa?	Können Sie uns 5 kg Birnen ins Haus schicken?
¡Llama a tus compañeros! No nos han visto todavía.	Ruf deine Kameraden. Sie haben uns noch nicht gesehen.
vosotros [bo'sotros], **-as**	**ihr** (*entfällt meist, außer bei Hervorhebung*)
Yo tengo que marcharme pero vosotros podéis quedaros.	Ich muß gehen, aber ihr könnt noch bleiben.
os [os]	**euch** (*Dat. und Akk.*)
Os daré la dirección de mi dentista.	Ich werde euch die Adresse meines Zahnarztes geben.
ellos ['eʎos] (*m*)	**sie** (*Nom.*) (*entfällt meist, außer bei Hervorhebung*)
Vamos a recoger a los García, ellos no tienen coche hoy.	Wir holen Garcías ab, sie haben heute kein Auto.
les [les]	**ihnen**
Los niños están en el jardín, les llevaré unas bebidas.	Die Kinder sind im Garten, ich bringe ihnen etwas zum Trinken.
los, les [los, les] (les *nur bei Personen*)	**sie** (*Akk.*)
¿Conoces a estos hombres? – No, no les (los) conozco.	Kennst du diese Männer? – Nein, ich kenne sie nicht.
ellas ['eʎas] (*f*)	**sie** (*Nom.*) (*entfällt meist, außer bei Hervorhebung*)
Han llegado dos chicas, ellas preguntan por ti.	Es sind zwei Mädchen gekommen; sie fragen nach dir.
les [les]	**ihnen**
Estas niñas tendrán sed, les daré gaseosa.	Die Mädchen werden Durst haben, ich gebe ihnen Limonade.

las [las]	**sie** (*Akk.*)
Las he visto a las dos en casa de Julio.	Ich habe beide bei Julio gesehen.
ustedes [us'teđes] (*pl.*)	**Sie** (*Nom.*)
¿Se quedan ustedes en Madrid?	Bleiben Sie in Madrid?
les [les]	**Ihnen**
Señoras y señores, les puedo dar una buena noticia.	Meine Damen und Herren, ich habe eine gute Nachricht für Sie.
les, los [les, los] (*m*)	**Sie** (*Akk.*)
¡Bienvenidos a Madrid, señores! Les (los) vamos a llevar primero al hotel.	Willkommen in Madrid, meine Herren! Wir bringen Sie zunächst ins Hotel.
las [las] (*f*)	**Sie** (*Akk.*)
¿Qué hacen tus hijas? Hace tiempo que no las veo.	Was machen deine Töchter? Ich habe sie lange nicht gesehen.
se [se] *Reflexivpronomen*	**sich**
¿Se acuerda Vd. de Juana?	Erinnern Sie sich an Juana?
Se han encontrado en París.	Sie haben sich in Paris getroffen.
se [se] (*für* le, les, *Dat.*)	**ihm, ihr, ihnen; Ihnen** (*sg. und pl.*)
Se lo dije ayer.	Ich sagte es ihm (ihr, ihnen, Ihnen) gestern.

Alleinstehend bzw. mit Präposition:

yo [jo]	**ich**
¿Quién es? – Soy yo, Ramón.	Wer ist da? – Ich bin es, Ramón.
mí [mi] (*mit prep.*), **a mí** (*Dat. und Akk.*)	**mir, mich**
¿Estos regalos son para mí?	Sind diese Geschenke für mich?
¿Te gusta esta casa? A mí no.	Gefällt dir dies Haus? Mir nicht.
Vd. no me conoce a mí, pero sí a mi hermano.	Sie kennen nicht mich, sondern meinen Bruder.
tú [tu]	**du**
ti [ti] (*mit prep.*), **a ti** (*Dat. und Akk.*)	**dir, dich**
él [el]	**er** (*Nom.*)
¿Conoces a Emilio? El y yo nos entendemos muy bien.	Kennst du Emilio? Er und ich verstehen uns sehr gut.

él [el] (*mit prep.*), **a él** (*Dat. und. Akk.*)	**ihm, ihn**
¿Está tu padre? Tengo un paquete para él.	Ist dein Vater da? Ich habe ein Paket für ihn.
ella ['eʎa]	**sie** (*Nom.*)
ella ['eʎa] (*mit prep.*), **a ella** (*Dat. und Akk.*)	**ihr, sie** (*Akk.*)
usted [us'teđ] (*sg.*)	**Sie** (*Nom.*)
usted [us'teđ] (*mit prep.*), **a usted** (*Dat. und Akk.*)	**Ihnen, Sie** (*Akk.*)
ello ['eʎo]	**es** (*Nom.*)
ello ['eʎo] (*mit prep.*)	**dafür, damit, daran, dazu**
¿Qué vamos a hacer en Navidad? – Hablemos de ello esta noche.	Was wollen wir an Weihnachten machen? – Sprechen wir heute abend darüber.
nosotros [no'sotros], **-as**	**wir**
nosotros [no'sotros], **-as** (mit prep.), **a nosotros, -as** (*Dat. und Akk.*)	**uns** (*Dat. und Akk.*)
¡Señor, ten piedad de nosotros!	Herr, erbarme dich unser!
vosotros [bo'sotros], **-as**	**ihr**
vosotros [bo'sotros], **-as** (*mit prep.*), **a vosotros, -as** (*Dat. und Akk.*)	**euch** (*Dat. und Akk.*)
ellos ['eʎos] (*m*)	**sie** (*Nom.*)
ellos ['eʎos] (*mit prep.*), **a ellos** (*Dat. und Akk.*)	**ihnen, sie** (*Akk.*)
ellas ['eʎas] (*f*)	**sie** (*Nom.*)
ellas ['eʎas] (*mit prep.*), **a ellas** (*Dat. und Akk.*)	**ihnen, sie** (*Akk.*)
ustedes (*pl.*)	**Sie** (*Nom.*)
ustedes [us'teđes] (*mit prep.*), **a ustedes** (*Dat. und Akk.*)	**Ihnen, Sie** (*Akk.*)
Les (los) conozco a todos ustedes.	Ich kenne Sie alle.

---

sí [si] *Reflexivpronomen*	**sich**
Ricardo nunca piensa en sí mismo.	Ricardo denkt nie an sich selbst.

---

conmigo [kon'migo]	**mit mir**
¿Quiere Vd. bailar conmigo? – ¡Encantada!	Möchten Sie mit mir tanzen? – Sehr gerne!
contigo [kon'tigo]	**mit dir**
No quiero jugar al ajedrez contigo.	Ich möchte nicht mit dir Schach spielen.

consigo [kon'sigo]	**mit sich**
Antonia lleva siempre consigo un paraguas.	Antonia hat immer einen Regenschirm dabei.

3.2.2 POSSESSIVPRONOMEN

«1–2000»

Unbetont, dem Substantiv vorangestellt:

mi [mi], **mis**	**mein(e)**
Mi madre está enferma.	Meine Mutter ist krank.
¿Dónde están mis llaves?	Wo sind meine Schlüssel?
tu [tu], **tus**	**dein(e)**
su [su], **sus**	**sein(e), ihr(e); Ihr(e)**
¡Mire Vd.! Aquí encontré sus llaves.	Schauen Sie! Hier habe ich Ihre Schlüssel gefunden.
nuestro ['nŭestro], **-a, -os, -as**	**unser(e)**
vuestro ['bŭestro], **-a, -os, -as**	**euer, eure**
su [su], **sus**	**ihr(e); Ihr(e)**
Allá van los García en su Mercedes rojo.	Dort fahren Garcías in ihrem roten Mercedes.

Alleinstehend bzw. betont bzw. dem Substantiv nachgestellt:

mío ['mio], **mía, míos, mías**	**mein(e); meine(r, -s); von mir**
Un colega mío me lo ha dicho.	Ein Kollege von mir / Einer meiner Kollegen hat es mir gesagt.
¿De quién es ese bolígrafo? – Es mío.	Wem gehört dieser Kugelschreiber? – Der gehört mir.
tuyo ['tujo], **tuya, tuyos, tuyas**	**dein(e); deine(r, -s); von dir**
suyo ['sujo], **suya, suyos, suyas**	**sein(e); ihr(e); Ihr(e); seine(r, -s); ihre(r, -s); Ihre(r, -s), von ihm / ihr / Ihnen**
nuestro ['nŭestro], **-a, -os, -as**	**unser(e); unsere(r, -s); von uns**
vuestro ['bŭestro], **-a, -os, -as**	**euer, eure; eure(r, -s); von euch**
suyo ['sujo], **suya, suyos, suyas**	**ihr(e), Ihr(e); ihre(r, -s); Ihre(r, -s); von ihnen, von Ihnen**

Substantivisch gebraucht:

el mío [el 'mio], **la mía** *usw.*	**meine(r, -s)** *usw.*
Tu coche es más moderno que el mío.	Dein Auto ist moderner als meines.

3.2.3 DEMONSTRATIVPRONOMEN

«1–2000»

Adjektivisch gebraucht:

este ['este], **esta, estos, estas**	**diese(r, -s)** (hier); **der, die, das** (hier)
Este restaurante es muy bueno.	Dieses Restaurant ist sehr gut.
ese ['ese], **esa, esos, esas**	**diese(r, -s)** (da); **der, die, das** (da)
¿Qué hace ese tipo en nuestro jardín?	Was macht dieser Kerl in unserem Garten?
aquel, aquella [a'kel, a'keʎa], **aquellos, aquellas**	**der, die, das** (dort); **jene(r, -s)**
En aquellos tiempos la vida era más tranquila.	In jenen Zeiten war das Leben noch geruhsamer.

Substantivisch gebraucht:

éste ['este], **ésta, éstos, éstas**	**diese(r, -s)** (hier); **der, die, das** (hier)
Necesito un clavo. – ¿Éste te sirve?	Ich brauche einen Nagel. – Kannst du den hier brauchen?
ése ['ese], **ésa, ésos, ésas**	**diese(r, -s)** (da); **der, die, das** (da)
Estas postales no me gustan, quiero ésas.	Diese Postkarten gefallen mir nicht, ich will die da.
aquél, aquélla [a'kel, a'keʎa], **aquéllos, aquéllas**	**der, die, das** (dort); **jene(r, -s)**
¿Cuál de esos pueblos es San Julián? – Es aquél que está sobre la colina.	Welches Dorf ist San Julián? – Es ist das dort, das auf dem Hügel liegt.

esto ['esto]	**dies** (hier); **das, es**
Estudias poco. Esto no me gusta.	Du lernst wenig. Das gefällt mir nicht.
eso ['eso]	**dies** (da), **das** (da)
Eres muy joven para casarte. – Eso opina también mi padre.	Du bist zu jung zum Heiraten. – Das sagt auch mein Vater.
aquello [a'keʎo]	**das, jenes**
Ayer me atracaron en la calle. Aquello fue horrible.	Gestern wurde ich auf der Straße überfallen. Das war schrecklich.

3.2.4 FRAGEPRONOMEN

(*Siehe auch URSACHE, WIRKUNG, ZIEL UND ZWECK 2.8*)

«1–2000»

Adjektivisch gebraucht:

¿cuánto ['kŭanto], **-a, -os, -as?** — **wieviel?, wie viele?**
¿Cuántos libros tienes? — Wieviel Bücher hast du?

¿qué? [ke] — **was für ein(e)?, welche(r, -s)?**
¿Qué países forman parte de la Comunidad Europea? — Welche Länder gehören zur Europäischen Gemeinschaft?
¿Qué libro es ése? — Was ist das für ein Buch?

Substantivisch gebraucht:

¿cuál?, ¿cuáles? ['kŭal(es)] — **welche(r, -s)**
¿Cuál es el número de su casa? — Welches (Wie) ist Ihre Hausnummer?

¿cuál de ...? ['kŭal de] — **wer von ...?; welche(r, -s) von ...?**
¿Cuál de estos anillos te gusta más? — Welcher von diesen Ringen gefällt dir am besten?

¿cuánto? ['kŭanto] — **wieviel?**
¿Cuánto vale este coche? — Was kostet dieses Auto?

¿qué? [ke] — **was?**
¿Qué desea Vd., señor? — Was möchten Sie, mein Herr?

¿quién?, ¿quiénes? ['kĭen(es)] — **wer?**
¿A quién escribes esta carta? — Wem schreibst du diesen Brief?
¿Quiénes son estos señores? — Wer sind diese Herren?

3.2.5 RELATIVPRONOMEN

«1–2000»

que [ke] — **der, die, das** (*Nom.*)
El señor que nos ha saludado es mi jefe. — Der Herr, der uns gegrüßt hat, ist mein Chef.
Los niños, que estaban jugando, no me vieron venir. — Die Kinder, die spielten, sahen mich nicht kommen.

que [ke] — **den, die, das** (*Akk.*)
¿Me puedes devolver el libro que te he prestado? — Kannst du mir das Buch, das ich dir geliehen habe, zurückgeben?

el / la / los / las que [el / la / los / las ke] — **welche(r, -s); (der-, die-, dasjenige,) der, die, das**
Este coche es el que vendí la semana pasada. — Dies ist das Auto, das ich letzte Woche verkauft habe.

el / la cual, los / las cuales [el / la kŭal, los / las 'kŭales] — **welche(r, -s); der, die, das**
Este es mi hermano del cual te había hablado. — Das ist mein Bruder, von dem ich dir erzählt hatte.

---

quien, quienes ['kĭen(es)] — **wer; der, die, das**
Quien no es mi amigo, es mi enemigo. — Wer nicht mein Freund ist, ist mein Feind.
Estos son los chicos de quienes te hablé. — Das sind die Jungen, von denen ich dir erzählte.

---

cuyo ['kujo], **cuya, cuyos, cuyas** — **dessen, deren**
Este es el señor cuya hija conociste ayer. — Das ist der Herr, dessen Tochter du gestern kennengelernt hast.

---

lo que [lo ke] — **(das,) was**
¿Te acuerdas de lo que te dije el otro día? — Erinnerst du dich daran, was ich dir neulich sagte?

lo cual [lo kŭal] — **(das,) was**
Pepa no me saluda, lo cual me trae sin cuidado. — Pepa grüßt mich nicht, was mir völlig egal ist.

---

cuanto ['kŭanto] — **(alles,) was**
Te he contado cuanto sé sobre este asunto. — Ich habe dir alles erzählt, was ich über die Sache weiß.

---

donde ['donde] — **worin; in dem, in der**
El pueblo donde vivo tiene sólo 500 habitantes. — Das Dorf, in dem ich lebe, hat nur 500 Einwohner.

3.2.6 UNBESTIMMTE PRONOMEN

(*Siehe auch ADVERBIEN 2.3.1.3*)

«1–2000»

algo ['algo] — **etwas**
¡Mira en la nevera si tenemos algo para comer! — Sieh im Kühlschrank nach, ob wir etwas zu essen haben.

---

alguien ['algĭen] — **jemand**
¿Ha llamado alguien durante mi ausencia? — Hat während meiner Abwesenheit jemand angerufen?

algún [al'ǥun] (*vor männl. Subst.),* **alguno, -a**	**(irgend)ein(e); (irgend)eine(r, -s)**
¿Tienes algún libro para mí?	Hast du irgendein Buch für mich?
algunos [al'ǥunos], **-as**	**einige, manche**
¿Tiene Vd. puros cubanos? – Sí, me quedan algunos.	Haben Sie kubanische Zigarren? – Ja, es sind noch einige da.
A José le vi algunas veces en la biblioteca.	José habe ich einige Male in der Bibliothek gesehen.
cada ['kađa]	**jede(r, -s)** (*adjektivisch*)
En la fiesta cada niño recibió un regalito.	Auf dem Fest bekam jedes Kind ein kleines Geschenk.
cada uno ['kađa 'uno], **una**	**jede(r, -s)** (*substantivisch*)
Mandamos a cada uno de los clientes una tarjeta de Navidad.	Wir schicken jedem der Kunden eine Weihnachtskarte.
cualquier [kŭal'kĭer] (*vor Subst.*), **cualquiera**	**irgendein(e); irgendeine(r, -s), jede(r, -s) beliebige**
Cualquier principiante trabaja mejor que Vd.	Jeder beliebige Anfänger arbeitet besser als Sie.
¡Préstame una novela cualquiera!	Leih mir irgendeinen Roman!
lo demás [de'mas]	**das übrige**
Sólo te interesa el inglés, lo demás te trae sin cuidado.	Dich interessiert nur Englisch, das übrige ist dir egal.
los, las demás [de'mas]	**die anderen, die übrigen**
Ya han llegado unos invitados. Los demás no tardarán.	Einige Gäste sind schon da. Die übrigen kommen bald.
mismo ['mizmo], **-a**	**selbst**
Yo mismo me ocuparé de este asunto.	Ich selbst werde mich mit der Angelegenheit befassen.
el mismo ['mizmo], **la misma**	**der-, die-, dasselbe; der, die, das gleiche**
Tienes la misma camisa que yo.	Du hast das gleiche Hemd wie ich.
lo mismo ['mizmo]	**dasselbe, das gleiche**
Trabajas demasiado. – Lo mismo dice mi mujer.	Du arbeitest zuviel. – Das gleiche sagt meine Frau.
mucho ['mutʃo]	**viel(es)**
Este chico sabe mucho para su edad.	Dieser Junge weiß viel für sein Alter.
muchos ['mutʃos], **-as**	**viele**
¿Cuántos han aprobado el examen? – No muchos.	Wie viele haben die Prüfung bestanden? – Nicht viele.

nada ['nađa] ¿Sabes algo de Roberto? – No sé nada.	**nichts** Weißt du etwas von Roberto? – Ich weiß nichts.
nadie ['nađĭe] ¡Qué raro! Nadie sabe dónde está el Hotel Roca. ¿Conoces a alguien en este pueblo? – No conozco a nadie.	**niemand** Wie eigenartig! Niemand weiß, wo das Hotel Roca ist. Kennst du jemanden in diesem Dorf? – Ich kenne niemanden.
ningún [niŋ'gun] (*vor männl. Subst.*), **ninguno, -a** Ninguna de mis amigas viene a ayudarme. No tengo ningún diccionario.	**kein(e); keine(r, -s)** Keine meiner Freundinnen kommt, um mir zu helfen. Ich habe kein Wörterbuch.
otro ['otro], **-a** ¿No tiene Vd. otra tela? ¿Quieres otra cerveza? **otros** ['otros], **-as** Algunos van en tren, otros en coche.	**ein anderer, -es, eine andere; noch ein(er, -e, -es)** Haben Sie keinen anderen Stoff? Möchtest du noch ein Bier? **andere** Einige fahren mit dem Zug, andere mit dem Auto.
poco ['poko] El niño ha comido muy poco, ¿qué le pasará?	**wenig** Das Kind hat sehr wenig gegessen. Was es wohl hat?
tal [tal] Nunca he comido tal cantidad de carne como hoy.	**(ein) solcher, -es, (eine) solche** Nie habe ich eine solche Menge Fleisch gegessen wie heute.
tanto ['tanto] ¿Por qué trabajas tanto? ¡Descansa un poco!	**so viel(es)** Warum arbeitest du so viel? Ruh dich ein bißchen aus.
todo ['tođo] No le puedo contar más. Eso es todo. **todo** ['tođo], **-a** En su viaje ha recorrido toda Andalucía. **todos** ['tođos], **-as** Todos mis hijos han venido. ¿Falta alguien? – No, todos están.	**alles** Ich kann Ihnen nicht mehr erzählen. Das ist alles. **ganz** Auf seiner Fahrt hat er ganz Andalusien bereist. **alle** (*adjektivisch und substantivisch*) Alle meine Kinder sind gekommen. Fehlt irgend jemand? – Nein, es sind alle da.

todo el mundo ['tođo el 'mundo]	**jeder(mann), alle**
Todo el mundo te quiere.	Alle mögen dich gern.
varios ['barĭos], **-as**	**verschiedene, mehrere**
Varias personas han preguntado por ti.	Verschiedene Leute haben nach dir gefragt.

«2001–4000»

cierto ['θĭerto], **-a**	**ein gewisser, eine gewisse, ein gewisses**
Corren ciertos rumores de que el alcalde dimitiría.	Es gibt gewisse Gerüchte, daß der Bürgermeister zurücktritt.
la mayoría (de) [la majo'ria]	**die meisten**
La mayoría de mis colegas se ha(n) jubilado ya.	Die meisten meiner Kollegen sind schon in Pension.
otra cosa ['otra 'kosa]	**etwas anderes**
Lo mejor es que hablemos de otra cosa.	Am besten sprechen wir von etwas anderem.

3.3 Partikeln

3.3.1 PRÄPOSITIONEN

(*Siehe auch ZEIT 2.1.6.5, RÄUMLICHE BEGRIFFE 2.2.4, URSACHE, WIRKUNG, ZIEL UND ZWECK 2.8*)

«1–2000»

a [a]	*mit Dat. oder Akk. zu übersetzen*
Por favor, ¡entregue Vd. este paquete al Sr. González!	Bitte übergeben Sie dieses Paket Herrn González.
No conozco todavía a mis futuros suegros.	Ich kenne meine zukünftigen Schwiegereltern noch nicht.
a pesar de [a pe'sar đe]	**trotz**
A pesar de las dificultades realizaremos el plan.	Trotz der Schwierigkeiten werden wir den Plan verwirklichen.
bajo ['baxo]	**unter**
Hoy estamos a once grados bajo cero.	Wir haben heute elf Grad unter Null.
España vivió 700 años bajo la dominación árabe.	Spanien lebte 700 Jahre unter der Araberherrschaft.

con [kon]	**mit, bei**
Mañana voy a salir al campo con Rosita.	Morgen gehe ich mit Rosita aufs Land.
Tienes que pelar las naranjas con cuchillo.	Du mußt die Orangen mit einem Messer schälen.
Con esta lluvia no salgo de casa.	Bei diesem Regen gehe ich nicht aus dem Haus.
Conchita vive en Jaén con su amigo.	Conchita lebt bei ihrem Freund in Jaén.
con [kon]	**zu**
Tu madre ha sido siempre muy buena conmigo.	Deine Mutter war immer sehr gut zu mir.
contra ['kontra]	**gegen**
Pepita ha encargado estos muebles contra mi voluntad.	Pepita hat diese Möbel gegen meinen Willen bestellt.
de [de]	**von;** *häufig unübersetzt oder mit Genitiv zu übersetzen*
Barcelona es la capital de Cataluña.	Barcelona ist die Hauptstadt Kataloniens.
¿Quiere Vd. tomar una copita de jerez?	Möchten Sie ein Gläschen Sherry trinken?
en [en]	**in, auf**
¿Cómo se dice esto en español?	Wie sagt man das auf spanisch?
entre ['entre]	**unter, zwischen**
Entre Pepa y Tere no ha habido nunca problemas.	Zwischen Pepa und Tere hat es nie Probleme gegeben.
Lo que te he dicho tiene que quedar entre nosotros.	Was ich dir gesagt habe, muß unter uns bleiben.
en vez de [em 'beθ đe]	**statt, an Stelle von**
¿Puede Vd. venir el martes en vez del lunes?	Können Sie am Dienstag statt am Montag kommen?
fuera de ['fŭera đe]	**außer**
El enfermo ya está fuera de peligro.	Der Patient ist schon außer Gefahr.
hacia ['aθĭa]	**für, zu**
De niño sentía un gran cariño hacia los animales.	Als Kind hatte ich Tiere sehr gern.
para ['para]	**für**
Para su edad Pepito es alto.	Für sein Alter ist Pepito groß.

por [por] El viaje cuesta 1.000 pesetas por persona.	**pro** Die Fahrt kostet 1000 Peseten pro Person.
por [por] Este padre ha hecho todo por sus hijos.	**für** Dieser Vater hat alles für seine Kinder getan.
por [por] La Galia fue conquistada por Julio César.	**durch, von** (*beim Passiv*) Gallien wurde von Julius Caesar erobert.
por [por] Le mandaré el cheque por correo. Pepe ganó el juego por 45 a 32 puntos.	**mit** Ich schicke Ihnen den Scheck mit der Post. Pepe gewann das Spiel mit 45:32 Punkten.
según [se'ɡun] Según la ley este hombre es culpable.	**nach, gemäß** Nach dem Gesetz ist dieser Mann schuldig.
sin [sin] Esta habitación cuesta 4.500 pesetas sin el desayuno.	**ohne** Dieses Zimmer kostet ohne Frühstück 4500 Peseten.
sobre ['sobre] Hoy hay una conferencia sobre Cervantes.	**über** Heute ist ein Vortrag über Cervantes.

«2001–4000»

acerca de [a'θerka đe] Los periódicos hablan mucho acerca de la caída del dólar.	**über, zu, betreffend** In den Zeitungen steht viel über den Dollarsturz.
además de [ađe'maz đe] Además de médico, es escritor.	**außer, zusätzlich** zu Er ist nicht nur Arzt, sondern auch Schriftsteller.
ante ['ante] Ante la caída del dólar la situación económica es crítica.	**vor, angesichts** Angesichts des Dollarsturzes ist die Wirtschaftslage kritisch.
en cuanto a ... [eŋ 'kŭanto a] En cuanto a tu sueldo, hablaremos otro día.	**was ... betrifft, hinsichtlich** Bezüglich deines Gehalts unterhalten wir uns ein anderes Mal.

en contra de [eŋ 'kontra đe] Todos votaron en contra de tu propuesta.	**gegen** Alle stimmten gegen deinen Vorschlag.
excepto [es'θepto] El museo está abierto todos los días, excepto los viernes.	**außer** Das Museum ist täglich geöffnet, außer Freitag.
respecto a [rres'pekto a] Respecto a nuestro viaje quiero hacerte una propuesta.	**bezüglich** Bezüglich unserer Reise möchte ich dir einen Vorschlag machen.

3.3.2 KONJUNKTIONEN

(*Siehe auch ZEIT 2.1.6.6, URSACHE, WIRKUNG, ZIEL UND ZWECK 2.8*)

«1–2000»

aunque ['aŭŋke] (*mit Indikativ*) Aunque tengo fiebre, iré a la oficina.	**obwohl, obgleich** Obwohl ich Fieber habe, gehe ich ins Büro.
aunque ['aŭŋke] (*mit Konjunktiv*) Aunque llueva iremos a pescar.	**auch wenn, selbst wenn** Auch wenn es regnen sollte, gehen wir zum Fischen.
como si ['komo si] (*mit Konjunktiv Imperfekt*) Ese hombre conduce como si estuviera borracho.	**als ob** Dieser Mann fährt, als ob er betrunken wäre.
e [e] (*statt y vor i oder hi*) Los bandidos mataron a una persona e hirieron a tres.	**und** Die Gangster töteten eine Person und verletzten drei.
mientras que ['mĭentras ke] Me mato trabajando mientras que tú no das golpe.	**während** (*Gegensatz*) Ich rackere mich ab, während du nichts tust.
o [o] ¿Qué quieres, café o té?	**oder** Was möchtest du, Kaffee oder Tee?
pero ['pero] Me gustaría ir al cine, pero no tengo tiempo.	**aber** Ich ginge gern ins Kino, aber ich habe keine Zeit.

que [ke] El abuelo quiere que vayamos todos a su casa.	**daß** Großvater möchte, daß wir alle zu ihm kommen.
si [si] (*mit Indikativ Präsens oder Konjunktiv Imperfekt*) Si te apetece, ¡ven a nuestra fiesta! Si tuviera dinero, me compraría un Porsche.	**wenn, falls** Wenn du Lust hast, komm zu unserer Party. Wenn ich Geld hätte, würde ich mir einen Porsche kaufen.
si [si] (*mit Indikativ*) José quiere saber si ya se hicieron los exámenes.	**ob** José möchte wissen, ob die Prüfungen schon vorbei sind.
sino ['sino] Esto no son moras, sino frambuesas.	**sondern** Das sind keine Brombeeren, sondern Himbeeren.
si no [si no] Por favor, hable más despacio, si no, no le entiendo.	**sonst** Sprechen Sie bitte langsamer, sonst verstehe ich Sie nicht.
u [u] (*statt o vor o oder ho*) ¿Estos tomates son belgas u holandeses?	**oder** Sind das belgische oder holländische Tomaten?
y [i] Mañana seremos marido y mujer.	**und** Morgen sind wir Mann und Frau.

«2001–4000»

(en) caso (de) que [(eŋ) 'kaso (đe) ke] (*mit Konjunktiv*) En caso de que no puedas venir, por favor, ¡llámanos!	**falls** Falls du nicht kommen kannst, ruf uns bitte an.
de (tal) forma que [de (tal) 'forma ke] Ase la carne de (tal) forma que quede jugosa.	**so daß** Braten Sie das Fleisch so, daß es saftig bleibt.
de manera que [de ma'nera ke] No has hecho tus deberes, de manera que no hay tele.	**so daß; also** Du hast deine Aufgaben nicht gemacht, also gibt es kein Fernsehen.

ni ... ni ... [ni ... ni] No estaban ni él ni su mujer.	**weder ... noch** Weder er noch seine Frau war da.
o sea [o 'sea] Te han suspendido, o sea que tienes que repetir el año.	**das heißt** Du bist durchgefallen, das heißt, du mußt ein Jahr wiederholen.
por una parte ... por otra (parte) [por 'una 'parte ... por 'otra ('parte)] Por una parte tienes deudas, por otra parte derrochas el dinero.	**einerseits ... andererseits** Einerseits hast du Schulden, andererseits verschwendest du dein Geld.
sin embargo [sin em'barɣo] Tu tía es muy rica, sin embargo viste muy mal.	**(je)doch, aber** Deine Tante ist sehr reich, aber sie ist sehr schlecht angezogen.
sin que [siŋ ke] (*mit Konjunktiv*) El ladrón se escapó sin que los policías lo vieran.	**ohne daß** Der Dieb entwischte, ohne daß es die Polizisten sahen.

3.4 Hilfs- und Modalverben

«1–2000»

acabar de (hacer algo) [aka'bar đe] Mi padre acaba de comprarse un coche.	**gerade, (so)eben** (etw. getan haben) Mein Vater hat sich soeben ein Auto gekauft.
deber [de'ƀer] Debes cumplir lo que has prometido.	**müssen, sollen** Du mußt halten, was du versprochen hast.
dejar [de'xar] Mis padres no me dejan salir después de las ocho de la noche.	**(zu)lassen** Meine Eltern lassen mich nach 8 Uhr abends nicht mehr weggehen.
dejar de (hacer algo) [de'xar đe] El contable ha dejado de trabajar en nuestra empresa.	(etw.) **nicht mehr** (tun), **aufhören** (etw.) **zu** (tun) Der Buchhalter arbeitet nicht mehr in unserer Firma.

estar [es'tar] (*irr. 13)* Mi abuela está en cama porque está enferma.	**sein** Meine Großmutter ist im Bett, weil sie krank ist.
estar (haciendo algo) [es'tar] (*irr.* 13) ¿Está su padre? – Sí, pero está hablando por teléfono.	**gerade** (etw. tun) Ist Ihr Vater da? – Ja, aber er telefoniert gerade.
gustar [gus'tar] A mi hermano le gusta esquiar.	**gefallen;** (etw.) **gern** (tun) Mein Bruder läuft gern Ski.
me gustaría [me gusta'ria] ¿Os gustaría hacer un viaje por América del Sur?	**ich möchte gern** Möchtet ihr gern eine Reise durch Südamerika machen?
haber [a'ƀer] (*irr.* 14) Hemos trabajado día y noche.	**haben, sein** (*Hilfszeitwort*) Wir haben Tag und Nacht gearbeitet.
hay que [aĭ ke] (*irr.* 16) Esta noche hay que hacer las maletas.	**man muß, es ist nötig** Heute abend müssen wir die Koffer packen.
hacer [a'θer] (*irr.* 15) Haré arreglar la tubería mañana.	**lassen** (*veranlassen*) Ich lasse die Leitung morgen reparieren.
ir a hacer (algo) [ir a a'θer] (*irr.* 17) Vamos a comer dentro de un cuarto de hora.	(etw.) **gleich tun** (*nahe Zukunft*) Wir essen in einer Viertelstunde.
poder [po'đer] (*irr.* 24) Este verano no podemos irnos de vacaciones.	**können** Diesen Sommer können wir nicht in Urlaub gehen.
quedar [ke'đar] Después de semejante viaje quedamos todos cansados.	**bleiben, sein** Nach einer solchen Reise waren wir alle müde.
querer [ke'rer] (*irr.* 26) ¿Quiere Vd. comprar el piano o no?	**wollen, mögen** Wollen Sie das Klavier kaufen oder nicht?
saber [sa'ƀer] (*irr.* 28) Desgraciadamente no sé tocar el piano.	**können** Leider kann ich nicht Klavier spielen.
ser [ser] (*irr.* 31) Lo que te digo es la pura verdad.	**sein** Was ich dir sage, ist die reine Wahrheit.

ser [ser] (*irr.* 31) Pedro ha sido atropellado por un coche.	**werden** (*beim Passiv*) Pedro ist von einem Auto angefahren worden.
tener que [te'ner ke] (*irr.* 32) Tenemos que dejar libre la habitación antes de las doce.	**müssen** Wir müssen das Zimmer vor 12 Uhr räumen.
volver [bol'ƀer] (*irr.* 37) Este hombre me vuelve loco.	**machen** (*Zustandsveränderung*) Dieser Mensch macht mich verrückt.
volver a (hacer algo) [bol'ƀer a] (*irr. 37*) Espero que volveremos a vernos pronto. ¡No vuelvas a hacer eso!	**wieder** (etw. tun), **erneut** (etw. tun) Ich hoffe, wir sehen uns bald wieder. Tu das nicht wieder!

4 UNREGELMÄSSIGE VERBFORMEN

4.1 Die wichtigsten unregelmäßigen Verben

Es bedeuten:

Pres.	= *presente de indicativo*	*Imperf.*	= *imperfecto*
Subj.	= *presente de subjuntivo*	*Ger.*	= *gerundio*
Indef.	= *indefinido*	*Imp.*	= *imperativo*
Fut.	= *futuro simple*	*Part.*	= *participio*

(1) andar

Indef.: **anduve, anduviste, anduvo, anduvimos, anduvisteis, anduvieron**

(2) caber

Pres.: **quepo,** cabes — *Subj.:* **quepa, quepas**
Indef.: **cupe, cupiste, cupo, cupimos, cupisteis, cupieron**
Fut.: **cabré**

(3) caer

Pres.: **caigo,** caes — *Subj.:* **caiga, caigas**
Indef.: caí, caíste, **cayó,** caímos, caísteis, **cayeron**
Ger.: **cayendo**

(4) conducir

Pres.: **conduzco,** conduces — *Subj.:* **conduzca, conduzcas**
Indef.: **conduje, condujiste, condujo, condujimos, condujisteis, condujeron**

(5) conocer

Pres.: **conozco,** conoces — *Subj.:* **conozca, conozcas**

(6) construir

Pres.: **construyo, construyes, construye,** construimos, construís, **construyen**
Subj.: **construya, construyas**
Indef.: construí, construiste, **construyó,** construimos, construisteis, **construyeron**
Ger.: **construyendo**

(7) contar

Pres.: **cuento, cuentas, cuenta,** contamos, contáis, **cuentan**
Subj.: **cuente, cuentes, cuente,** contemos, contéis, **cuenten**

(8) continuar

Pres.: **continúo, continúas, continúa,** continuamos, continuáis, **continúan**
Subj.: **continúe, continúes, continúe,** continuemos, continuéis, **continúen**

(9) dar

Pres.: **doy,** das
Subj.: **dé,** des, **dé,** demos, deis, den
Indef.: **di, diste, dio, dimos, disteis, dieron**

(10) decir

Pres.: **digo, dices, dice,** decimos, decís, **dicen**
Subj.: **diga, digas**
Indef.: **dije, dijiste, dijo, dijimos, dijisteis, dijeron**
Fut.: **diré** *Imp.:* **di** (tú)
Ger.: **diciendo** *Part.:* **dicho**

(11) dormir

Pres.: **duermo, duermes, duerme,** dormimos, dormís, **duermen**
Subj.: **duerma, duermas, duerma, durmamos, durmáis, duerman**
Indef.: dormí, dormiste, **durmió,** dormimos, dormisteis, **durmieron**
Ger.: **durmiendo**

(12) enviar

Pres.: **envío, envías, envía,** enviamos, enviáis, **envían**
Subj.: **envíe, envíes, envíe,** enviemos, enviéis, **envíen**

(13) estar

Pres.: **estoy, estás, está,** estamos, estáis, **están**
Subj.: **esté, estés, esté,** estemos, estéis, **estén**
Indef.: **estuve, estuviste, estuvo, estuvimos, estuvisteis, estuvieron**

(14) haber

Pres.: **he, has, ha, hemos,** habéis, **han**
Subj.: **haya, hayas, haya, hayamos, hayáis, hayan**
Indef.: **hube, hubiste, hubo, hubimos, hubisteis, hubieron**
Fut.: **habré**

(15) hacer

Pres.: **hago,** haces *Subj.:* **haga, hagas**
Indef.: **hice, hiciste, hizo, hicimos, hicisteis, hicieron**
Fut.: **haré** *Imp.:* **haz** (tú)

(16) hay

Subj.: **haya** *Indef.:* **hubo**
Fut.: **habrá**

(17) ir

Pres.: **voy, vas, va, vamos, vais, van**
Subj.: **vaya, vayas**
Indef.: **fui, fuiste, fue, fuimos, fuisteis, fueron**
Imperf.: **iba, ibas, iba, íbamos, ibais, iban**
Imp.: **ve** (tú), **vamos** (nosotros)

(18) jugar

Pres.: **juego, juegas, juega,** jugamos, jugáis, **juegan**
Subj.: **juegue, juegues, juegue,** juguemos, juguéis, **jueguen**
Indef.: **jugué,** jugaste

(19) oír

Pres.: **oigo, oyes, oye,** oímos, oís, **oyen**
Subj.: **oiga, oigas**
Indef.: oí, oíste, **oyó,** oímos, oísteis, **oyeron**
Ger.: **oyendo**

(20) oler

Pres.: **huelo, hueles, huele,** olimos, olís, **huelen**
Subj.: **huela, huelas, huela,** olamos, oláis, **huelan**

(21) pedir

Pres.: **pido, pides, pide,** pedimos, pedís, **piden**
Subj.: **pida, pidas, pida, pidamos, pidáis, pidan**
Indef.: pedí, pediste, **pidió,** pedimos, pedisteis, **pidieron**
Ger.: **pidiendo**

(22) pensar

Pres.: **pienso, piensas, piensa,** pensamos, pensáis, **piensan**
Subj.: **piense, pienses, piense,** pensemos, penséis, **piensen**

(23) perder

Pres.: **pierdo, pierdes, pierde,** perdemos, perdéis, **pierden**
Subj.: **pierda, pierdas, pierda,** perdamos, perdáis, **pierdan**

(24) poder

Pres.: **puedo, puedes, puede,** podemos, podéis, **pueden**
Subj.: **pueda, puedas, pueda,** podamos, podáis, **puedan**
Indef.: **pude, pudiste, pudo, pudimos, pudisteis, pudieron**
Fut.: **podré** *Ger.:* **pudiendo**

(25) poner

Pres.: **pongo,** pones *Subj.:* **ponga, pongas**
Indef.: **puse, pusiste, puso, pusimos, pusisteis, pusieron**
Fut.: **pondré** *Imp.:* **pon** (tú)
Part.: **puesto**

(26) querer

Pres.: **quiero, quieres, quiere,** queremos, queréis, **quieren**
Subj.: **quiera, quieras, quiera,** queramos, queráis, **quieran**
Indef.: **quise, quisiste, quiso, quisimos, quisisteis, quisieron**
Fur.: **querré**

(27) reír

Pres.: **río, ríes, ríe,** reímos, reís, **ríen**
Subj.: **ría, rías, ría, riamos, riáis, rían**
Indef.: reí, reíste, **rió,** reímos, reísteis, **rieron**
Ger.: **riendo**

(28) saber

Pres.: **sé,** sabes *Subj.:* **sepa, sepas**
Indef.: **supe, supiste, supo, supimos, supisteis, supieron**
Fut.: **sabré**

(29) salir

Pres.: **salgo,** sales *Fut.:* **saldré**
Subj.: **salga, salgas** *Imp.:* **sal** (tú)

(30) sentir

Pres.: **siento, sientes, siente,** sentimos, sentís, **sienten**
Subj.: **sienta, sientas, sienta, sintamos, sintáis, sientan**
Indef.: sentí, sentiste, **sintió,** sentimos, sentisteis, **sintieron**
Ger.: **sintiendo**

(31) ser

Pres.: **soy, eres, es, somos, sois, son**
Subj.: **sea, seas, sea, seamos, seáis, sean**
Indef.: **fui, fuiste, fue, fuimos, fuisteis, fueron**
Imperf.: **era, eras, era, éramos, erais, eran**
Imp.: **sé** (tú)

(32) tener

Pres.: **tengo, tienes, tiene,** tenemos, tenéis, **tienen**
Subj.: **tenga, tengas**
Indef.: **tuve, tuviste, tuvo, tuvimos, tuvisteis, tuvieron**
Fut.: **tendré** *Imp.:* **ten** (tú)

(33) traer

Pres.: **traigo,** traes *Subj.:* **traiga, traigas**
Indef.: **traje, trajiste, trajo, trajimos, trajisteis, trajeron**
Ger.: **trayendo**

(34) valer

Pres.: **valgo,** vales *Subj.:* **valga, valgas**
Fut.: **valdré**

(35) venir

Pres.: **vengo, vienes, viene,** venimos, venís, **vienen**
Subj.: **venga, vengas**
Indef.: **vine, viniste, vino, vinimos, vinisteis, vinieron**
Fut.: **vendré** *Imp.:* **ven** (tú)
Ger.: **viniendo**

(36) ver

Pres.:	**veo,** ves
Subj.:	**vea, veas**
Imperf.:	**veía, veías, veía, veíamos, veíais, veían**
Part.:	**visto**

(37) volver

Pres.:	**vuelvo, vuelves, vuelve,** volvemos, volvéis, **vuelven**
Subj.:	**vuelva, vuelvas, vuelva,** volvamos, volváis, **vuelvan**
Part.:	*(Verben auf* -olver*)* **vuelto**

4.2 Besonderheiten in der Schreibung

(-c-) = z *der Verben auf* -zar *wird zu* c *vor* e
empezar *usw.:* **empiece, empieces** *usw.*, **empecé**

(-qu-) = c *der Verben auf* -car *wird zu* qu *vor* e
tocar *usw.:* **toque, toques** *usw.*, **toqué**

(-j-) = g *der Verben auf* -ger *wird zu* j *vor* a *und* o
coger *usw.:* **coja, cojas** *usw.*, **cojo**

(-z-) = c *mancher Verben auf* -cer *wird zu* z *vor* a *und* o
convencer *usw.:* **convenza, convenzas** *usw.*, **convenzo**

(-gu-) = g *der Verben auf* -gar *wird zu* gu *vor* e
cargar *usw.:* **cargue, cargues** *usw.*, **cargué**

(-y-) = *unbetontes* i *zwischen Vokalen wird zu* y
creer *usw.:* **creyó, creyeron, creyendo**

(-g-) = gu *der Verben auf* -guir *wird zu* g *vor* a *und* o
seguir *usw.:* **siga, sigas** *usw.*, **sigo**

Register

Hinter den spanischen Wörtern steht die Seitenzahl.
Nicht in das Register aufgenommen wurden die Zahlwörter.